JN033828

2025年度版
高卒程度公務員
完全攻略問題集

麻生キャリアサポート 監修
資格試験研究会 編

実務教育出版

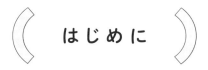

はじめに

　本書は，国家一般職［高卒・社会人］公務員試験，地方初級公務員試験をはじめとする高卒程度公務員試験（初級公務員試験）対策のための総合問題集です。
　高卒程度公務員試験は人気が高く，合格するのが難しいといわれていますが，本書は1冊でその総合的な対策ができるように工夫されています。

・1冊で教養試験・適性試験・面接試験・作文試験に対応！
　本書は，これ1冊で高卒程度公務員試験全体の対策ができるように，すべての試験種目を扱っています。コンパクトにまとめられた本書を学習の最初に読めば，公務員試験の概要はつかめるはずです。

・各科目の「傾向」と「学習方法」を解説！
　教養試験の全科目について，「出題の特徴と傾向」「効果的な学習方法・対策」をまとめています。ここを読めば，それぞれの科目についてむだなく効率的な学習ができるようになるでしょう。

・教養試験編は「最重要テーマ」「基礎問題」「実戦問題」の3ステップ！
　本書の核である教養試験編は，頻出項目の要点をまとめた「最重要テーマ」，ウォーミングアップにふさわしいシンプルな問題をまとめた「基礎問題」，本試験レベルの「実戦問題」の3ステップ構成です。着実に実力がつけられるようになっているので，じっくり取り組みましょう。

・適性試験，面接・作文試験対策も，まずは本書で！
　公務員試験は教養試験だけではありません。適性試験，面接試験，作文試験も，合否の重要なカギを握っています。教養試験対策と平行して準備しておけば，実際の試験であわてることはなくなります。

本書を存分に活用して，合格の栄冠を勝ち取ってください！

資格試験研究会

高卒程度公務員 完全攻略問題集

CONTENTS

3

本 書 の 構 成 と 活 用 法

・第1編　受験ガイド
　国家一般職［高卒・社会人］試験，地方初級試験を中心に，高卒程度公務員採用試験の内容と特徴を説明している。

・第2編　教養試験編
　教養試験の各科目ごとに分かれており，各科目の構成は次のようになっている。

出題の特徴と傾向　過去の国家一般職［高卒］試験，地方初級試験等における，その科目の出題傾向を分析している。

効果的な学習方法・対策　出題傾向をもとにした重点学習のポイントや方法をアドバイスしている。

最重要テーマ　過去に出題された問題の出題率に従って，試験によく出ているテーマの要点をまとめている。「出題率」とは，過去10年間にそのテーマが出題された割合を示している。

基礎問題　基礎的な問題を解くことによって，最重要テーマの内容や解き方をチェック，マスターできるようにしている。正答番号は，右ページの欄外にまとめている。

実戦問題　過去問をもとにした予想問題を精選して収録した。問題数は科目の重要度に応じている。正答番号と詳しい解説は，問題の右ページに掲載した。

・第3編　適性試験編
　適性試験の概要，出題傾向と対策などをひととおり紹介している。

・第4編　面接・作文試験編
　第1次試験における作文試験と，第2次試験における人物試験（面接試験）の内容と試験の傾向，対策について紹介している。

第1編

受験ガイド

公務員の種類

公務員の種類

・国家公務員と地方公務員

　日本には約339万人の公務員がいます。そのうち国家公務員が約2割を占め，残りの約8割が地方公務員です。地方公務員の人数のほうがずいぶん多いですが，このうちの6割以上は教育部門（公立学校の教職員），福祉関係（保育所，社会福祉施設，福祉事務所，保健所などの職員），警察部門，消防部門の職員です。

　国家公務員と地方公務員の大きな違いは採用先です。国家公務員は国の機関に採用され，地方公務員は都道府県や市町村，特別区などの地方自治体に採用されます。

　国家公務員というと東京の中央省庁（内閣府，総務省，法務省など）に勤める職員のイメージが強いですが，それらの省庁には全国に地方支分部局（いわゆる出先機関）があり，そこでも数多くの国家公務員が勤務しています。

　地方公務員の場合は，都道府県庁や市役所，東京23区の区役所，町村役場が主な勤務地です。それらの役所にも地域内に多数の出先機関があります。

　また，都道府県警察の警察官も地方公務員（警視正以上は国家公務員）ですし，消防署の消防官，公立学校の教職員，公立保育所の保育士など，皆さんの生活を身近で支えるために数多くの地方公務員が働いているのです。

・一般職と特別職

　公務員や公務員試験の種類にはさまざまな名称がありますが，ここでいう「一般職」と「特別職」とは，国家公務員法と地方公務員法に定められた区別のことです。簡単に言うと，処遇・身分などを一律に規定できないもの（内閣総理大臣や国務大臣，都道府県知事，市町村長などの政治的任用職など）を，公務員法の適用外として特別職に分け，そのほかをすべて一般職としています。

　したがって，通常の公務員試験を受験して採用される職員は，ほとんどが「一般職公務員」に区分されます。一般職公務員は，採用や昇任が試験・選考の受験成績や勤務成績，またはその他の能力の実証によって行われるとされ，給与や労働時間などの勤務条件も法律や条例で一律に決められることになっています。

　ただし，試験を受験して採用される公務員の中にも「特別職公務員」があります。具体的には，防衛省職員，裁判所職員，国会職員（衆議院，参議院，国立国会図書館）です。国家公務員法が司法部門と立法部門，防衛省の関係職員を一般職から除外しているためですが，採用や昇任の方法，給与等の勤務条件は

基本的に一般職に準じているので，受験者の立場からは一般職公務員と同様と考えて差し支えありません。

主な公務員試験の種類

・試験の種類と試験の程度

　国家公務員試験は人事院をはじめとする国の機関によって，地方公務員試験は原則として自治体ごとに個別に実施されています。

　それぞれの試験は，仕事の内容や試験の程度（試験問題のレベル）によって「大学卒業程度・短大卒業程度・高校卒業程度」「上級・中級・初級」「Ⅰ類・Ⅱ類・Ⅲ類」「Ⅰ種・Ⅱ種・Ⅲ種」のように大きく分けられます。これらの区分が常に全て設けられているとは限りません。また，程度を明確に区分せず1つの試験で採用がなされることもあります。

　ほとんどの試験の場合，「試験の程度」は試験問題のレベルを示すもので，大学卒業程度試験であっても，受験可能年齢の範囲であれば大学を卒業していない人も受験できます。ただし，高校卒業程度試験は，年齢が受験可能年齢の範囲でも，学歴として大学を卒業した人や大学卒業見込みの人は受験できないことがあるので，注意が必要です。

・職種と試験区分

　「職種」とは，採用後に従事する仕事のおおまかな種別をさします。

　この職種を試験の枠組みに従って分類したものが「試験区分」です。名称は試験や自治体によって異なります。以下の表にそれらの対応関係をまとめました。

職種と試験区分の名称

職種	試験区分の名称（例）
事務系職種	事務（行政，行政事務，一般行政），学校事務（教育事務），警察事務など
技術系職種	土木，農業土木，建築，電気・電子，機械，化学，農学・農業，造園，水産，畜産，林業など
資格・免許系職種	看護師，臨床検査技師，薬剤師，保健師，栄養士，幼稚園教諭，保育士など
公安系職種	警察官，消防官（消防士，消防吏員），皇宮護衛官，刑務官，入国警備官，海上保安官，衛視など
技能系・現業系職種	学校校務員，給食調理員，運転手，清掃作業員など

・「地方初級試験」とは

　公務員試験においては，一般的に「都道府県・政令指定都市・東京23区」の大学卒業程度採用試験を「地方上級試験」，短大卒業程度採用試験を「地方中級試験」，そして高校卒業程度採用試験を「地方初級試験」と総称しています。

　本書は，高校卒業程度の国家公務員試験のほか，上記の「地方初級試験」と，政令指定都市以外の市役所の高校卒業程度採用試験である「市役所初級試験」，そして高校卒業程度の警察官・消防官試験の学習対策に対応しています。

国家公務員のさまざまな種類

・国家一般職［高卒］

　国家公務員試験の中で，高卒レベルで一番規模が大きい試験が国家公務員採用一般職試験［高卒者試験］（以下，国家一般職［高卒］と表記）です。

　この試験は全国を9つの地域（北海道，東北，関東甲信越，東海北陸，近畿，中国，四国，九州，沖縄）に分けて実施され，「事務」と「技術」の受験者は申込み時に自分が働きたい地域を選びます（農業土木と林業の勤務地は全国各地）。最終合格後に，その地域内の国の機関で採用面接を受けて合格すれば採用内定となります。

・スペシャリストの公務員

　全国各地の国税局・税務署などで働く税務職員は，国家専門職試験である税務職員採用試験を受験して採用されます。国税庁の出先機関という特定の官庁に採用されて税に関する専門的な業務を担当するというのが，国家一般職とは異なるところです。

　そのほか，特別職公務員である裁判所職員や国会職員も，それぞれの機関で業務に就きます。国会職員は基本的に国会議事堂内およびその周辺で働きますが，裁判所は高等裁判所，地方裁判所など全国各地に勤務地があります。

・公安系職種の公務員

　社会の安全を守る公務員は「公安系職種」に分類されます。代表的な公安系職種である警察官や消防官は地方公務員です。国家公務員の公安系職種としては，皇宮護衛官（皇居や皇族の警護を行う），刑務官（刑務所などで受刑者の管理を行う），入国警備官（不法入国者・不法滞在者の違反事件の調査と摘発・収容，被収容者の処遇などを行う）などがあり，それぞれ国家専門職試験を受験して採用されます。

・国家公務員の身分が与えられる「学校」

　航空保安大学校，気象大学校，海上保安大学校，海上保安学校の4学校も，それぞれ国家専門職試験を受験して入学するものです。「○○学生採用試験」という名称からもわかるとおり，学校といっても，身分はあくまで国家公務員であり，受験料・入学金・授業料は無料で，給与やボーナス等も支給されます。在学中は全寮制で，卒業後は全国各地の勤務地で働きます。

技術系公務員とは

　国家一般職［高卒］では「技術」「農業土木」「林業」，地方公務員では「土木」「農業土木」「建築」「電気・電子」「機械」「化学」「農学・農業」「造園」「水産」「畜産」「林業」などが，「技術系公務員」と呼ばれる職種です。

　専門知識を活かして，その分野に関係する部局・機関で働くことが多いですが，現場の仕事だけではなく，事務系公務員と同様に本庁部局で企画立案や事業執行に関する業務を担当することもあります。

国家公務員試験（高校卒業程度）と主な採用先

試験名		職種・試験区分	主な採用先
国家一般職 [高卒]	事務系 技術系	事務 技術, 農業土木, 林業	中央省庁, 地方機関など
税務職員	事務系	税務	国税局, 税務署など
皇宮護衛官	公安系		皇宮警察本部（皇居, 御所など）
刑務官	公安系	刑務A（男性）, 刑務B（女性）	刑務所など
入国警備官	公安系		地方入国管理局, 入国者収容所 入国管理センターなど
航空保安大学校	学校系	航空情報科, 航空電子科	卒業後は全国の航空官署に配属
気象大学校	学校系		気象庁本庁, 気象台など
海上保安大学校	学校系		海上保安庁
海上保安学校	学校系	船舶運航システム課程, 航空課程, 情報システム課程, 管制課程, 海洋科学課程	海上保安庁
裁判所一般職 [高卒]	事務系		裁判所
衆議院事務局	事務系 公安系	一般職 [高卒] 衛視	衆議院事務局
参議院事務局	事務系 公安系	一般職 [高卒] 衛視	参議院事務局
国立国会図書館一般職 [高卒]（近年募集がない）	事務系 技術系	一般職 [高卒] 一般職 [高卒]（技術）	国立国会図書館

地方公務員試験（高校卒業程度）と主な採用先

自治体名		職種・試験区分	主な採用先
都道府県	事務系 技術系	一般事務, 学校事務, 警察事務など 土木, 農業土木, 建築, 電気・電子, 機械, 化学, 農学・農業, 造園, 水産, 畜産, 林業など	都道府県庁や都道府県内の出張所など
	公安系	警察官B（男性・女性）	警察署など
政令指定都市	事務系 技術系	一般事務, 学校事務など 土木, 建築, 電気・電子, 機械, 農学・農業など	市役所や市内の出張所など
	公安系	消防官（士）	消防署など
東京23区 （特別区）	事務系 技術系	事務 （技術系は近年募集がない）	区役所や区内の出張所, 特別区の事務組合など
東京消防庁	公安系	消防官	東京都内の消防署など
市町村	事務系 技術系	事務など 土木, 農業土木, 建築, 電気・電子, 機械, 化学, 農学・農業, 造園, 水産, 畜産, 林業など	市役所, 町役場, 村役場や市町村内の出張所など
	公安系	消防官（士）など	消防署など

公務員の仕事の魅力

幅広い仕事と大きなやりがい

・ゼネラリストもスペシャリストも選べる

　公務員の仕事内容は，数多くの種類があります。特定の業務に従事する「スペシャリスト」的な職種については，それぞれに対応した試験や試験区分が設けられていることが多く，専門分野を極めたい人に適した仕事といえます。

　一方，国家一般職［高卒］や地方初級・市役所初級試験に合格して採用された場合は，多くが「ゼネラリスト」としての公務員人生を歩むことになります。特に事務系職種で採用された職員は，特定の部署に限定されずさまざまな分野でデスクワークや対外業務などに従事し，数年おきに部署を異動します。

　国家公務員の場合は，人事交流による出向などを除けば，最初に採用された省庁から別の省庁に移ることはめったにないので，たとえば厚生労働省なら社会保障や労働行政，経済産業省なら国や地域の経済活力の向上に関する業務と，ある程度の専門的な行政分野が仕事の範囲となります（それでも，部局や機関の間の異動によって経験する業務の内容はさまざまです）。それに対して地方公務員は，都道府県でも市町村でも，その地域内の総務，財政，教育，福祉，農政，商工労働，観光，土木，都市開発などあらゆる分野で働く可能性があり，一つの自治体の中で多種多様な業務を経験していく仕事だといえます。

　配属や昇任については，学歴や性別による差別はなく基本的に「実力本位」です。研修制度も充実しており，やる気と努力次第で活躍の場は広がります。

・公共のために働くやりがいと喜び

　公務員の仕事の魅力を一言で言うと「社会や地域をよくするために働ける」ことに尽きるでしょう。もちろん民間企業も社会の幸福をめざして事業を行っていますし，企業の雇用と経済活動から発生する税収が国や自治体の行政の財源となっていることは忘れてはいけません。しかし，公務員の仕事は，より直接的に国民・住民が快適に，安全に，幸せに暮らせるための役割を担うことができるのが一番の特徴といえます。また，自分の仕事がやがて政策に反映されたときや住民対応で感謝されたときの達成感は，公務員だからこそ味わえる仕事のだいご味でしょう。

　かつては「公務員は定時退庁でラクな仕事」というイメージを持つ人が多かったかもしれません。しかし，行政の役割・サービスが多様化する現在，公務員の仕事も複雑かつ高度になっており，「お役所仕事」的な定型業務の範囲には収

まりません。そうした忙しい毎日にあっても，国民や住民と日々向き合い，役に立ちたいと思う使命感を持って仕事を続けていくことが期待されています。

安定した待遇と労働環境

・法律で定められる公務員の待遇

民間企業では，従業員は労働組合を結成して，雇用，賃金，労働時間等の労働条件について，使用者と交渉したり，ストライキなどの争議行為を行ったりして労働条件の改善を求めることができますが，公務員はその職務の公共性や地位の特殊性から，労働基本権（団結権，団体交渉権，争議権）が制約されています。

その代わりに，法律によってその身分が手厚く保障されています。具体的には，免職（民間企業でいう解雇）や降任，降給などの不利益処分は法律等に定められた一定の基準内でのみ行われ，給与（基本給と諸手当の合計。基本給は国家公務員では「俸給」，地方公務員では「給料」と呼ばれる）や勤務時間などの勤務条件に関して適当な行政上の措置が行われるよう職員が要求できる制度もあります。つまり，民間企業のような会社の倒産やリストラによって職を失う可能性はまず心配しなくてよいということです。

給与については，国家公務員の場合は「人事院勧告」，地方公務員も同様の給与勧告によって，民間企業の水準と均衡させること（民間準拠）を基本に勧告が行われ，法律や条例に基づいて毎年の金額が定められています。民間企業も規模や地域，経営状況などによって給与水準はさまざまなので，単純に比較はできませんが，平均的な水準で安定的に支給されるという点では公務員は恵まれているといえます。

先に説明したような「社会や地域をよくする」ことに専念して働けるように，安定した雇用と待遇という環境が整えられているといってよいでしょう。

・働き方改革と充実した休暇制度

公務員の労働時間は，国家・地方とも完全週休2日制で1週当たり38時間45分（1日当たり7時間45分）と定められています（所属や部署によっては変則勤務になる場合もある）。所定の勤務時間内に仕事が終わらないときは時間外勤務（いわゆる残業）となりますが，近年の「働き方改革」は，民間企業の手本となるべく，公務員の職場で率先して推進されており，長時間労働が発生しないよう全庁を挙げて取り組んでいる組織が多くなっています。時差出勤やフレックスタイム制，テレワーク（ICTを活用して時間や場所の制約を受けずに自宅等で働く形態）などの柔軟な働き方を取り入れているところも増えてきました。

休暇制度が充実しているのも，公務員の魅力の一つといえます。有給の年次休暇は年間20日（4月採用の場合，最初の年は15日）与えられ，1日単位で取得するほか，1時間単位で使うこともできます。

年次休暇とは別に，病気やケガで療養する必要があり勤務しないことがやむをえないときには有給の「病気休暇」が与えられます（国家公務員の場合は原則として90日以内）。民間企業ではあまり見られない休暇制度の一つです。

そのほかの特別休暇としては，公民権行使，骨髄等ドナー，ボランティア，結婚，産前産後，妻の出産，子の看護，短期介護，忌引，夏季休暇などがあります。
　このような充実した休暇制度を，実際に取得しやすい風土があるというのが，公務員のよいところです。業務との調整をうまくつけながら「ワークライフバランス」を実現できる職場環境で力を発揮することが可能となっています。

女性が長く働き，活躍できる職場に

　男女雇用機会均等法が施行されてから30年以上が経過し，労働の場で女性が活躍できる環境は着実に整ってきました。しかし，結婚，妊娠，出産，育児，介護といったさまざまなライフイベントに直面して，仕事との両立に苦労している女性（もちろん男性も）がまだまだ多いことも事実です。
　公務員の職場では，古くから「男女平等」が徹底されてきました。給与面において男女の区別はありませんし，女性でも本人の希望と能力次第で男性と同様に昇格し，管理職として責任のある職務に就くことができます。
　それに加えて，「女性が働きやすい」と評される一番の理由が，妊娠・出産の後に育児休業（最長3年）を取得し，その後で職場に復帰することが一般的であるという点です。法律に基づいて育児休業制度が設けられているのは民間企業も同じですが，民間企業の場合，実際には育児休業を取得できない職場の空気があったり，取得後に結局退職せざるをえなかったりというケースも少なくないようです。
　公務員の場合は，女性職員の育児休業の取得率は100％近くを達成しています。男性職員の育児休業取得率も，女性よりは低いものの，民間を大きく上回ります。さらに短時間勤務や早出遅出勤務などの仕事と育児の両立支援制度は，男女ともに活用する人が増えています。また，高齢社会の進展とともに介護問題がクローズアップされていますが，介護休暇（休業）制度の充実と取得のしやすさも，公務員は民間企業をリードしています。

働きやすさを求めて民間企業からの転職も

　ここまで見てきたとおり，男性にとっても女性にとっても働きやすく，やりがいの大きい公務員の職場に，最近は民間企業等から転職してくる人が増えてきました。採用側でも，社会人の経験や個性を求めて新風を吹き込む人材として活用したい意欲が強く，民間企業等経験者向けの採用試験が国家・地方ともに実施されています。
　そうした「社会人枠」以外の通常の試験でも，年齢や学歴が受験資格に合致していれば，高校卒業（見込み）の人と同じように受験することができます。「社会人で年齢が高いと不利」ということは基本的にありませんので，公務員に転職したい理由が面接官を納得させるものであれば，合格するチャンスは十分にあります。転職先の候補の一つとして「公務員」を考える人は，今後さらに増えていくでしょう。

高卒程度公務員になるには

情報を集めて受験先を決める

・いつ何の試験が実施されるかを調べる

国家公務員，地方公務員ともに，試験の種類や程度ごとに原則として年1回の採用試験が行われます。高校卒業程度試験の場合，一次試験は9月の日曜日に実施するところが多くなっています。一次試験日の2〜4か月前に受験案内が公示され，1〜3か月前に申込みが締め切られるというのが一般的なスケジュールです。

	国家一般職［高卒］	道府県・政令指定都市	東京都・特別区
受験案内公示開始	5月中旬以降	7月上旬以降	6月中旬以降
申込締切日	6月下旬	8月上旬〜下旬	8月中旬
一次試験日	9月の第1日曜日	9月の第4または第5日曜日	9月の第2または第3日曜日

国家公務員や規模の大きな地方自治体では，毎年実施される試験の種類はある程度決まっていますが，市役所など規模が小さいところでは，年度により試験を実施したり実施しなかったりするので，確実に情報を収集する必要があります。多くの自治体では，受験案内公示よりも前の3〜4月頃に，年間の採用試験実施計画が公表されるので，自治体のウェブサイトや広報紙などで早めに確認しましょう。

・受験資格を確認する

公務員試験は，受験資格さえあれば誰でも受験することができます。受験資格の中で最も重要なのが「年齢」で，ほとんどの試験で受験できる年齢に制限が設けられています。国家一般職［高卒］試験では「高校等を卒業した日の翌日からの経過年数」「義務教育を終了した日からの経過年数」を受験資格としていますが，これも年齢上限に読み替えることができます。高校卒業程度試験の場合，年齢上限は20歳から22歳ぐらいに設定されているところが多いですが，市役所などでは試験の程度が分かれておらず，20歳代後半や30歳以上でも受験できる自治体もあります。

「学歴」については，試験の程度（試験問題のレベル）は「大学卒業程度・短大卒業程度・高校卒業程度」のように分けられていても，学歴に関して条件を設ける試験は少なくなっています。ただし，高校卒業程度試験は，学歴として大

学を卒業した（見込みの）人は受験できないことがあるので注意が必要です。

　地方公務員の場合，少数ですが「○○市に居住する者，または採用後○○市に居住可能な者」という条件をつけている自治体があります。「住所要件」といいますが，大部分の地方公務員試験や，国家公務員試験にはこうした制限はありません。

　また，「公権力の行使に当たる業務」に従事するためには日本国籍が必要とされるため，受験に当たって「国籍要件」が設けられる場合があります。国家公務員試験は，日本国籍を有することが受験資格に含まれます。地方公務員の場合は，自治体や試験の種類，担当する職務などによって要件が異なります。

　最後に，国家公務員法または地方公務員法の規定によって，以下のような人は公務員試験を受験できません（以下は国家公務員の例）。

①禁錮以上の刑に処せられ，その執行を終わるまでの者又はその刑の執行猶予の期間中の者その他その執行を受けることがなくなるまでの者

②一般職の国家公務員として懲戒免職の処分を受け，その処分の日から2年を経過しない者

③日本国憲法又はその下に成立した政府を暴力で破壊することを主張する政党その他の団体を結成し，又はこれに加入した者

・受験したい試験を決めて受験案内を入手する

　一次試験は原則として日曜日（または土曜日・祝日）に実施されます。同じ試験日の試験を同時に受験することはできませんが，試験日が違えば複数の試験を併願することが可能です。

　主な高校卒業程度試験の一次試験日は9月に集中していますが，多くの公務員志望者は，国家一般職［高卒］と都道府県，市役所などを組み合わせて併願しています。

　仕事内容や勤務地，受験資格などを調べて受験したい職種が決まったら，受験案内を入手しましょう。受験案内はウェブサイトからダウンロードする，郵送で請求する，受験先に直接取りに行くなどの方法で入手することができます。

受験申込みの手続きを行う

・申込用紙の記入や準備

　受験案内に記載された記入方法をよく読んで，必要事項を漏れなく記入します。申込みの時点では顔写真が不要であっても，一次試験の当日には顔写真を貼った受験票が必要となるので，前もって準備しておきましょう。なかには申込みの段階でエントリーシート（志望動機や自己PRなど）を書かせる自治体もあります。

・申込用紙の提出・インターネットでの申込み

　申込用紙は郵送またはインターネットで提出することが一般的です。受験する自治体の人事委員会・人事課等に直接持参する方法もありますが，持参申込みを受け付けないところも増えています。郵送する場合は，受験案内で指定さ

れた郵送方法（簡易書留郵便や特定記録郵便など）を必ず守ってください。また，最近はインターネットでの申込みを推奨する試験が増えています。手順をよく確認し，パソコン，スマートフォンやインターネットの環境を整えて，時間に余裕を持って申し込みましょう。

主な高校卒業程度公務員試験の一次試験日と年齢制限

　試験の日程や受験資格（年齢制限）は年度により変更されることがあるので，必ず最新年度の受験案内で詳細を確認してください。

主な高校卒業程度公務員試験の一次試験日（5年度試験）

（新型コロナウイルス感染症拡大予防対策の一環として，試験日程が延期になった試験もある。※はほかに社会人の採用区分がある試験を示している）

5月 4日	大阪府警察官B（第1回）／兵庫県警察官B（第1回）
5月14日	高卒程度警察官（5月型）／海上保安学校（特別）
8月19日	参議院事務局一般職［高卒］／参議院事務局衛視
9月 2日	衆議院事務局一般職［高卒］／衆議院事務局衛視
9月 3日	国家一般職［高卒］／国家一般職［社会人］／税務職員／東京消防庁消防官Ⅲ類
9月10日	裁判所一般職［高卒］／東京都Ⅲ類／特別区Ⅲ類／警視庁警察行政職員Ⅲ類／東京消防庁職員Ⅲ類
9月16日	警視庁警察官Ⅲ類（第2回）
9月17日	市役所初級／刑務官※／高卒程度警察官（9月型）／兵庫県警察官B（第2回）
9月24日	地方初級（道府県・政令指定都市）／皇宮警察官［高卒］※／入国警備官※／航空保安大学校／海上保安学校／青森県警察官B
10月15日	高卒程度警察官（10月型）
10月28・29日	海上保安大学校／気象大学校
1月 6日	大阪府警察官B（第3回）
1月 7日	警視庁警察官Ⅲ類（第3回）
1月13日	兵庫県警察官B（第3回）

主な高校卒業程度公務員試験の年齢制限

（試験の翌年の4月1日現在の年齢）

国家一般職［高卒］	18～20歳
国家一般職［社会人］	18～40歳
税務職員	18～21歳
地方初級	18～21歳（自治体により異なる）
高卒程度警察官	18～35歳（自治体により異なる）
高卒程度消防官	18～25歳（自治体により異なる）

15

国家一般職［高卒］の「事務」区分の試験の概要と合格・採用までの流れは，以下のとおりです（日程と試験の内容は5年度試験のもの）。

一次試験 9/3（日）

試験種目	解答題数 解答時間	配点 比率	内容 ○内の数字は出題予定数
基礎能力試験 （多肢選択式）	40問 1時間30分	4/9	公務員として必要な基礎的な能力（知能および知識）についての筆記試験 知能分野20問（文章理解⑦，課題処理⑦，数的処理④，資料解釈②） 知識分野20問（自然科学⑤，人文科学⑨，社会科学⑥）
適性試験 （多肢選択式）	120題 15分	2/9	速く正確に事務処理を行う能力についての筆記試験 置換・照合・計算・分類などの比較的簡単な問題を限られた時間内に番号順にできるだけ多く解答するスピード検査
作文試験	1題 50分	1/9	文章による表現力，課題に対する理解力などについての筆記試験

※「技術」「農業土木」「林業」区分では，適性試験と作文試験の代わりに専門試験（多肢選択式）が実施される。

一次合格者発表 10/5（木）

二次試験 10/11（水）～ 10/20（金）

試験種目	配点比率	内容
人物試験	2/9	人柄，対人的能力などについての個別面接 二次試験の際，人物試験の参考とするため，性格検査を行う。

※税務職員の一次試験は国家一般職［高卒］「事務」区分と共通。二次試験では，人物試験に加えて身体検査が実施される。

最終合格者発表 11/14（火）

・採用までの流れ

　最終合格者は採用候補者名簿に登載されます。名簿の有効期限は1年間で，任命権者（採用先）はこの名簿から採用内定者を選びます。その際には，官庁ごとに採用面接（主に個別面接）が行われ，意向調査（書面の場合もある），健康診断などを経て採用内定が出されます。

　「事務」「技術」区分は，受験の段階では採用官庁が決まっておらず，また最終合格＝採用内定ではありません。一次合格者発表後から始まる「官庁訪問」や二次試験直後から始まる「業務説明会」に積極的に参加して，仕事内容や職場の雰囲気を知り，最終合格後に採用面接が受けられるようアピールをする必要があります。

　最終合格後は官庁からの連絡を待っているだけではなく，自分から進んで志望する官庁・機関に連絡を取って「採用面接を受けたい」と伝えましょう。

高校卒業程度地方公務員試験の受験から合格・採用まで

地方公務員試験の内容やスケジュールは自治体によってさまざまです。以下では埼玉県の初級「一般事務」区分を例に取って，試験の概要と合格・採用までの流れを見ていきます（日程と試験の内容は５年度試験のもの）。

一次試験 9/24（日）

試験種目	解答題数 解答時間	配点	内容
教養試験 （多肢択一式）	50問 120分	＊ 100	公務員として必要な一般的知識および知能（50問必須解答） 出題分野：法律，政治，経済，社会一般，日本史，世界史，地理，国語，物理，化学，生物，地学，数学，文章理解（英語を含む），判断推理，数的推理，資料解釈

※配点欄に＊がある試験種目については，標準化点を用いる。
※「設備」「総合土木」区分では，教養試験に加えて専門試験（多肢択一式）が実施される。

一次合格者発表 10/4(水)

二次試験 1日目 10/11（水）〜 10/13（金）のうち1日
2日目 10/24（火）〜 10/27（金）のうち1日

試験種目	解答時間	配点	内容
作文試験 （記述式）	60分	＊ 100	文章による表現力，課題に対する理解力，思考力，その他の能力について（700〜900字）
人物試験	個別面接	300	社会性，積極性，信頼性，達成力などについて，個別面接（2回）による試験を行う。また，人物試験の参考とするため，公務員として職務遂行上必要な素質および適性についての検査を行う。

最終合格者発表 11/24(金)

・採用までの流れ

　最終合格者は採用候補者名簿に登載されます。名簿の有効期限は1年間で，任命権者（埼玉県の場合は知事，公営企業管理者，病院事業管理者，下水道事業管理者，教育委員会等）からの請求に応じて提示されます。

　任命権者は合格者の希望する仕事，勤務地等についての意向聴取および身体検査等を行います。多くの場合は最終合格＝採用内定と考えてよいのですが，採用は欠員の状況等に応じて行われるため，名簿に登載された人が全員採用されるとは限りません。なお，採用の時期は試験の翌年の4月1日というのが一般的ですが，受験者の状況や欠員状況によっては，それより前に採用されることもあります。

　他の自治体とは異なり，特別区（東京23区）は特別区人事委員会が行う採用試験の最終合格後に，採用区を決めるための各区の採用面接を受ける必要があります。

合格のための勉強法

・出題範囲が広い

　ほとんどの試験区分で課される教養（基礎能力）試験，技術系職種で課される専門試験，学校系試験で課される学科試験，地方初級や警察官試験の一部で課される国語（漢字）試験と，さまざまな試験種目があります。教養（基礎能力）試験は五肢択一式（5つの選択肢から1つの正答を選ぶ）で，分野と科目は以下のとおり幅広くなっています（科目の名称や出題科目は試験によって異なる）。

知識分野 中学・高校の 教科に近い	社会科学	政治，法律，経済，社会…時事問題がよく問われる
	人文科学	日本史，世界史，地理，倫理，国語，文学・芸術…高校教科書が主な出題範囲
	自然科学	数学，物理，化学，生物，地学…高校教科書が主な出題範囲
知能分野 公務員試験 独特の科目	数的推理（数的処理）…算数・数学に近い計算や図形の問題	
	判断推理（課題処理）…文章・数字・図形を用いた論理パズル	
	資料解釈…数表やグラフの資料を読み取り内容を判断する力を試す	
	文章理解（英文を含む）…現代文・古文・英文の長文読解力を試す	

・似た問題が繰り返し出る，おおむね7割正答できれば合格

　出題範囲が広い公務員試験ですが，過去に何度も出題されたような，似た問題が繰り返し問われます。問題演習を反復し，出題傾向とレベルをしっかり把握して臨むことができれば，合格ライン突破は決して難しくありません。

　教養試験や適性試験，専門試験で何点取れば合格できるかについては，試験のレベルや受験者数，採用予定数などによって変動するので，はっきりしたことはいえません。ただ，過去および近年の状況からは，択一式の教養試験・適性試験・専門試験では，満点の6割が一次合格といえそうです。

　なお，各試験種目には「基準点」（満点の3〜4割程度）があり，教養試験，適性試験，専門試験，作文試験などのどれか1つでも基準点を満たさないと，他の試験種目がどんなに高得点でも不合格となってしまうことには要注意です。

・面接試験のウエートは大きい，事前の対策が不可欠

　最近は「人物重視」傾向を反映して，面接試験の重要性が高まっています。配

点比率は試験によって異なり，教養試験と面接試験の配点がほぼ同等のところもあれば，教養試験を１とすると面接試験が３またはそれ以上のところもあります。面接試験も事前にしっかり準備して対策を練ることが不可欠です。

教養試験の攻略法

・知能分野を優先し，過去問演習を重ねる

　知識分野と知能分野はおおむね半分ずつの出題数となっています。ここでカギを握るのは，１科目当たりの出題数が多い知能分野です。知能分野は慣れるまで苦しく感じますが，学習が進むにつれて貴重な得点源になってくれるので，優先して対策を進めるとよいでしょう。

　特に，判断推理と数的推理の攻略がポイントとなります。解法をマスターして自力で解けることはもちろん，本番に備えて短時間で解く練習をする必要があります。判断推理と数的推理で８割以上の正答をめざしたいところです。

　文章理解も出題数が多いので重要です。得意不得意の差が大きい科目なので，得意な人は満点を，苦手な人も半分近くは正答できることをめざしましょう。

　資料解釈は出題数が少ないものの，コツをつかめば確実に正答できる科目です。苦手意識を持たずに取り組み，短時間で資料を読み取る練習が必要です。

　知識分野は，高校で履修した科目でしっかり得点できることが大事です。無駄に時間をかけすぎず，頻出テーマに絞った効率的な学習を心掛けましょう。

　教養試験の攻略に不可欠なのが過去問演習です。受験する試験や近いレベルの試験の過去問を数多く解き，何度も繰り返すことで知識が確実に定着します。

・合格者の学習ツールとモデルプラン

　まずは中心とする学習ツールを決める必要があります。

①**問題集や参考書で独学**…市販の問題集や参考書から好みに合ったものを選び，自分のペースで学習を進めることができます。費用も安く済みますが，わからないことは自分で調べて解決しなければなりません。高校の先生などのサポートを受けられる人や，社会人で時間のない人，意志の強い人にオススメの学習法といえます。

②**通信講座**…必要な教材がまとまっているので，何から始めたらいいのかわからない人にとっては便利です。質問回答などのシステムも利用でき，独学より確実で予備校より手軽で安いと，中間的な位置づけといえるでしょう。

③**予備校・専門学校**：公務員対策専門の予備校・専門学校では，筆記試験対策のほかに，作文や面接の指導も受けることができます。学校に通って勉強する「強制力」が安心にもつながりますが，費用が高く，講師の質に差がある点はデメリットです。

　どの学習ツールを選ぶにしても，ひととおり勉強するにはおおむね６か月の学習期間が必要です。通信講座や予備校・専門学校では，もっと早くから始める人も多いでしょう。まずは本書で公務員試験の概要と出題科目を確認し，問題演習を始めてください。それから過去問演習を３〜４か月繰り返し，試験直前の１〜２か月では過去問演習に加え，時事問題対策を中心に据えて仕上げましょう。

オススメ問題集＆参考書（いずれも実務教育出版）

・【高卒程度・社会人】初級スーパー過去問ゼミシリーズ（社会科学，人文科学，自然科学，判断推理，数的推理，文章理解・資料解釈，適性試験）：近年の出題傾向を各試験別に分析し，よく出る問題を厳選して収録した科目別の過去問演習書シリーズ。「要点のまとめ」と問題の「解説」のわかりやすさが特徴です。

・合格の350シリーズ（国家一般職［高卒・社会人］，地方初級，高卒警察官，大卒・高卒消防官）：試験別に精選した過去問350問を掲載。原則として1ページに問題・解説をセットで収録し，見やすく反復学習しやすい構成となっています。

・『速攻の時事』『速攻の時事　実戦トレーニング編』：大卒程度試験対象ですが，わかりやすい記述は，時事問題を強化したい高卒程度受験者にも役立ちます。

適性試験・作文・面接対策のポイント

・適性試験も過去問で反復練習することが上達の鍵

　適性試験は，国家一般職［高卒］や市役所試験の事務系職種で課される試験です。

　国家一般職［高卒］では，試験時間15分で置換・照合・計算・分類などの問題120題を解きます。「正答数－誤答数＝得点」という採点方法なので，間違えたり途中で飛ばしたりして無回答の場合は二重に減点されてしまいます。短時間で正確に処理できるよう，時間を計って反復練習することが攻略のポイントとなります。

・作文は過去の出題例で書いてみて，誰かに見てもらう

　作文試験は，国家・地方ともほとんどの事務系職種で課される試験です。

　試験時間は50〜120分，字数は600〜1,200字程度というのが一般的です。課題としては，社会問題などの一般的課題，その自治体の行政課題に関連したテーマ，公務員としての抱負を問うものなどがよく出題されています。

　過去の出題例を参照し，実際に時間や字数を守って書くことが一番の練習です。さらに学校の先生や家族など信頼できる大人に読んでもらい，伝わりやすい文章か，誤字・脱字はないかなどをチェックしてもらうとよいでしょう。

・面接対策として，自己分析と仕事研究を始める

　模擬面接で練習するなど，本格的に面接試験の対策を始めるのは一次試験が終了してからというのが一般的ですが，一次の筆記試験対策と並行して行う必要があるのが，自己分析と仕事研究です。具体的には，自分の性格や長所・短所，学校生活で力を入れたこと，公務員になりたい理由，その省庁・自治体・職種を志望する理由，興味のあるプロジェクト，採用後にやってみたい仕事などについて自分の考えをまとめることです。専用のノートを用意して日頃から調べたことや考えを記録していきましょう。

第2編

教養編

試験

政治

出題の特徴と傾向

出題の基本は日本国憲法

　公務員は「全体の奉仕者」として日本国憲法を遵守する義務を負っている。ゆえに問題は現行憲法に定められた原則，権利，義務，制度について出題される。レベルとしては基礎レベル。憲法に書かれた内容をきちんと理解しているかが問われる。必要に応じて外国の政治制度や明治憲法と比較すると，現行憲法の特徴が覚えやすくなる。

現実の政治と関連される

　1票の格差問題や裁判員制度，民法や刑法の改正など，現実の政治は大きく変化している。成人年齢が18歳に引き下げられ，若年人口が減少している現代社会では，各人が社会の動きをしっかり見ていく必要が高まっている。公務員試験の問題はまさにそうした現状を反映したものと考えるべきだろう。

効果的な学習方法・対策

　まずは問題練習から始めよう。基礎問題は必ず自分で解いてみること。法の改正や制度改革で変更されたようだから，古い問題は切り捨てる，ということをやってはいけない。改正や変更前の内容が誤りの選択肢として出てくる例が多い。政治制度，基本的人権，地方自治，あるいは環境問題など，どの分野から始めてもよいが，できるだけ広く勉強することが望ましい。日頃からニュースを見て，時事問題対策に活用しよう。

民主政治の原理と各国の政治体制

出題率 **30%**

ココがポイント 法の支配や民主政治の歴史・人権思想，さらには各国の政治制度（議院内閣制と大統領制）が頻出。

①法の支配

・法の支配…国王は神と法の下にある。

・法治主義…形式重視。悪法も法。

②民主政治の思想

・ロック（英）…社会契約説に基づき議会主義を主張。抵抗権。

・モンテスキュー（仏）…三権分立を主張。

・ルソー（仏）…人民主権→フランス革命に影響。

③人権思想の発達

☆権利章典（英・1689年），独立宣言（米・1776年），人権宣言（仏・1789年）。参政権は19世紀半ば，社会権は20世紀に確立。

④政治制度

・議院内閣制…内閣は議会の信任で成立。英・日本。

・大統領制…大統領が行政府の長となる政治制度。立法府と行政府が明確に分離。米・仏など。

● 法の支配の考え方は，17世紀のイギリスでエドワード＝クックにより明らかにされた。

● 思想家と主著

・ロック『市民政府二論』

・モンテスキュー『法の精神』

・ルソー『社会契約論』

● 社会権は，1919年に制定されたドイツのワイマール憲法により初めて明文化された。

● アメリカの大統領は連邦議会議員であってはならない。

日本国憲法と基本的人権

出題率 **30%**

ココがポイント 3つの基本原則を中心とした日本国憲法の条文，基本的人権の分類は頻出。新しい人権の出題が増加。

①日本国憲法の3つの基本原則

・国民主権…国の意思の最終的決定権は国民。

・基本的人権の尊重…永久不可侵の権利。

・平和主義…第9条で戦争の放棄などを規定。

②基本的人権の分類

☆公共の福祉による制約は受ける。

・平等権…法の下の平等，両性の本質的平等など。

・自由権…精神の自由，身体の自由，経済の自由。

・社会権…生存権，勤労の権利，労働三権など。

③新しい人権

☆社会の変化とともに，知る権利，環境権，プライバシーの権利，自己決定権などが認められる。

● 社会権，および地方自治についての規定は大日本帝国憲法にはなく，日本国憲法で初めて設けられた。

● 天皇の国事行為には，憲法改正・法律・条約の公布，国会の召集，衆議院の解散，総選挙施行の公示，内閣総理大臣・最高裁判所長官の任命などがある。

● 公共の福祉は社会全体の利益のこと。各人の権利の調整基準となる。

出題率 30%

①国会

☆国会は，「国権の最高機関であって，唯一の立法機関」（憲法41条）と位置づけられる。

・国会の種類

種　類	召　集	会　期
常会	毎年1回，1月に召集。	150日間
臨時会	内閣が必要と判断したとき，またはいずれかの議院の4分の1以上の議員の要求があったとき。	両院一致の議決で決定
特別会	衆議院解散後の総選挙の日から30日以内に召集。	両院一致の議決で決定
参議院の緊急集会	衆議院の解散中，国に緊急の必要があるとき内閣が求める。	不定

・衆議院の優越…衆議院の内閣不信任決議，予算先議などは衆議院の議決が優先される。

②内閣

☆国会に対して連帯して責任を負う議院内閣制。

・内閣総理大臣…国会議員の中から指名。

・国務大臣…内閣総理大臣が任命。

・閣議…内閣の方針を決定する会議。

③裁判所

☆司法権は裁判所に属し，裁判官は良心に従い，憲法と法律に基づいて裁判を行う。

・裁判所の種類…最高裁判所と下級裁判所（高等裁判所・地方裁判所・家庭裁判所・簡易裁判所）。

・裁判の種類…権利義務の争いを扱う民事裁判，犯罪を扱う刑事裁判。

④三権分立

☆立法権・行政権・司法権相互の抑制と均衡をはかる。

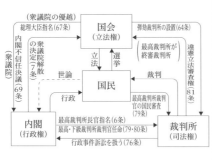

●参議院の緊急集会の議決は次の国会召集後，10日以内に衆議院の同意を得る必要がある。

●国会の権能としては，法律の制定，条約の承認，憲法改正の発議，国政の調査，内閣総理大臣の指名，弾劾裁判所の設置などがある。

●国務大臣の過半数は国会議員でなければならない。

●閣議には，会議の形をとらず，書類などを各大臣に回して了承を得る持ち回り閣議もある。全会一致で決定。

●公務員の不法行為や地方公共団体間の争いなどに関する行政裁判（行政訴訟）は民事裁判の一つ。

●違憲立法（法令）審査権は，法律・命令などが憲法に違反していないかを審査する権限で，最高裁判所がその最終の判断を下すことから，最高裁判所は「憲法の番人」と呼ばれる。

政治

 最重要 テーマ 国民の政治への参加

 出題率 **20%**

ココがポイント 選挙制度では，小選挙区制と比例代表制の違いに注意。地方自治は出題頻度が高く，幅広い内容が問われる。

①選挙
- 選挙の原則…わが国の選挙は，普通選挙，平等選挙，直接選挙，秘密選挙の原則に基づく。
- 選挙制度…1選挙区から1名を選出する小選挙区制，政党の得票数に応じて議席を配分する比例代表制。

②政党
- 政党の分類…政権を担当する与党，政権には加わらない野党。性格の面から保守政党，革新政党。

③地方自治
- 地方自治の本旨…団体自治と住民自治。
- 議会と首長の関係…議会が首長の不信任決議をした場合，首長は10日以内に議会を解散しないと失職。
- 直接請求権…住民が一定数以上の署名を集めて，条例の制定・改廃，事務の監査，首長・議員の解職，議会の解散などを直接請求する。
- 地方財政…自主財源が少なく，財源を国に依存。

● 落選者に投じられた票を死票といい，一般に，小選挙区制では死票が多く出る。

● 衆議院では小選挙区制と比例代表制を組み合わせた小選挙区比例代表並立制が採用されている。

● 複数の政党が政権を担当する形態を連立政権といい，近年，わが国では連立政権が続いている。

● 住民投票による決定にどのような法的拘束力をもたせるかは法律で定められている。憲法95条が認める特別法の住民投票もある。

 最重要 テーマ 各国の政治制度

出題率 **20%**

ココがポイント アメリカとイギリスの対比が出題の中心。フランスやドイツなどが問われることもある。

①アメリカとイギリスの政治制度

	アメリカ（大統領制）	イギリス（議院内閣制）
選出方法	大統領は，国民の選挙（間接選挙）によって選ばれる。	首相は，下院の多数党の党首が選ばれるのが一般的。
法案提出	大統領は法案提出権をもたない（教書を提出する）。	内閣は法案提出権をもつ。
解散権	大統領は議会の解散権をもたない。	内閣は議会（下院）の解散権をもつ。
二大政党	共和党と民主党	保守党と労働党

②フランスとドイツの政治制度
フランス…国民の選挙で選ばれる大統領の権限が強く，首相は相対的に弱い。

ドイツ…首相の権限が強く，大統領は国家元首として儀礼的な役目を果たす。

● アメリカ大統領選挙では，国民は「大統領選挙人」を選び，その選挙人によって大統領が選ばれる。そのため「間接選挙」とされる。

No.1 大日本帝国憲法には規定がなく，日本国憲法で初めて取り入れられた人権として妥当なのはどれか。

📖 日本国憲法と基本的人権

1 　財産権 　　　　2 　生存権
3 　信教の自由 　　4 　裁判を受ける権利
5 　請願権

No.2 社会権の説明として正しいものはどれか。

📖 日本国憲法と基本的人権

1 　社会権は最も重要な人権の一つであり，社会権の中には請願権も含まれる。
2 　社会権は20世紀になって憲法に規定されるようになった権利であり，もっぱら経済活動の自由を保障する権利である。
3 　社会権は，大日本帝国憲法に規定されていたものを拡大して日本国憲法に盛り込まれたものである。
4 　社会権は人間として生きる権利であるともいえ，日本国憲法においては数種の権利が規定されている。
5 　社会権の目的は，国民に対する国家の不作為を要求するものである。

No.3 わが国の政治の特徴に関する記述のうち，正しいものはどれか。

📖 わが国の政治の仕組み

1 　法律案の提出は国会議員にのみ認められている。
2 　内閣は，予算案を国会に提出する。
3 　国務大臣は，すべて国会議員で構成される。
4 　内閣総理大臣が国務大臣を罷免する際には，内閣を構成する他の国務大臣の同意を必要とする。
5 　衆議院で内閣不信任決議が可決された場合には，内閣は直ちに総辞職しなければならない。

No.4 国会の権限として適当でないものはどれか。

📖 わが国の政治の仕組み

1 　弾劾裁判所の設置 　　2 　予備費の承認 　　3 　条約の承認
4 　憲法改正の発議 　　　5 　最高裁判所長官の指名

No.5 裁判所に関する記述として正しいものはどれか。

☞ わが国の政治の仕組み

1 違憲立法審査権は，最高裁判所のみが有する。
2 裁判官が罷免されるのは，国民審査においてのみである。
3 すべての裁判は，プライバシーの権利の保護の観点から非公開とされている。
4 行政裁判を行うために，行政裁判所が設けられている。
5 すべての裁判官は法と良心にのみ拘束され，国会や内閣などの他の権力から拘束を受けない。

No.6 地方公共団体に関する記述として正しいものはどれか。

☞ 国民の政治への参加

1 監査を請求するときには，監査委員に有権者の50分の1以上の署名を提出しなければならない。
2 議員の解職請求をする場合には，首長に有権者の3分の1以上の署名を提出しなければならない。
3 地方公共団体の長は，議会によって不信任を決議された場合には，直ちに辞職しなければならない。
4 被選挙権は，市町村長で満20歳以上，都道府県知事で満25歳以上に認められている。
5 地方公共団体の選挙に関しては住民の直接選挙を採用しており，任期は，首長，議会議員ともに3年である。

No.7 各国の政治制度に関する記述として，妥当なのはどれか。

☞ 各国の政治制度

1 アメリカ大統領は，4年間の任期で選ばれる。国民は大統領候補のいずれかに投票し，その得票数によって大統領が選ばれる。
2 アメリカでは，行政権は大統領に属しており，大統領は議会に対し法案提出権を有し，下院を解散することができる。
3 イギリスの議会は上院（貴族院）と下院（庶民院）からなり，下院優位の原則が確立されている。一般に，下院の多数党の党首が首相となり，内閣を組織する。
4 イギリスでは，内閣は連帯して議会に責任を負い，内閣が議会を解散することはできない。
5 フランスでは，大統領と首相が併存し，立法権を有する議会からの信任によって選出される首相の力のほうが強くなっている。

正答 No.1：**2** No.2：**4** No.3：**2** No.4：**5** No.5：**5** No.6：**1** No.7：**3**

実戦問題

No.1 日本国憲法と大日本帝国憲法に関する記述として，妥当なもののみを挙げているのはどれか。

- **ア** 大日本帝国憲法は日本国憲法と同様に国政調査権も有していた。
- **イ** 地方自治については，日本国憲法も大日本帝国憲法も明文で規定しており，憲法上の制度として保障する旨を明らかにしている。
- **ウ** 日本国憲法の改正は，各議院の総議員の3分の2以上の賛成で国会が発議し，国民投票で過半数の賛成を必要とする。
- **エ** 大日本帝国憲法においても明文で学問の自由を定めた規定が存在した。
- **オ** 日本国憲法は，形式的には大日本帝国憲法の改正という形で成立した。

1 ア，イ　　**2** ア，エ　　**3** イ，ウ　　**4** ウ，オ　　**5** エ，オ

No.2 基本的人権の「表現の自由」に関する記述として正しいものはどれか。

1 「表現の自由」は，主に講演，出版物などにおける表現を保障したものであり，経済的自由権に分類される。

2 「表現の自由」は，精神的自由権という側面を持つと同時に，経済的自由権という側面を持つ，包括的な権利である。

3 「表現の自由」は，憲法上「集会，結社及び言論，出版の自由」をまとめたものであり，「表現の自由」という語句は憲法上使われていない。

4 「表現の自由」は，民主政治の根幹を支えるという，その重要な意義に鑑みて，検閲などいかなる制約も許されない。

5 「表現の自由」は，法律や条例によって制約されることもある。

No.3 わが国の国会に関する記述として正しいものはどれか。

1 国民の代表者からなる国会は，憲法で「国権の最高機関」として定められている。国会が内閣や裁判所の上に立ち，それらを監督するという趣旨である。

2 国会の会議には，毎年1回，1月に召集される常会（通常国会）のほかに，臨時会（臨時国会），特別会（特別国会），参議院の緊急集会がある。

3 国会の機能の中心は，法律の制定である。法律案の提出権は，議員のほか内閣にも認められているが，法案成立件数は圧倒的に議員提出によるものが多い。

4 「国政調査権」は，衆議院だけに与えられている権限であり，汚職などの問題が起きた場合，衆議院は証人喚問などによって国政を調査することができる。

5 法律案について，衆議院は先議権を持つとともに，衆議院で可決し，参議院が否決し，両院協議会でも意見が一致しないときは，衆議院の議決どおり，法律として成立する。

解説

No.1

ア 帝国議会は衆議院と貴族院の二院制がとられ,国政調査権は有していない。

イ 地方自治の規定は大日本帝国憲法にはない。

ウ 正しい。大日本帝国憲法の改正は天皇の発議と帝国議会の決議を要すると規定された。

エ 大日本帝国憲法は明文で学問の自由を定めていなかった。

オ 正しい。政治的混乱をおさえるための措置だった。

正答 **4**

No.2

1 「表現の自由」は,人間の精神活動の当然の結果を表現したものであるとして,精神的自由権に分類される。

2 包括的な権利の例としては,憲法 13 条の幸福追求権が挙げられる。

3 憲法 21 条 1 項で,「集会,結社及び言論,出版その他一切の表現の自由は,これを保障する。」と規定されている。

4 「検閲」は禁止されているが,人権一般が服する「公共の福祉」による制約は存在する。

5 正しい。表現が外部に向けてなされることから,他者の人権との関係で制約されることがある。

正答 **5**

検閲

出版物・映画などの内容を公権力が審査し,不適当と認めるときはその発表を禁止する行為のこと。日本国憲法 21 条 2 項は検閲を禁止している。

No.3

1 「国権の最高機関」とは,主権を持つ国民の直接選挙によって選ばれる議員が国会を構成していることから,国会が国政の中心であることを表す。

2 正しい。

3 内閣提出法案の成立件数が圧倒的に多い。

4 国政調査権は,参議院も行使できる。

5 法律案ではなく,予算に関する記述である。衆議院の先議権は予算のみである。

正答 **2**

国政調査権

国政調査権は,衆参両議院が国政に関し調査を行う権能のことで,証人の出頭,証言,記録の提出を求めることができる(憲法 62 条)。立法機関としての活動の範囲に限定される必要はないが,他の機関の憲法上の権能(特に司法権)を侵すことはできない。

No.4 わが国の議院内閣制に関する記述として正しいものはどれか。

1 内閣を構成する閣僚は，全員が国会議員である。

2 内閣総理大臣の権限が強く，安定的な長期政権の実現を可能にする。

3 内閣は，行政権の行使については議会に対して連帯責任を負う。

4 立法，行政，司法の間の三権分立が厳格に守られる。

5 内閣不信任の議決については，衆議院で可決し参議院で否決された場合，衆議院で3分の2以上の多数で再可決されると，内閣不信任が可決されたことになる。

No.5 わが国の裁判員制度に関する記述として，妥当なのはどれか。

1 裁判員制度の対象となるのは，民事裁判のみに限られる。

2 裁判員は18歳以上の者の中から抽選で選ばれ，理由がなければ辞退できない。

3 裁判員は第一審と控訴審に関与し，上告審は裁判官のみで行われる。

4 裁判員には守秘義務が課せられるが，違反しても罰則はない。

5 裁判員と裁判官は協同して有罪，無罪の決定のみ行う。

No.6 政党や選挙に関する記述として最も妥当なのはどれか。

1 選挙制度は一般に秘密選挙から普通選挙へと発展した。我が国でも秘密選挙を禁止して普通選挙を実施し，各政党が掲げるマニフェストを広く有権者に配布することを認めている。

2 政党を中心とする政治は政党政治と呼ばれ，議院内閣制が採用されている場合，選挙により議会の議席数の多数を占めた政党が与党として政権を担当することが多い。

3 同一政党内での立候補者間での同士討ちを避け，一票の格差の拡大を防ぐため，我が国の衆議院議員選挙では中選挙区制と比例代表制を採用している。

4 我が国の参議院議員選挙では政党の乱立を防止するため，都道府県を単位とする小選挙区比例代表並立制を採用している。

5 政党政治の種類は，選挙制度と関連があり，一般に小選挙区制は多党制を生みやすく，比例代表制は二大政党制を生むことが多いとされ，我が国や米国は多党制に分類される。

解説

No.4

1　国務大臣は過半数が国会議員であればよい。
2　議院内閣制とは，内閣が議会の信任のもとに成立する制度で，必ずしも内閣総理大臣の権限強化とは結びつかない。
3　正しい。
4　その性質上，議会（立法権）と内閣（行政権）との協同が期待され，厳格な三権分立ではない。
5　法律案の議決に関する内容である。内閣不信任の議決は衆議院にのみ認められている。

正答 **3**

議院内閣制
議院内閣制は，内閣が議会の多数決に基づいて組織され，その信任のもとに活動し，議会に対して責任を負う制度である。イギリスでウォルポールの時代（18世紀半ば）に慣習化され，内閣の連帯責任制，政党内閣制，議会多数勢力の意思の反映などを特色とする。日本では，新憲法下で初めて制度的に確立した。

No.5

1　民事裁判ではなく刑事裁判。死刑や無期懲役となる重大な刑事裁判の第一審で行われる。
2　正しい。
3　裁判員は刑事裁判の第一審に参加する。
4　罰則はある。6か月以下の懲役刑または50万円以下の罰金刑。
5　有罪・無罪（事実認定）の決定と量刑を行う。

正答 **2**

裁判員制度
裁判員制度は重大刑事事件の第一審で行われ，原則として裁判員6名，裁判官3名で行われる。

No.6

1　秘密選挙から普通選挙へ，ではなく，制限選挙から普通選挙へと発展した。
2　正しい。
3　衆議院議員の選挙制度は小選挙区比例代表並立制である。衆議院議員選挙では小選挙区と比例代表との重複立候補が可能。
4　参議院議員の選挙制度は選挙区，比例代表制である。
5　一般に，小選挙区制は二大政党制になりやすく，比例代表制は多党制になりやすい。

正答 **2**

参議院の選挙制度
原則都道府県を選挙区としてきたが，2015年の公職選挙法改正により島根県と鳥取県，高知県と徳島県が合同選挙区となった。

No.7 わが国の地方自治に関する記述として，妥当なのはどれか。

1 日本国憲法には，大日本帝国憲法の地方自治の規定に基づき，地方公共団体の組織及び運営に関する事項が明記されている。

2 地方公共団体の事務は，地方分権一括法の成立により法定受託事務が廃止され，自治事務と機関委任事務になった。

3 地方公共団体が定めた条例に基づく住民投票は，住民の意思を行政に反映させる有効な手段であるが，投票結果に法的拘束力はない。

4 住民は，直接請求権をもち，議会の解散請求や首長，議員の解職請求は認められているが，条例の制定，改廃に関する請求は認められていない。

5 議会は，首長の不信任決議権を持つが，首長は，議会の決定に対する拒否権を有するため，議会の解散権は認められていない。

No.8 わが国における行政の民主化に関する記述として適切なものはどれか。

1 公務員は，明治憲法時代には天皇の官吏という身分であったが，日本国憲法の下では全体の奉仕者と規定されている。

2 オンブズマン制度は，国民や住民の要求に基づいて行政活動に関する調査および改善勧告を行うものであり，国の省庁や地方公共団体に導入されている。

3 情報公開制度は，国民の請求に応じて行政機関に政策立案や実施に関する情報を開示することを義務づけるものであり，一部の地方公共団体では導入されているが，国においては導入されていない。

4 行政委員会は，政治的中立や専門的知識を必要とする分野において，一般の行政機関に付属して設けられる合議制の機関であり，準立法的機能を持っているが，準司法的機能は持っていない。

5 行政手続法は，行政運営の公正の確保と透明性の向上を目的として施行されたものであり，私人や私企業は，この法律に定める手続きによる行政指導に必ず従うことが義務づけられている。

解説

No.7

1 大日本帝国憲法に地方自治に関する規定はなかった。

2 法定受託事務ではなく機関委任事務が廃止された。現在は自治事務と法定受託事務。

3 正しい。

4 条例の制定や改廃に関する請求は認められている。有権者の1/50以上の署名。

5 首長の議会の解散権は認められている。不信任決議されると首長は10日以内に議会を解散するか失職となる。

正答 **3**

No.8

1 正しい。この内容は日本国憲法15条2項に規定されている。

2 オンブズマン制度は行政監察官制度とも呼ばれる。日本では一部の地方公共団体で導入されているが、現在、国のレベルでの導入はない。

3 情報公開法が2001年4月から施行され、国の行政文書が請求に応じて公開されるが、公開されない文書も認められた。

4 行政委員会は、首長への権限の集中による弊害を防ぐため、独立して仕事を行う執行機関である。公安委員会、人事委員会などがある。準立法・準司法機能を持つものもある。

5 行政指導は、それを行う行政機関の任務・所掌事務の範囲内の事項について「相手方の任務の協力」を前提として行われ、指導に従わなくとも不利益な取り扱いを受けることはない(行政手続法32条)。

正答 **1**

オンブズマン制度

1809年、スウェーデンで初めて設置された行政監察官制度である。行政監察官の選出、任命は議会によって行われ、広く行政に関する国民の苦情を受け、あるいは問題として取り上げ、国の行政を市民の側から監視した。この制度は他の北欧諸国や英国、米国のいくつかの州などでとり入れられ、1990年に日本でも川崎市が市民オンブズマンの設置を条例で定め、以後、この制度を導入する自治体が増えている。

No.9 国際連合（国連）に関する次のア～オの記述のうち，妥当なものの組合せはどれか。

ア　総会では各国が1票ずつを持ち，多数決制で決定を行う。

イ　安全保障理事会の常任理事国とされているのは，アメリカ，イギリス，フランス，ドイツ，日本である。

ウ　国際司法裁判所において訴訟の当事者となるのは，国家のみである。

エ　国連平和維持活動（PKO）は，侵略国に対して加えられる軍事制裁の一種である。

オ　国連分担金は主要国にのみ課せられており，発展途上国や新興国は支払いを免除されている。

1　ア，ウ　　　**2**　ア，オ　　　**3**　イ，ウ　　　**4**　イ，エ　　　**5**　エ，オ

No.10 次のアメリカ合衆国の政治制度に関する記述のうち適切なものをすべて挙げているものはどれか。

A　連邦議会は大統領の非行に対して弾劾決議ができる。

B　大統領は上院議員選挙と同一日に国民の直接投票により選出される。

C　連邦最高裁判所は議会が任命した判事により構成され，違憲立法審査権を有する。

D　連邦議会が送付した法案を大統領が30日以内に署名しないときは廃案となる。

E　大統領の任期は4年で，2期まで再選は可能である。

1　A，E

2　B，E

3　C，D

4　A，C，D

5　B，C，E

解 説

No.9

ア 正しい。

イ 常任理事国はアメリカ，中国，イギリス，フランス，ロシアの５か国。

ウ 正しい。総会と安全保障理事会は裁判所に勧告的意見を求めることができる。

エ PKOは国際紛争の事態の悪化を防止するための措置にすぎない。

オ 「主要国のみ」「支払いを免除」が間違い。分担金は各国の経済力を基礎とし，加盟国の支払能力に応じるものとなっている。

正答 **1**

国連平和維持活動

安全保障理事会が拒否権行使で機能不全に陥ったため，総会が中心となって始めた。憲章で定められた活動ではないため決議の内容により権限や性格がそれぞれ異なる。

No.10

A 正しい。下院で弾劾を発議し，上院の３分の２以上の多数によって弾劾されれば大統領は解任される。1998年12月，下院はクリントン前大統領に対する弾劾を決議し，99年１月，上院は弾劾裁判の審理に入ったが，２月に無罪評決を下した。

B 大統領選挙は，国民が大統領選挙人を選出し，この選挙人が大統領を選出する間接選挙により実施される。一般投票は，11月の第一月曜日の次の火曜日に，選挙人の投票は12月の第二水曜日の次の月曜日にそれぞれ実施される。一般投票の日には，同時に上下両院選挙も実施される。

C 判事は，上院の承認を得て大統領が任命する。

D 連邦議会が送付した法案を大統領が10日以内に署名も拒否もしないとき，その法案はそのまま法律として成立する。

E 正しい。三選は憲法で禁止されている。

正答 **1**

アメリカの連邦議会

連邦議会は，アメリカ合衆国の立法権を持つ。上院と下院の二院から構成され，上院は州を代表し，下院は国民を代表しているといわれる。委員会中心主義を特徴とし，日本やイギリスのような議会を解散する制度はない。上院と下院の権限は，基本的には平等であるが，多少の差異がある。上院には，連邦官吏任命の承認権，条約の批准・承認権および弾劾裁判権が与えられている。これに対して，下院には歳入および歳出法案の先議権と弾劾訴追権が与えられている。また大統領には法案拒否権があるが，両院が2/3以上で再可決すれば法律として成立する。

経済

出題の特徴と傾向

基礎的な出題が多い！

　問題のレベルとしては基礎的といえる。よって，基礎的な知識で十分といえるが，原因・結果，あるいはその背景などにも触れた問題が見られる。基礎的事項については，つながりの中で学習しておく必要がある。

どこが出題されてもおかしくない！

　市場メカニズム，経済用語の説明，財政・金融についての出題が目立つ。頻出事項はある程度絞られるが，公務員試験であることを考えると，経済についてはどこが出題されても答えられるようにしておきたい。

現代の経済の動きとの関連を考えて！

　近年，国家一般職で特に社会＝時事問題の難易度が上昇している。社会の動きを考えるときに，経済の知識と関連する場合も多い。俗な表現でいうと，カネの動き，カネに代わるもの，損得の利害で世の中をみてみようということである。

効果的な学習方法・対策

　初めの段階では，細かなことを押さえることよりも，全般についてのひととおりの学習を心がけるべきであり，その際にはつながりや背景を考えておくべきである。経済用語の難解さが経済という科目を難しいものにしているかもしれない。身近な経済活動に置き換えつつ経済用語の理解を深めて欲しい。国家一般職では，経済政策の比重が高いので，ニュースや新聞などを見て，新しい事項についても知識をつけておくようにしたい。

最重要テーマ 市場・企業

ココがポイント 自由競争市場や寡占市場は頻出。各市場の特徴や価格の決まり方を押さえる。中小企業の現状や問題点にも注意。

①市場の種類

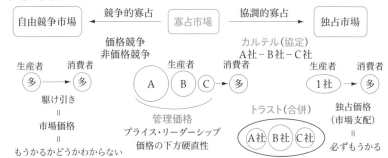

経済

②市場メカニズム

需要曲線（消費者）：価格が安ければ買おう→A
供給曲線（生産者）：価格が高ければ売ろう→B
消費者と生産者の駆け引きが行われると、価格は両者の満足するところで均衡（市場価格→C）する。

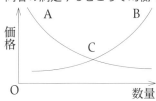

価格により需給関係は、自動的に調整される（価格の自動調整作用）。

③**需要曲線シフト** 需要曲線が右にシフトするということは、同じ価格での需要量が増えるということ。
例：収入増、猛暑でクーラーの需要が上昇。

④**供給曲線シフト** 供給曲線が右にシフトするならば、同じ価格でもっと売っても構わないということ。
例：コストが安くなる、技術革新など。

⑤**企業**
・企業を巡る現状…個人持株比率の低下と法人持株比率の上昇→機関化現象、企業統治・企業内容の開示の促進、株主代表訴訟の活発化など。
・中小企業問題…賃金、生産性、資本装備率などにおいて大企業との格差が拡大→二重構造。

●**市場の種類の説明**
生産者と消費者の多少により、市場は大きく3つに分かれる。生産者と消費者が対等である自由競争市場では市場メカニズムが働く結果として、生産者はもうかるかどうかわからない。独占市場では、必ずもうかる。この両者の中間にあるのが寡占市場であり、生産者がもうけを確実にしようとすれば、独占市場の方向にカルテル（価格・販路・生産量の協定）やトラスト（合併）などにより動き、一方、多数の中でも競争をしようとすると自由競争市場へと傾く。

●企業統治は、コーポレート・ガバナンスのこと。統治の権利を有する株主の代理人として選ばれた取締役で構成される取締役会が、経営方針、戦略について意思決定するとともに、経営者がヒト・モノ・カネなどの経営資源を用いて行う企業の経営を監督する行為である。

最重要テーマ 景気変動・財政

ココがポイント 景気の変動幅を小さくすることが国民生活の安定にとって重要である。景気対策としての財政は頻出。

①**景気変動** 資本主義経済において，……好況→後退→不況……という景気変動はさけられない。
- ・コンドラチェフの波　約50〜60年　技術革新
- ・クズネッツの波　約15〜25年　人口変化など
- ・ジュグラーの波　約8〜10年　設備投資
- ・キチンの波　約40か月　在庫投資

②**インフレーション**　社会に流通する通貨量（マネーサプライ）の増加→貨幣価値下落→物価上昇→国が対策（流通量を調整・財政金融政策）

③**財政の機能**
- ・資源の配分（公共サービス・社会資本の整備など）
- ・所得の再分配（累進課税制度・社会保障など）
- ・景気の自動安定化機能（ビルトイン・スタビライザー）…累進課税制度・社会保障制度が自然に通貨量を調整し，景気の安定化機能を果たす。

④**財政政策（主体は政府）**
- ・フィスカル・ポリシー
  補整的・弾力的財政政策〜好・不況を問わず。
  好況時：増税・支出（需要）抑制
  不況時：減税・歳出拡大・需要創出
- ・スペンディング・ポリシー（呼び水政策）
  不況時に，国があえて大規模な公共事業を行い，社会への通貨供給を行い，景気の回復をはかる。

⑤**歳入と歳出**
- ・歳入：租税収入が約60%，不足分を国債で補う。
- ・歳出：社会保障関係費，国債費，地方交付税交付金，公共事業関係費，防衛関係費など。

⑥**租税**
- ・直接税と間接税
- ・国税（国庫に納入）と地方税（地方公共団体の財源）
- ☆高齢社会の到来→直間比率の見直し

⑦**公債**　国や自治体が資金調達のために出す債券。
- ・建設国債…財政法4条の規定による国債。
- ・赤字国債…単年度ごとの特例法により出される国債。

●景気変動

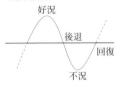

●インフレーション＝物価が上昇すること。
　不況＋インフレ＝スタグフレーション

●ビルトイン・スタビライザーは頻出！

●財政政策は確実に！

●**財政法4条**：国の歳出は，公債又は借入金以外の歳入を以て，その財源としなければならない。但し，公共事業費，出資金及び貸付金の財源については，国会の議決を経た金額の範囲内で，公債を発行し又は借入金をなすことができる。

●**市中消化の原則**…国債の日本銀行引き受けは禁止。一般の金融機関が引き受ける。

38

金融政策

出題率 20%

ココがポイント 財政政策とともに景気の変動幅を小さくすることを目的とする金融政策が頻出。そのしくみの理解が重要。

①**日本銀行** 日本の中央銀行。
- ・唯一の発券銀行…日本銀行券（紙幣）の発行。
- ・政府の銀行…国庫金に関する事務など。
- ・銀行の銀行…民間→市中銀行→日本銀行。

※景気対策としての金融政策の主体である。

②**金融政策**

	景気刺激（不況）	景気抑制（好況）
金利政策	引き下げ	引き上げ
公開市場操作	買いオペ	売りオペ
預金準備率操作	引き下げ	引き上げ

③**ポリシー・ミックス** 複数の政策目標達成のために，財政政策・金融政策などを有機的に組み合わせて総合的に運営。

④**日銀が紙幣を増発するケース**
1 市中銀行への貸し出しの際に増発するケース。
2 公開市場操作における有価証券の買いオペレーションの際に増発するケース。
3 財政支出を拡大する際に増発するケース。
4 国際収支の黒字にともなって増発するケース。
輸出の増大→外貨流入→外貨を紙幣に交換。

⑤**不況時の景気対策（景気刺激）**
基準割引率および基準貸付利率（公定歩合）引き下げ，公開市場操作の買いオペ，預金準備率引き下げ。

⑥**財政投融資（財投）**
政府が国の信用に基づいて調達した資金を用いて行う投資や融資活動。国が策定する財政投融資計画に基づいて実施される。原資は従来，郵便貯金・簡易保険などの資金運用部資金であったが，2001年より市場原理が導入され，主に財投債により集められている（自主調達）。

⑦**新しい金融** 債権・株式などの価格を基礎に取り引きされるデリバティブ，電子マネーなど。

● 硬貨（補助貨幣）は，政府が発行。

● 金融政策の組合せはしっかりと覚える！
● 貨幣の流通量の調整がどのようにして行われるか，その仕組みも重要。

● 公開市場操作は，オープン・マーケット・オペレーションのことで，中央銀行が公開の証券市場に出動して，有価証券（国債・手形・債券など）を売買し，市中金融機関の手持資金を増減させる政策である。市中の通貨量が多すぎる（好況）場合は，中央銀行が手持証券を売却して資金を市中から引き揚げ（売りオペ），逆の場合は市中から証券を買い上げて資金を放出する（買いオペ）。

● 2006年8月に「公定歩合」は「基準割引率および基準貸付利率」に改められた。

● 財投債と財投機関債が重要である。財投債は財政投融資の財源とするために発行される債券（国債）であり，財投機関債は特殊法人などが自ら資金調達のために発行する債券である。

経済

No.1 自由競争市場における価格の決定について，右のグラフに関する**A**，**B**，**C**の記述の正誤の正しい組合せはどれか。　☞市場・企業

A p_2 のときの価格を均衡価格という。
B 価格が p_1 のとき，x_1 から x_2 は，超過需要を表している。
C 需要は価格が下がると減少する。

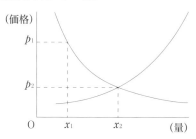

	A	B	C
1	正	正	誤
2	正	誤	正
3	誤	誤	正
4	誤	正	誤
5	正	誤	誤

No.2 市場経済のしくみに関する記述として妥当なものはどれか。　☞市場・企業

1 完全競争市場の下では，財の価格はその財の需要と供給の関係で決まるが，サービスの価格は市場が存在しないため需要と供給の関係では決まらない。

2 完全競争市場の下では，一般的に，ある商品の価格が下がると企業の利益の低下を防ぐために生産量を増やす。

3 完全競争市場の下では，一般的に，ある商品の価格が上がると消費者はさらなる価格の上昇を懸念して需要量を拡大する。

4 少数の大企業が市場を支配するようになると，独占や寡占の状態がみられるようになるが，そのような市場でも，価格の自動調節機能は完全に働いている。

5 寡占市場においては，価格競争よりも非価格競争という形をとるようになり，企業は消費者の需要を考慮しながら商品のデザイン・品質・広告などの面で競争を行う。

No.3 景気は，不況→回復→好況→後退…と循環（変動）するが，次の記述のうち，正しいものはどれか。　☞景気変動・財政

1 雇用者数は，景気後退期には減少し，不況期に最小となる。

2 利子率は，景気後退期には上昇し，不況期に最大となる。

3 国内需要は，景気後退期には上昇し，不況期に最大となる。

4 物価は，景気回復期には下降し，好況期に最低となる。

5 企業の設備投資は，景気後退期に活発になり，不況期に最大となる。

No.4

次の経済用語の説明について，正誤が正しく組み合わされているものはどれか。 　🖙景気変動・財政

A　インフレーションとは，社会に必要とされる貨幣量以上に通貨が増発される結果，物価が上がることである。

B　デフレーションが進行すると，通貨価値が上がり，物価は上昇する結果となる。

C　スタグフレーションとは，インフレーションと不況が同時に起こるものである。

	A	B	C
1	誤	誤	誤
2	誤	正	誤
3	正	正	誤
4	正	誤	正
5	正	正	正

No.5

わが国の租税に関する次の記述のうち，正しいものを挙げているものはどれか。 　🖙景気変動・財政

A　新たな課税や租税の変更は，国会が制定する法律に基づかなければならない。

B　所得税では，所得にかかわらず一定の税率が適用される。

C　地方税は，企業などの法人に対してのみ課せられる。

D　消費税などの間接税は，所得に応じた累進課税である。

E　税収の中では，所得税や法人税の占める割合が大きい。

1　A，B
2　A，E
3　B，D
4　C，D
5　C，E

No.6

不況時における金融・財政政策として正しいものはどれか。 　🖙景気変動・財政，金融政策

1　基準割引率および基準貸付利率（公定歩合）を引き上げる。
2　預金準備率を引き上げる。
3　買いオペレーションを行う。
4　公共投資を抑制する。
5　増税を行う。

正答　No.1：5　No.2：5　No.3：1　No.4：4　No.5：2　No.6：3

No.1 市場経済の機能等に関する記述として最も妥当なのはどれか。

1 一般的に需要量が供給量を上回ると価格は下落し、供給量が需要量を上回ると価格は上昇する。これを需要・供給の法則という。

2 市場の失敗のうち、ある経済主体の活動が市場を通さずに他の経済主体に対して不利益を与えることを外部不経済という。例えば、自動車の排気ガスによる大気汚染で住民の健康が害されることが挙げられる。

3 同一産業・業種の企業の合併をカルテル、同一産業の複数企業による価格などに関する協定をトラストという。これらは、我が国ではいわゆる独占禁止法により禁止されている。

4 寡占市場では管理価格が形成されることがあり、有力な企業がプライス・リーダーとなって同業他社との間で価格協定を結ぶことによって成立する。

5 物価が持続的に上昇するインフレーションの下では、貨幣価値が高まり企業などの債務が実質的に重くなる。特に、景気過熱の下でのインフレーションをスタグフレーションという。

No.2 経済用語の内容を説明した記述として、妥当なのはどれか。

1 ストックとは、ある一定期間における経済活動の量を示す指標のことをいい、代表的な指標が国富である。

2 コングロマリットとは、相互に関連のない様々な企業を吸収・合併し、複数の産業・業種にまたがって多角的に企業活動を行う巨大企業のことである。

3 コーポレート・ガバナンスとは、企業活動において、法令などのルールを守らせることである。粉飾決算などの不祥事が発覚する中、企業に求められている。

4 フローとは、ある時点での資本や資産などの経済的な蓄積の量を示す指標のことをいい、代表的な指標が国内総生産である。

5 通貨供給量とは、中央銀行の発行する紙幣と政府の発行する硬貨のことをいい、当座預金や普通預金などの預金通貨は通貨供給量には含まれない。

No.3 国内総生産(GDP)に関する記述として妥当なものはどれか。

1 GDPは、ある一時点における経済価値の蓄積であるストックで表される。

2 日本のGDPには、日本人が海外で得た所得も含まれている。

3 名目GDPから物価変動を除いたものが実質GDPである。

4 国内所得はGDPから中間生産物を差し引いて求めることができる。

5 GDPは、国内総所得から国内総支出を差し引くことでも求められる。

解説

No.1

1 需要量が供給量を上回ると価格は上昇し，供給
量が需要量を上回ると価格は下落する。
2 正しい。
3 カルテルとトラストの説明が逆。
4 「価格協定を結ぶ」はカルテル。管理価格はプラ
イスリーダーが決定した価格に，他社が追随する。
5 「物価が上昇」＝「貨幣価値が下落」。従って債
務は実質的に軽くなる。スタグフレーションと
は，景気停滞下での物価上昇のこと。

正答 **2**

市場の失敗
市場メカニズムが働いている
のに効率的な資産配分が達成
されないこと。

管理価格
管理価格は寡占市場で形成さ
れやすい。缶コーヒーや缶ビ
ールなどで見られる。

協定⇒カルテル
合併⇒トラスト
とセットで覚えよう。

経済

No.2

1 ストックとは，ある一時点の資産（国富）や通
貨供給量のことである。
2 正しい。コングロマリットは複合企業ともいう。
3 コンプライアンス（法令順守）を説明した文で
ある。コーポレート・ガバナンスとは，株主など
が，その所有する企業の経営を監視すること。
4 フローとは，一定期間の経済活動の量のこと。
5 通貨供給量（マネーサプライ）とは現金通貨と
預金・貯金通貨を合計したもの。

正答 **2**

フローとストック
ストック＝一時点（個人に置
き換えると，持ち家とか自家
用車），フロー＝一定期間（個
人に置き換えると一年間の所
得など）と考える。

No.3

1 GDP は，ある一定期間に生み出された経済活動
から得られる価値（フロー）で表される。
2 GDP は国内で生み出された付加価値の総額。
3 正しい。
4 総生産額から中間生産物を差し引いて得られる
のは GDP であり，ここからさらに固定資本減耗を差
し引くことで国内純生産となる。さらにここから純
間接税を引くと国内所得となる。
5 国内総生産，国内総所得，国内総支出は等しい
（三面等価の原則）。

正答 **3**

国内総生産
GDP は一国内で生産された
財やサービスの価値額を計上
したもの。従って外国人が日
本で得た所得は日本の GDP
に含まれる。一方，GNP は，
生産される場所が国内である
か外国であるかにかかわら
ず，その国の国民が生産した
財やサービスの価値額を計上
したもの。

No.4 不況時に政府や日本銀行が行う景気調整のための政策に関する，次の記述の空欄に入る適語の組合せとして正しいものはどれか．

政府は，景気調整のために，不況時には（　**A**　）をして公共投資を（　**B**　），日本銀行は，（　**C**　）オペレーションを行い，基準割引率および基準貸付利率（公定歩合）を（　**D**　），預金準備率を（　**E**　）。

	A	B	C	D	E
1	増税	増やし	買い	引下げ	上げる
2	減税	減らし	買い	引下げ	下げる
3	減税	増やし	買い	引下げ	下げる
4	増税	減らし	売り	引上げ	下げる
5	減税	増やし	売り	引上げ	上げる

No.5 わが国の国債に関する記述として，妥当なのはどれか．

1 赤字国債とは既に発行した国債を満期に償還できず，再度借り換えるために発行する財政法で認められている国債である。

2 建設国債とは，公共事業費，出資金および貸付金の財源に充てるために発行される財政法上に規定のある国債である。

3 赤字国債は戦後毎年度発行されており，国債発行額は年々増加している。

4 建設国債は，1970年代の石油危機による不況期に発行されたが，1980年代以降は発行されていない。

5 国債の引受けは，財政法上，すべて日本銀行が行うことと規定されており，市中金融機関に国債を引き受けさせることはできない。

No.6 わが国の財政に関する記述として適切なものをすべて挙げているものはどれか．

A 財政には，好況期には税収増によって需要を増大させ，不況期には税収減によって需要を抑えるなど，景気の変動幅を大きくする機能もある。

B 社会保険制度は，全国民の強制加入の制度となっているため，低所得者ほど費用の負担割合が大きくなる逆進性という問題点がある。

C 消費税は，課税範囲が極めて広く，財・サービスをより多く購入する高額所得者の所得に対する負担割合が大きくなる累進課税制度となっている。

D 支出が収入を上回る赤字財政では，国債発行で赤字を補しているが，赤字国債による国債残高が累積的に増大すると，一般行政費を圧迫するようになる。

1 A **2** D **3** A，B **4** B，C **5** A，C，D

解 説

No.4

　景気調整のための政策には，政府が行う財政政策と中央銀行である日本銀行が行う金融政策がある。財政政策では，不況時には，減税をし，公共投資を増やすなどの政策を行う。また，金融政策においては，公開市場操作では買いオペレーションを，金利政策では基準割引率および基準貸付利率（公定歩合）の引下げを，預金準備率操作では預金準備率の引下げを行う。好況時は以上と逆の政策をとる。

正答 **3**

金融政策
1994年に金利が完全自由化されると，公定歩合の操作によって市中金融機関の金利を動かすことが難しくなった。そのため，公開市場操作によって銀行間の貸借の短期金利（コールレート）を誘導することが主たる金融政策となった。

No.5

1　赤字国債とは歳入不足を補うための国債で，財政法では禁止されている。実際には特例法を定めて特例国債として発行している。

2　正しい。

3　毎年度発行されてはいない。1990 〜 93 年は発行ゼロ。赤字国債は 1975 年以降継続的に発行。

4　建設国債は石油危機以前（1966 年）から毎年度発行されている。

5　日銀引き受けは原則禁止である。

正答 **2**

2つの国債
赤字国債は，一般会計の歳入不足を補うための国債である。建設国債が道路などの社会資本充実のためにあてられるのに対して，赤字国債は経常的な支出（事務的諸経費や人件費）にあてられる。

財政法上の原則
・建設国債発行の原則
　（赤字国債発行禁止）
・市中消化の原則
　（日銀引き受け禁止）

No.6

A　正しくいうと，後半部分は「……好況期には税収増によって需要を抑え，不況期には税収減によって需要を増大させるなど，景気の変動幅を小さくする機能もある」となる。財政の持つ景気のビルトイン・スタビライザーの説明である。

B　社会保険制度において，被保険者である国民の負担する保険料は所得に応じて課せられている。

C　消費税は，購入者の所得には無関係に一律に課税されるために，逆進性を持っている。

D　正しい。赤字国債の累積が大きくなると，歳出のうち，国債の償還費の割合も大きくなる。

正答 **2**

ビルトイン・スタビライザー
自動安定化機能などと訳され，不況期には景気刺激的に，好況期には景気抑制的に働く自動補整機能を備えた財政上の仕組みをいう。具体的な例としては，歳入面においては，個人所得税における累進課税制，景気に敏感に反応する法人税などが挙げられる。

No.7 高度経済成長期以降の我が国の経済に関する記述として妥当なのはどれか。

1　昭和30年以降40年代半ばまで, 年平均の実質経済成長率は10%を超え, 高度経済成長を遂げた。この間に産業の比重が, 軽工業など第2次産業から重工業など第3次産業へと移行した。

2　昭和50年代の石油危機によって消費が低迷し, デフレーションと円高が同時に進行するスタグフレーションが起こった。その後, 再び石油危機が起こり, 不況が深刻化した。

3　昭和60年代以降, 平成の初めにかけて, 対米貿易を中心に輸出が拡大したことで, バブル経済が発生したが, ドル高是正のためのプラザ合意により, 円高が進みバブル経済は崩壊した。

4　平成10年以降, 郵政事業や日本電信電話公社の民営化, 規制緩和の推進などの構造改革が行われた。その後, 平成14年には実質経済成長率が5%を超えるなどの景気が拡大した。

5　平成20年に, 米国の投資銀行であるリーマン・ブラザーズが破綻し, それが引き金となり世界的な金融危機が発生した。これにより, 我が国の実質経済成長率もマイナスとなった。

No.8 わが国の株式会社に関する記述として適切なものをすべて挙げているものはどれか。

　A　株式会社は, 会社の運営に携わる経営者のみによって所有される。

　B　株式会社が負った債務を会社財産では弁済しきれなかった場合, 株主は, 自己の固有財産を追加的に出資してその債務を弁済する責任をもつ。

　C　株式会社は, 株式の発行をつうじて多くの人から資金を集め, 大きな規模の経済活動をすることができる。

　D　株主は, 株主総会において, 剰余金の配当や残余財産配分の決定に関する事項についての議決権をもつが, 株主の側から決議を提出することはできない。

1　A, B　　**2**　A, C　　**3**　B, D
4　C　　　　**5**　D

解説

No.7

1 工業はすべて第2次産業である。

2 スタグフレーションとは景気停滞とインフレ（物価上昇）が同時に起こること。

3 プラザ合意により急激な円高となり，円高不況となった。この景気対策として日銀は低金利政策を採用。このことがバブル経済を引き起こした。順番が逆になっている。プラザ合意は「ドル高是正」，つまりドル安＝円高に誘導するための合意だった。貿易摩擦が生じていた当時，アメリカは日本の輸出を抑えて，輸入を拡大させたかった。

4 郵政民営化は平成10年代，日本電信電話公社の民営化は昭和60年のこと。

5 正しい。

正答 **5**

経済と産業の発展につれて，第1次産業（農林水産業）から第2次（鉱工業・建設）へ，さらに第3次産業（金融・サービスなど）へと産業の中心が移り変わること。

経済

No.8

A 株式会社は，その会社の株を保有する株主をその会社の所有者としている。経営者はその会社の意思決定の中核を担い，管理する役割を果たしている。

B 株主はすべて有限責任であり，出資額の範囲内でのみ責任を負い，追加的に出資を行ってまで株式会社が負った債務を弁済する必要はない。

C 正しい。

D 株主は，株主総会において，議案を提出することが認められている。株主総会は，会社の最高意思決定機関であり，剰余金の配当や残余財産配分などのほか，経営方針の決定や取締役の承認などを行う。株主には，1株1票の原則により，保有している株の数に応じた議決権が与えられる。

正答 **4**

株主と取締役
会社所有者である株主は，株価の値上がりや配当金などの経済的利益のみを追求し，経営は専門家である取締役に委ねられている。このことを「所有と経営の分離」という。

No.9 地域的経済統合に関する記述として，妥当なのはどれか。

1 EU（欧州連合）は，EC（欧州共同体）加盟国がローマ条約に調印し，通貨統合と外交や安全保障について政治統合をめざして発足し，ユーロという統一通貨を導入した。

2 ASEAN（東南アジア諸国連合）は，域内における経済成長，社会・文化的発展の促進，政治的・経済的安定の確保をめざして発足し，その後，日本，中国，韓国が加盟し，AFTA（ASEAN自由貿易地域）が発足した。

3 APEC（アジア太平洋経済協力会議）は，アメリカ，カナダ，日本，オーストラリア，東アジアや南米の発展途上国も含む太平洋に臨む国々における地域の経済協力を強化する政府間の公式協議体である。

4 NAFTA（北米自由貿易協定）は，アメリカ，カナダ両国間の協定で，関税の撤廃，金融や投資の自由化，知的財産権の保護などを目的としている。

5 MERCOSUR（南米南部共同市場）は，関税撤廃と資本・サービスの移動自由化を掲げ，南米4カ国により発足し，その後，アメリカ，カナダ，メキシコが加わり，FTAA（米州自由貿易地域）が設立された。

No.10 外国為替に関する次の記述のうち，妥当なものはどれか。

1 為替相場の決め方には固定為替相場制と変動為替相場制があるが，わが国では，1980年代半ばのプラザ合意以降，変動為替相場制を採用している。

2 変動為替相場制では，為替レートは，貿易収支だけでなく，資本収支，物価水準や金利などによっても影響を受ける。

3 為替レートが円安・ドル高になると，日本製品の円建て価格が一定ならば，外国で購入する日本製品のドル建て価格は高くなる。

4 わが国の対米貿易黒字が続いていると，円をドルに交換しようとする動きが強まることから，為替レートは円安・ドル高になる傾向がある。

5 わが国においては，外国為替の決済は，政府が認可した外国為替銀行が独占的に行っている。

No.11 経済学者とその著書の組合せとして誤っているものはどれか。

1 ケインズ……………『経済学および課税の原理』

2 マルクス……………『資本論』

3 マルサス……………『人口論』

4 アダム＝スミス……『国富論』

5 ケネー………………『経済表』

解説

No.9

1 ローマ条約ではなくマーストリヒト条約。ユーロは全ての加盟国で導入されてはいない。

2 日本・中国・韓国は ASEAN に加盟していない。AFTA は ASEAN 域内での自由貿易に関する取組み。ASEAN＋3 として日本・中国・韓国は協力。

3 正しい。

4 NAFTA はアメリカ・カナダ・メキシコの 3 か国。現在 USMCA に改定された。

5 MERCOSUR はブラジル・アルゼンチン・ウルグアイ・パラグアイ・ベネズエラの 5 か国。アメリカ・カナダ・メキシコは加盟していない。

正答 **3**

ASEAN

東南アジア諸国連合（ASEAN）は，地域協力機構で，1967年8月にインドネシア，マレーシア，フィリピン，シンガポール，タイによって設立された。機構の目的としては，①域内における経済成長，社会・文化的発展の促進，②域内における政治・経済的安定の確保，③域内諸問題の解決，が掲げられている。加盟国は10か国。

経済

No.10

1 わが国が固定相場制から変動相場制に移行したのは 1973 年である。プラザ合意は 1985 年。

2 正しい。

3 円安・ドル高になると，ドル建て価格は低くなったことになる。

4 日本の貿易黒字が続くと円高・ドル安になる傾向がある。貿易黒字でドルが日本に入り，ドルを円に換える需要が高まり，円の価値が高まるため。

5 外国為替の決済は銀行間で行われており，独占的ではない。

正答 **2**

為替

円高ドル安は輸入に有利，輸出に不利。
（例）1ドル＝200円が1ドル＝100円になったとする。こういうケースが円高。今まで1ドルの商品を購入するのに200円払っていたものが，100円で済む。すなわち円高になれば日本の輸入を有利にする。

No.11

1 ケインズの著書は『雇用・利子および貨幣の一般理論』である。『経済学および課税の原理』の著者はリカード。

2 マルクスはドイツの経済学者・哲学者。

3 マルサスはイギリスの経済学者。

4 アダム＝スミスは古典派経済学の創始者。

5 ケネーは重農主義の創始者。

正答 **1**

人口論

マルサスは，貧困の原因を，人口増加が幾何級数的なのに食料増加は算術級数的であることに求めた。

時事・社会

出題の特徴と傾向

高レベルの問題も多い！

　問題の中には短大・大学並みの難易度のものもあるので，決して軽視できない水準の問題が多い。

範囲は広いが出題領域はかなり固定的である

　かなり広範囲から出題されているが，出題傾向はある。「社会学・心理学」の基礎事項，政治・経済の分野とも深く関係した「現代社会の諸相」，現代社会が抱える「環境問題と資源問題」，高齢化と少子化の問題を中心とした「超高齢社会の問題」などが，出題の中心である。

　しかし，社会の問題は，その多くが時事的要素を受けて出題されるものであるから，柔軟に対応することが肝要である。

効果的な学習方法・対策

　何よりも日頃から世界や日本の動きに強い関心を持ち，問題意識を持って日常生活を送ることである。日頃の学習姿勢と学習整理法について述べておこう。

①最新の社会情勢をチェック

　最新の世界や日本の動きをテレビのニュースや新聞の報道等でチェックし，ノートに記録しておくこと。時間的余裕があればスクラップしておくとよい。インターネットで最新情報の入手も効果的。

②社会・心理学の基礎をチェック

　社会では人間の心理に関する問題や社会集団の分類に関する問題など，知識が要求される問題の出題も多い。基礎的な事項は要領よくまとめ，整理しておきたい。

最重要テーマ **人口問題**

出題率 **20%**

ココがポイント 人口構成における高齢化と少子化に関する出題が多い。特に高齢化にともなう社会保障制度と労働問題に注意。

①進展する高齢化と少子化

- 老年人口（65歳以上）…総人口に占める割合は、2022年は29.0%で、国民の4人に1人以上。
- 自然増加数…2021年に生まれた子供の数は81.2万人、死亡数は144.0万人で、マイナス62.8万人。
- 合計特殊出生率…2020年は1.33。
- 少子高齢化による問題点…年金・医療などの社会保障費の増加、生産年齢人口（15～64歳）の減少による労働者不足や経済の停滞。

②少子化対策

- 少子化社会対策基本法…国の基本方針を掲げる。
- 次世代育成支援対策推進法…国や企業などに子育て支援に関する行動計画の策定を義務づける。
- 「少子化社会対策大綱」…2015年に閣議決定。「結婚、妊娠、子供・子育てに温かい社会の実現」をめざし、待機児童の解消などの重点課題を設定し、対策を推進する。

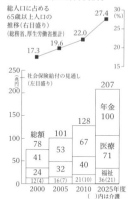

●高齢化と社会保障給付

（「21世紀に向けての社会保障」社会保障構造の在り方について考える有識者会議報告書）

時事・社会

最重要テーマ **わが国の社会保障制度**

出題率 **30%**

ココがポイント 社会保障制度の改革、種類等の概要が頻出。年金制度や介護保険の改革など、近年の動きにも注意する。

①わが国の社会保障制度
社会保険、公的扶助、社会福祉、公衆衛生などからなる。

②年金改革
厚生年金と共済年金の一元化（被用者年金の一元化）が行われた。

③介護保険
市町村と特別区が運営主体となり、財源は公費50％（国25％、都道府県と市町村各12.5％）、保険料50％でまかなわれる。対象者は40歳以上の国民で、毎月、保険料を支払う。サービスの対象者は65歳以上の寝たきりや認知症などの高齢者と、40～65歳未満で加齢による病気で介護の必要な人である。要介護認定を受ける手続きが必要で、介護費用の1割（一定以上所得者は2～3割）は負担しなければならない。

●介護保険制度のしくみ

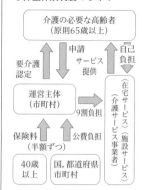

雇用・労働問題

出題率 20%

（ココがポイント）わが国の雇用事情や労働問題が頻出。人口構造や経済状況との関係にも注意。

① **わが国の雇用事情**　2022年の就業者は6723万人で，前年に比べ10万人増加。就業率は60.9％。完全失業率は2.6％で，完全失業者は179万人と16万人減少している。

② **高年齢者の雇用対策**　65歳までの安定した雇用を確保するため，企業に「定年制の廃止」，「定年の引上げ」，「継続雇用制度の導入」のいずれかの措置（高年齢者雇用確保措置）を講じるよう義務付けている。

③ **働き方改革**　「少子高齢化に伴う労働人口の減少」「働く人のニーズの多様化」などの状況に直面し，働く人の個々の事情に応じた多様な働き方を選択できる社会を実現しようというもの。

●働き方改革
①残業時間の罰則付き上限規制…残業時間の上限は原則として月45時間，年360時間とする。
②勤務間インターバル制度…1日の勤務終了後，翌日の出社までの間に，一定時間以上の休息時間（インターバル）を確保する仕組み。
③高度プロフェッショナル制度…高度専門職を対象に労使協定や労使委員会決議で例外を設定する制度。

 ## 環境問題

出題率 10%

（ココがポイント）地球温暖化，酸性雨，オゾン層の破壊などの地球規模の環境問題が頻出。地球環境保護の取組みにも注意。

① **地球環境をめぐる問題**　地球温暖化，オゾン層の破壊，酸性雨，砂漠化，海洋汚染，自然林の破壊，野生生物の絶滅などの問題が深刻化している。

② **地球環境問題の取組み**　国連人間環境会議（ストックホルム会議），国連環境開発会議（リオデジャネイロ会議，アジェンダ21の採択），気候変動枠組み条約，生物多様性条約等の締結，環境開発サミットなど。

③ **わが国の取組み**　環境基本法（1993年施行），環境アセスメント法（1999年6月施行，環境影響評価法），グリーン購入法（2001年4月施行，国などによる環境物品調達の推進），京都議定書批准（2002年），プラスチック資源循環促進法（2022年施行）など。

④ **国際協力**　2015年12月に国連気候変動枠組条約第21回締約国会議（COP21）で，「パリ協定」が採択された。2016年11月に発効した。

●地球温暖化による影響
①水資源…干ばつや洪水など水受給のバランスが崩壊。
②自然生態系の変容…温暖化とともに絶滅する種が増加。
③沿岸地域の低地の水没…標高の低い南国の小島，広いデルタ地帯や埋立地・干拓地を持つ国では，国土の消失，台風・高潮の被害増大。
④健康被害…熱射病などの発生率や死亡率が増加。特に高齢者の死亡率が増加。
⑤公害の加速化…光化学オキシダント濃度が増加，健康被害の拡大。
⑥影響の度合い…気温の上昇は高緯度地域で大きい。

最重要テーマ 地域的経済統合の進展

出題率
20%

 ココがポイント 地域的経済統合の進展や構成国等が重要。中でも EU, ASEAN, APEC の動向に注意。

① **欧州連合 (EU)** 欧州共同体 (EC) を改組してマーストリヒト条約により発足。その前後に欧州自由貿易連合 (EFTA) 諸国が EU や欧州経済地域 (EEA) へ参加の動きを見せ、シェンゲン協定へはノルウェー, アイスランド, スイスが参加した。1999 年のアムステルダム条約で先行統合制度が導入され, 2007 年のリスボン条約では 19 加盟国がユーロに参加したが, ギリシャの債務危機とリーマン・ショックからユーロ危機となり, アフリカや中東からの難民流入も急増し, イギリスの EU 離脱という事態になった。

② **東南アジア諸国連合 (ASEAN)** 1967 年の発足以来, 域内の自由貿易促進に軸足が移り, 現在の加盟国は 10 か国となった。国際分業体制にうまく順応したタイ, ベトナム, マレーシアなどは経済発展を達成したが, 後発のカンボジア, ラオス, ミャンマーなどとの間で経済格差が生じ, 共同市場における関税撤廃目標に区別を設けざるを得なくなっている。

③ **一帯一路** 中国の習近平国家主席が 2013 年に提唱した広域経済圏構想で, 中国から欧州への陸路が「一帯」, 南シナ海からインド洋を経由する海路が「一路」と呼ばれている。周辺諸国のインフラ整備のため中国はアジアインフラ投資銀行 (AIIB) を主導して設立。EU 諸国も同銀行に参加している。

最重要テーマ 国際連合の仕組み

出題率
10%

 **ココがポイント** 国連の主要機関と専門機関の任務・権限に関する出題が多い。専門機関等の略称にも注意。

時事・社会

〈総会の主な委員会〉
第 1 委員会－政治・安全保障
第 2 委員会－経済・財政
第 3 委員会－社会・人道・文化
第 4 委員会－信託統治非自治地
第 5 委員会－行政・予算
第 6 委員会－法律
特別政治委員会
常設・手続委員会

〈補助機関〉
軍事参謀委員会
国連軍縮委員会 (UNDC)
国際刑事裁判所 (ICC)

国連平和維持活動 (PKO)

〈地域経済委員会〉
アジア太平洋経済社会委員会 (ESCAP)
アフリカ経済委員会
ラテンアメリカ・カリブ経済委員会
ヨーロッパ経済委員会
西アジア経済社会委員会

安全保障理事会
信託統治理事会 ※

国際司法裁判所

総会

事務局

経済社会理事会

〈機能委員会〉
国連森林フォーラム
女性の地位委員会
人権委員会
社会開発委員会
人口開発委員会
麻薬委員会 など

〈国際自治的機関〉
国連開発計画 (UNDP)
国連大学 (UNU)
国連児童基金 (UNICEF)
国連訓練調査研究所 (UNITAR)
国連パレスチナ難民救済事業機関 (UNRWA)
国連人口基金 (UNFPA)
婦人の向上国際訓練研修所 (INSTRAW)
国連貿易開発会議 (UNCTAD)
国連国際麻薬統制計画 (UNDCP)
国連難民高等弁務官事務所 (UNHCR)
国連世界食糧計画 (WFP)
国連環境計画 (UNEP)
国連人間居住委員会 (HABITAT)
人権高等弁務官事務所 (OHCHR)

国際司法裁判所 (ICJ)
国際原子力機関 (IAEA)

世界貿易機関 (WTO)

〈専門機関〉
国際労働機関 (ILO)
国際通貨基金 (IMF)
国連食糧農業機関 (FAO)
国際民間航空機関 (ICAO)
国連教育科学文化機関 (UNESCO)
万国郵便連合 (UPU)
世界保健機関 (WHO)
国際電気通信連合 (ITU)
国際開発協会 [第二世銀] (IDA)

国際海事機関 (IMO)
多国間投資保証機関 (MIGA)
国際復興開発銀行 (IBRD)
世界気象機関 (WMO)
国際金融公社 (IFC)
世界知的所有権機関 (WIPO)
国際農業開発基金 (IFAD)
国連工業開発機関 (UNIDO)
世界観光機関 (UNWTO)

※1994 年から活動停止

No.1 次の文は，年齢階級別人口構成グラフ（人口ピラミッド）について説明している。文中の空欄に入る適語の組合せとして正しいものはどれか。

☞ 人口問題

　一国の人口を男女別5歳階級別の人口構成図に表した場合，その国の発展に従って，一般には，（　**A**　）→（　**B**　）→（　**C**　）へと移行する。生活水準の上昇により高年齢層の比率も高まる傾向になっている。日本のそれをみると，近年では，（　**D**　）へと変化している。

	A	**B**	**C**	**D**
1	富士山型	ひょうたん型	つぼ型	つりがね型
2	つりがね型	ひょうたん型	つぼ型	富士山型
3	ひょうたん型	つぼ型	富士山型	つりがね型
4	ひょうたん型	つぼ型	つりがね型	富士山型
5	富士山型	つりがね型	つぼ型	ひょうたん型

No.2 わが国の福祉についての**A～E**の記述のうち，正しいものの組合せはどれか。

☞ わが国の社会保障制度

　A　公衆衛生とは，感染症の予防や予防接種などを行うことで，国民の健康を向上させていこうとする制度である。

　B　社会保険とは，児童・老人・身体障害者など生活力の弱い人々を援助する目的で，施設やサービスを提供する制度である。

　C　老人保健制度とは，無償で老人医療を行う「医療等」と，健康手帳の交付や健康相談など「医療等以外の保健事業」との2つの事業に大別される制度である。

　D　公的扶助とは，住宅・医療・教育などの不足分を地方自治体が補うことで，国民に最低限の生活水準を保障しようとする制度である。

　E　社会福祉とは，病気や失業などで生活が困難になった場合に，最低生活を保障しようとする制度であり，わが国の社会保障制度の中心となっている。

1　A，B
2　A，D
3　B，E
4　C，D
5　C，E

No.3 わが国における近年の雇用事情に関する記述として妥当なのはどれか。

雇用・労働問題

1 結婚・出産など，女性のライフイベントが就業に及ぼす影響は大きく，女性の雇用総数は全体の1割に満たない。

2 就職後3年以内の離職率は中卒者よりも大卒者のほうが高い。

3 平成20年に障害者雇用促進法が制定されたことを受けて，法定雇用率を達成している企業は全体の半数を超えている。

4 非正規雇用者は労働者全体の約2分の1を占め，年齢層別に見ると壮年層が最も多くなっている。

5 少子高齢化を背景に，定年年齢の引上げなど高齢者雇用の拡大が進んだ。

No.4 わが国の地球環境問題への取組みに関する記述として正しいものはどれか。

環境問題

1 環境アセスメントとは大規模な開発行為が自然環境にどのような影響を及ぼすかを評価するもので，地方公共団体での条例により定められている。

2 環境基本法は，公害対策基本法と自然環境保全法とともに環境3法と呼ばれる法律の一つで，日本の環境行政の総合的推進を図る法律である。

3 地球温暖化対策のための「京都議定書」の内容実現のために，地球温暖化対策推進法が1998年に制定され，2001年から施行された。

4 1997年，国連気候変動枠組条約第3回締約国会議（COP3）で採択された「京都議定書」には，日本とアメリカは世界の中でいち早く批准した。

5 2015年，国連気候変動枠組条約第21回締約国会議（COP21）で，気候変動に関する2020年以降の新たな国際枠組みである「パリ協定」が採択された。

No.5 国際連合に関する記述として正しいものはどれか。

国際連合の仕組み

1 国際連合には国連軍が常備されており，必要のある緊急事態に際して，いつでも出撃できるようになっている。

2 国際連合の総会は，WHOなどの多くの専門機関を有する。

3 ロシア（ソ連）はアメリカとの対立関係にあったために設立当初には加盟していなかった。

4 総会において先進国と発展途上国との議決権には差が設けられており，発展途上国は発言権が少なく，不満を持っている。

5 安全保障理事会は常任理事国と非常任理事国から構成され，アメリカや中国など5つの常任理事国には拒否権が認められている。

正答 No.1：5 No.2：2 No.3：5 No.4：5 No.5：5

No.1 わが国の世界遺産に関する記述として妥当なのはどれか。

1 「紀伊山地の霊場と参詣道」は，四国の4県にまたがっており，霊場は文化遺産に登録され，参詣道は自然遺産に登録されている。

2 「古都京都の文化財」は，清水寺と春日山の原始林とを含み，清水寺は文化遺産に登録され，春日山の原始林は自然遺産に登録されている。

3 「白川郷・五箇山の合掌造り集落」は，秋田県に位置し，豪雪地帯にあり，文化遺産に登録されている。

4 「法隆寺地域の仏教建築物」は，法隆寺と厳島神社とを含み，文化遺産に登録されている。

5 「屋久島」は，鹿児島県に位置し，縄文杉が生えており，自然遺産に登録されている。

No.2 科学技術や生命倫理に関する記述として最も妥当なのはどれか。

1 生命維持装置の出現によって，患者本人が意思を表明できなくとも，延命治療が行われるようになり，QOL（生活の質）は大幅に改善された。

2 遺伝子組換え作物とは，遺伝子を操作して安全性を高めた作物であるが，生態系のバランスが崩れるおそれがあり，わが国では，販売が禁止されている。

3 インフォームド・コンセントとは，医師が患者に十分な説明を与えた上で，患者が治療の方針や方法について同意することをいう。

4 我が国では，脳死とは，自発呼吸はあるが脳波が平坦であるなど，脳幹を除く脳の大半の機能が停止した状態とされ，脳死者から臓器の移植が行われている。

5 iPS細胞（人工多能性幹細胞）を用いた再生医療は，拒絶反応の問題があり，また，作製の際に受精卵を壊す必要があるため，ヒトへは適用されていない。

No.3 世界の人口に関する記述として妥当なものはどれか。

1 世界の人口は，20世紀の100年間で約1.2倍になった。

2 途上国は死亡率が高いので，途上国の人口増加率は先進国より低い。

3 世界の人口の80％以上は，途上国が占めている。

4 地域別にみると，アジアとアフリカの人口はそれぞれ世界全体の約3割を占めている。

5 世界の人口は，2050年ごろから減少し始めると見込まれている。

解　説

No.1

1　「紀伊山地の霊場と参詣道」は，和歌山県，奈良県，三重県にまたがる文化遺産である。
2　「古都京都の文化財」は京都市などにある金閣や平等院など17の社寺が文化遺産として登録された。
3　「白川郷・五箇山の合掌造り集落」は岐阜県大野郡白川村と富山県南砺市にある。
4　厳島神社は広島県にある文化遺産である。
5　正しい。

正答 **5**

ユネスコの遺産事業

貴重な自然や建造物を対象とする世界遺産の他に，祭礼や芸能などを保護する無形文化遺産と，古文書や記録を保護する記憶遺産がある。

No.2

1　QOL は何よりも患者本人の意思の尊重を重視するもので，本人の意思を確認できない場合は家族などの同意・希望が採り入れられる。
2　日本でも遺伝子組み換え作物の栽培・流通・加工等は認められている。
3　正しい。
4　脳死は自発呼吸ができず，循環機能の調節等を司る脳幹を含む脳全体の機能が失われた状態。
5　iPS 細胞は受精卵以外の細胞から作られ，拒絶反応は生じない。

正答 **3**

QOL

QOL（生活の質）とは，クオリティ・オブ・ライフの頭文字をとったもので，個々人が生きるうえで感じる日常生活の充実度や満足度等を意味する。

時事・社会

No.3

1　世界の人口は，1900 年は約16億人，2000 年は約61億人。100 年間で約3.8倍になった。
2　途上国は死亡率が高いが，出生率も高いので，途上国の人口増加率は先進国より高い。
3　正しい。
4　2022 年の地域別人口は，アジアが59.2％，アフリカが17.9％を占める。
5　世界の人口は 2050 年には98億人にまで増大すると予測されている。

正答 **3**

先進国の人口減少

世界人口が急増する一方で，日本，ドイツなど先進国の一部の国では，すでに人口減少が始まっている。

No.4 わが国の社会保障に関する記述として妥当なのはどれか。

1 高齢社会とは, 60歳以上の人口が総人口の25%を超える水準に達した社会であり, わが国は, 2007年から超高齢社会となっている。

2 公的扶助とは, 最低限度の生活を維持できない国民を対象にした制度であり, 費用は国及び地方自治体が全額公費で負担する。

3 社会保険には, 年金保険, 労災保険, 介護保険の3種類があり, それらの費用は, 本人(被保険者)と事業主とが負担する保険料でまかなわれる。

4 年金財源の調達方式には, 積立方式と賦課方式があり, 積立方式では, 受給者の増加に伴い, 保険料を支払う現役世代の負担が重くなるという欠点がある。

5 ノーマライゼーションとは, 高齢者や障害者が, 施設の中で入浴, 食事のサービスを受けることをいう。

No.5 国際社会におけるわが国の役割や貢献に関する記述として最も妥当なのはどれか。

1 わが国は, 国際連合に加盟したことで各加盟国との間でサンフランシスコ平和条約を締結した。それ以降, 現在まで継続して安全保障理事会の非常任理事国となっている。

2 わが国では, 米国における同時多発テロを契機に, 国連平和維持活動(PKO)協力法が制定され, アフガニスタンでの人道復興支援活動に自衛隊が派遣された。

3 わが国は, 経済協力開発機構が掲げる持続可能な開発目標に基づいて, 発展途上国へ政府開発援助(ODA)を行っており, 毎年の拠出額は高度経済成長期以降, 世界第1位である。

4 わが国の呼び掛けで主要国首脳会議(サミット)が初めて開催され, 第1回サミットにおいて, 円高ドル安を是正するため, 変動為替相場制へ移行する合意がなされた。

5 わが国で開催された気候変動枠組条約第3回締約国会議(COP3)において, 先進国の温室効果ガスの削減目標などを定める京都議定書が採択された。

解説

No.4

1 65歳以上の高齢者の総人口に占める割合が7%を超えた社会を高齢化社会，14%を超えた社会を高齢社会，21%を超えた社会を超高齢社会という。

2 正しい。所得の少ない母子家庭・病人・高齢者などに生活費を給付する生活扶助，難病などの病気の人を対象に治療費を給付する医療扶助，住宅扶助，教育扶助などがある。

3 社会保険には，健康保険，年金保険，雇用保険，労災保険，介護保険の5種類がある。

4 後半の説明は賦課方式のことである。

5 ノーマライゼーションは，障害者などが地域で普通の生活を営むことを当然とする福祉の基本的考えである。

正答 **2**

No.5

1 サンフランシスコ平和条約の締結は1951年，日本の国際連合加盟は1956年である。また，国連安全保障理事会の非常任理事国の連続再選は認められていない。

2 米同時多発テロ事件を契機に制定されたのはテロ対策特別措置法である。

3 わが国は1989年・1991年〜2000年は世界第1位のODA拠出国だったが，2022年現在では，アメリカ，ドイツに次いで世界第3位である。

4 主要国首脳会議の呼び掛けは当時のフランス大統領によってなされた。変動為替相場制度への移行は，1971年のニクソンショック以降である。

5 正しい。

正答 **5**

ノーマライゼーション

1989年にデンマークで知的障害者の親たちから提唱された。障害のある・なしにかかわらず，同じ地域で一緒に生活するという考え方で，社会福祉の基本理念になってきた。障害者の住みやすい街づくりが基本である。

時事・社会

主要国首脳会議

主要国首脳会議は，主要国の首脳が集まり，国際社会が直面するあらゆる問題について意見交換を行う国際会議である。日・米・英・仏・独・伊・加の首相または大統領と，欧州理事会議長・欧州委員会委員長が参加している（ロシアは2014年以降参加していない）。各国の持ち回りで，毎年1回開催され，G7とも呼ばれる。

No.6 社会保障制度の歴史に関する次の文中のA～Cに入る国名の組合せとして妥当なものはどれか。

産業革命が進行し，広範な貧困者層が形成されるようになると，失業や貧困の原因は社会的なものであると考えられるようになった。こうして1880年代の（ **A** ）で社会保険がまず発達し，疾病，災害などの社会保険制度が次々と創設されたが，これらは社会主義運動弾圧の代償に実施された。（ **B** ）では，1930年代の大不況の中でニューディール政策の一環として社会保障法が制定された。また（ **C** ）では，1940年代にベヴァリッジ報告に基づいて，「ゆりかごから墓場まで」といわれる社会保障制度が確立した。

	A	**B**	**C**
1	ドイツ	アメリカ	イギリス
2	ドイツ	イギリス	スウェーデン
3	イギリス	アメリカ	スウェーデン
4	イギリス	ドイツ	アメリカ
5	アメリカ	ドイツ	イギリス

No.7 裁判員制度に関する記述として妥当なものはどれか。

1 裁判員は，原則として18歳以上の有権者の中から無作為に選ばれる。

2 殺人など重大な事件を除いた刑事事件の第一審が裁判の対象となる。

3 原則として，裁判官2人，裁判員5人の計7人で審理を行う。

4 裁判員は有罪・無罪の決定を行い，有罪の場合の量刑は裁判官が審理する。

5 裁判員には守秘義務が課せられるが，違反した場合の罰則などはない。

No.8 わが国の公的年金制度に関する記述として，妥当なのはどれか。

1 国民年金は20歳以上の国民を対象とする年金制度であり，国民はこれに加入するか加入しないかを自ら選択することができる。

2 厚生年金はサラリーマンや公務員を対象とする年金制度であり，その加入者は所得の多寡とは無関係に定額の保険料を負担する。

3 現役世代の納めた保険料が現在の年金受給者への支払いに当てられているため，少子高齢化の進展とともに年金財政が悪化しつつある。

4 不正アクセスによる情報流出事件を受けて日本年金機構が廃止され，現在では厚生労働省が公的年金の運営事務を行っている。

5 高齢者の生活保障を手厚くするため，厚生年金の完全支給開始年齢が65歳から60歳へと段階的に引き下げられている。

解説

No.6

A ドイツでは，アメとして医療・養老廃疾保険を実施し，世界初の社会保険制度を確立する一方，ムチとして社会主義者鎮圧法を制定した。

B アメリカでは，1935年に制定された社会保障法により社会保険と公的扶助が一本化された。

C 1942年にイギリスで提出されたベヴァリッジ報告は，全国民の全生涯にわたる最低限の生活（ナショナル・ミニマム）を保障すべきとした。

正答 **1**

公的扶助の歴史

生活困窮者を公費で救済する公的扶助を世界で初めて確立したのは，1601年にイギリスで制定されたエリザベス救済法である。

No.7

1 正しい。2022年4月法改正により裁判員として選ばれる年齢が18歳以上に引き下げられた。

2 殺人・傷害致死など重大な刑事事件の第一審が裁判の対象となる。

3 原則として裁判官3人，裁判員6人の計9人で審理する。

4 裁判員は裁判官とともに，有罪・無罪の決定と有罪の場合の量刑を審理する。

5 秘密を漏洩した場合には刑事罰が科される。

正答 **1**

裁判員制度

裁判員制度における評決は多数決によってなされるが，有罪とする場合には，裁判官・裁判員が少なくとも1人ずつ賛成していることが必要である。裁判員制度への参加は国民の義務だが，70歳以上の者や学生，重病者，介護・養育をする必要のある者などは辞退できる。

No.8

1 国民年金は，日本国内に住む20歳以上60歳未満のすべての人の加入が義務づけられている。

2 厚生年金の保険料は報酬に比例してその額が決まる報酬比例となっている。

3 正しい。

4 社会保険庁が廃止されて2010年に日本年金機構が設立された。

5 厚生年金は以前は60歳から支給されていたが，現在では65歳に段階的に引き上げられた。

正答 **3**

賦課方式

現在わが国の公的年金制度は，賦課方式（年金支給のために必要な財源を，その時々の保険料収入でまかなう方式）を採用している。そのため，少子高齢化で年金受給者への支払が増えているにもかかわらず，それを支える現役世代が減少傾向にあるため，財政は悪化しつつある。

No.9 労働法に関する記述として妥当なものはどれか。

1 労働基準法では，週の労働時間は35時間までとされ，中小企業などを含むすべての職場について義務化されている。

2 介護・育児休業法で育児休業が取得できるのは，満3歳に満たない子をもつ女性労働者である。

3 介護・育児休業法で介護休業が認められる対象となる家族は，配偶者と父母そして子である。

4 男女雇用機会均等法の改正により，男性へのセクシュアル・ハラスメントも禁止されるとともに，事業主の対応が配慮義務から措置義務に強化された。

5 高年齢者雇用安定法の改正により，65歳までの雇用継続が努力義務とされた。

No.10 日本の高齢化に関する次の記述のうち，正しいものはどれか。

1 日本の高齢化は急速に進行しており，2022年時点の高齢化率は35％以上である。

2 日本の社会保障制度は，高齢者のみに認められている。

3 現在のところ，日本の高齢化の進行状況は世界一である。

4 高齢化が進んだために，東京や横浜などの都市部で働く若者の人口は減少している。

5 高齢社会の基準は，一般に高齢化率が20％を超えることが要件とされる。

No.11 2018年6月に成立した民法の一部を改正する法律に関する記述として，最も妥当なのはどれか。

1 民法の定める成年年齢は大正時代から20歳と定められてきたが，この改正で18歳や19歳は民法上の「成年」として扱われるようになった。

2 この改正は，東京2020オリンピック・パラリンピック競技大会の開催年と合わせて，2020年4月1日から施行された。

3 この改正では，女性の婚姻開始年齢を18歳に引き上げ，男女の婚姻開始年齢を統一することとした。

4 改正法が施行され，18歳でもローンやクレジットカードの契約が可能となったが，保護者の同意が必要である。

5 改正法が施行され，18歳でも飲酒や喫煙が可能となり，競馬・競輪などの投票券も購入できるようになった。

No.9

1　週の労働時間は 35 時間ではなく 40 時間である。
2　原則として，満 1 歳に満たない子をもつ男女労働者。
3　対象となる家族には，同居かつ扶養している祖父母，兄弟姉妹および孫，配偶者の父母。
4　正しい。
5　65 歳までの雇用継続が義務化され，企業に定年引上げ，継続雇用制度導入，定年廃止のいずれかを義務づけている。

正答 **4**

男女雇用機会均等法

2007 年改正の男女雇用機会均等法では，従来は女性に対する差別のみが禁止されていたが，男女双方に対する性差別の禁止に拡大された。

No.10

1　日本の高齢化率は 29.0％（2022 年）。
2　医療保険は年齢を問わず加入者全員が対象。児童福祉は 18 歳未満の児童に対して行われる。
3　正しい。
4　都市部の勤労若年人口は減少していない。
5　高齢化率が 14％以上になると高齢社会。

正答 **3**

高齢社会

団塊の世代が 75 歳以上の後期高齢者となる 2025 年に向け対策が急がれている。東京はどの大都市圏でも高齢単身世帯が急増中。

No.11

1　日本では成年年齢は，1876 年以来 20 歳とされてきた。
2　成年年齢を 18 歳に引き下げることとする法律は，2022 年 4 月 1 日から施行された。
3　正しい。改正前は男性 18 歳，女性 16 歳であった。
4　改正法の施行により，18 歳以上であれば保護者の同意なしにローンやクレジットカード等の契約が可能となる。
5　飲酒・喫煙・公営ギャンブルに関しては，健康被害やギャンブル依存等の被害を防ぐ目的で「20 歳以上」の規定が維持される。

正答 **3**

時事・社会

実戦問題

No.12 農村と都市について，その社会生活の特徴を比較したとき，一般に都市の特徴といわれるものはどれか。

1 社会集団が重層的に存在し，個人を強く拘束する。

2 同質的社会である。

3 排他的・閉鎖的社会である。

4 生産と消費の集団が未分化である。

5 人間関係が合理的・功利的である。

No.13 消費者問題に関する記述として正しいものはどれか。

1 製造物責任法によると，製造者に過失がなかったとしても，消費者からの訴えがあれば，製造者はどのような場合にも損害賠償をしなければならない。

2 製造物責任法は，消費者保護の観点から，無過失責任主義をとっている。

3 製造物責任法は，消費者相談センターの設置を定めている。

4 クーリングオフをした場合には，違約金を支払わなくてはならない。

5 クーリングオフをするための期間は定められており，通常，その期間は契約締結後30日以内である。

No.14 ノーベル賞を受賞した人物とその賞の組合せとして妥当なものはどれか。

1 根岸英一————生理学・医学賞 　　**2** 吉野彰————物理学賞

3 山中伸弥————化学賞 　　**4** 小林誠————物理学賞

5 大隅良典————物理学賞

No.15 欧州連合（EU）に関する記述のうち，妥当なものを選んだ組合せはどれか。

A 1993年のヴェルサイユ条約により，ベルギー，ドイツ，フランス，イタリア，ルクセンブルク，オランダの6か国により，ECを改組してEUとなった。

B 農業市場を統一し，域内各国間の関税を撤廃した。主要な農産物は統一価格を設定し，域内農産物の価格が下がった場合には補助金を出している。

C 国境管理の廃止をめざしていたが，域外出身の外国人労働者がEU内の国境を越えて移動することが問題となり，廃止の方針が撤回された。

D 通貨統合を実現させ，単一通貨「ユーロ」を導入した。

1 A, C 　　**2** A, D 　　**3** B, C 　　**4** B, D 　　**5** C, D

解説

No.12

1 社会集団は並列的で個人への拘束も弱い。

2 複数の地域から住民が流入するので，多様化した社会である。

3 それぞれ機能集団に分離・独立し，伝統的な慣習や人間関係の拘束性は弱く開放的で異質なものにも寛容である。

4 生産と消費の集団は分化している。

5 正しい。

正答 **5**

主な都市問題

①住宅不足，②交通渋滞・通勤ラッシュ，③騒音・排気ガスなどの都市公害問題，④ゴミ問題，⑤社会資本の不足，⑥スプロール化（都市郊外に宅地が無秩序・無計画に広がっていく傾向）と住環境の悪化などが挙げられる。

No.13

1 製造物責任法で賠償義務が生じるのは，製品の欠陥や使用説明の不備で損害を与えた場合。

3 消費者相談センターは地方自治体の消費者行政の窓口で消費者基本法に基づく。

4, 5 クーリングオフの期間は原則8日間で違約金を支払う必要はない。

正答 **2**

クーリングオフ

「冷却期間をおく」という意味で，訪問販売のほか，クレジット，保険契約などにも適用されている。

No.14

1 2010年に鈴木章とともに化学賞を受賞。

2 2019年に化学賞を受賞。

3 2012年に生理学・医学賞を受賞。

4 2008年に益川敏英とともに物理学賞を受賞。

5 2016年に生理学・医学賞を受賞。

正答 **4**

ノーベル経済学賞

スウェーデン銀行創立300周年を記念して設けられ，ノーベル財団はノーベル賞と別と主張している。

No.15

A EUの基本条約は1993年発効のマーストリヒト条約。

B 正しい。 共通農業政策のこと。

C 国境管理の廃止はシェンゲン協定加盟国の間で行われている。

D 正しい。ユーロを導入しないEU加盟国もある。

正答 **4**

EU

基本条約はマーストリヒト条約後，アムステルダム，ニース，リスボンの各条約で改定。加盟国の自発的離脱の手続きはリスボン条約で確認された。EUの第5次拡大で東欧諸国が加盟し，当時人手不足だったイギリスに移民が流入。ブレグジットの遠因となった。

No.16 次の文は，国家の領域に関する記述であるが，文中の空所 **A** 〜 **C** に該当する語の組合せとして，妥当なのはどれか。

国家の領域は，領土，領海，領空から成り立っている。領域のうち，領土は国家の主権が及ぶ陸地部分であり，領海は国家の主権が及ぶ海域である。多くの国の領海は，国連海洋法条約に基づいて，低潮時の海岸線から ▢▢▢**A**▢▢▢ までの範囲であり，領海の外側で海岸線から200海里までの海域が ▢▢▢**B**▢▢▢ となっている。また，領空とは，領土及び領海の上空で，国家の主権が及ぶ空域であるが，▢▢**C**▢▢ は含まれない。

	A	**B**	**C**
1	12海里	接続水域	成層圏
2	12海里	排他的経済水域	宇宙空間
3	12海里	接続水域	宇宙空間
4	24海里	排他的経済水域	成層圏
5	24海里	接続水域	宇宙空間

No.17 地球環境問題への取組みに関する記述として適切なものはどれか。

1 気候変動枠組み条約第3回締約国会議（地球温暖化防止京都会議）では，二酸化炭素をはじめとする温室効果ガスについて，締約国の削減目標値が決められた。

2 リオデジャネイロで開かれた国連人間環境会議では，持続可能な開発の実現をめざす「環境と開発に関するリオ宣言」とその行動計画「アジェンダ21」が採択された。

3 環境と開発に関する世界委員会（WCED）は，国連環境計画（UNEP）の会議でアメリカによって提案されて発足し，「沈黙の春」と題する環境破壊を回避するための報告書を発表した。

4 環境と開発に関する国連会議（地球サミット）は，世界各国が初めて環境の重要性を認識し，「かけがえのない地球」をスローガンに掲げ，環境保全のための共通の指針を明らかにした。

5 モントリオール議定書締約国会議では，フロンガスについて規制が強化されたが，代替品の開発について各国の足並みがそろわず，特定フロンの全廃は見送られた。

ßा_

解 説

No.16

A 「12海里」が入る。領海とは，その国の沿海で主権がおよぶ範囲をいい，低潮線（低潮時の海面と陸地との交わる線。基線ともいう）から12海里（約22km）まで。

B 「排他的経済水域」が入る。排他的経済水域とは，領海の基線から200海里（約370km）までの，領海を除く海域並びにその海底（下）を指す。排他的経済水域においては，沿岸国に天然資源の探査，開発等の主権的権利が認められる。

C 「宇宙空間」が入る。領空においては原則としてその国が完全な排他的支配権をもつ。1967年の宇宙条約において，宇宙空間には国家の領有権は認められないとされた。

正答 **2**

排他的経済水域

排他的経済水域においては，沿岸国に次の4つの権利が認められている。①天然資源の探査，開発，保存及び管理等のための主権的権利，②人工島，施設及び構築物の設置及び利用に関する管轄権，③海洋の科学的調査に関する管轄権，④海洋環境の保護及び保全に関する管轄権。

時事・社会

No.17

1 正しい。1997年12月のCOP3で採択された京都議定書により，各国の温室効果ガス削減目標値が具体的に定められた。

2 国連人間環境会議ではなく，1992年6月に開催された，環境と開発に関する国連会議（地球サミット）に関する記述である。

3 1984年に発足した「環境と開発に関する世界委員会」（WCED）は，日本がその設置を提案した。また，「沈黙の春」は1962年にアメリカの作家，レイチェル＝カーソンが著した，農薬による環境汚染の恐ろしさを警告した著書である。

4 「かけがえのない地球」をスローガンに掲げたのは，1972年6月に開かれた国連人間環境会議である。

5 1992年のモントリオール議定書締約国会議では，特定フロンCFCの1995年末全廃と，水素化フロンHCFCの2020年原則廃止が決定された。

正答 **1**

京都議定書

1997年12月に京都で開催された第3回締約国会議（COP3：コップスリー）において京都議定書が全会一致で採択された。京都議定書では，6種類の温室効果ガス（二酸化炭素，メタン，亜酸化窒素など）を対象とし，2008年から12年までの間に先進締約国全体で1990年比5%以上（各国ごとでは日本6%，アメリカ7%，EU 8%）削減する数値目標が定められた。2001年3月，アメリカは，京都議定書から一方的に離脱したが，2004年にロシアが批准したことにより，2005年2月16日に発効した。2015年には先進国以外の国々も温室効果ガス削減に取り組む「パリ協定」が採択された。

67

No.18 情報化社会に関する次の記述のうち，妥当なものはどれか。

1　情報化社会の進展に伴って個人情報の保護について問題が生じ，わが国では平成22年に情報公開法が制定され，個人情報の適切な取扱いが義務付けられた。

2　インターネット上での犯罪や悪質な中傷・いじめなどが問題となっているが，このような現象はネチケットと呼ばれ，その撲滅のための情報倫理の確立が求められている。

3　インターネットやコンピュータなどの情報通信技術を利用できる人・地域と，利用できない人・地域との格差を，デジタル・デバイド（情報格差）という。

4　インターネットの普及に伴って，新しいデザインなどを独占的に使用する権利である著作権や，自分の顔や姿を無断で絵画に描かれたりしない権利である商標権の侵害が問題となっている。

5　犯罪捜査において，捜査当局が電話や電子メールなどの通信傍受を行うことの有効性が指摘されているが，プライバシーの権利を保護する観点から，そのような通信傍受は制度上認められていない。

No.19 現代社会の課題に関する記述として最も妥当なのはどれか。

1　地球の平均気温が徐々に上昇する地球温暖化が問題となっており，発電の際に多量の二酸化炭素を排出する原子力発電がその原因の一つとなっている。

2　アジアやアフリカでは人口増加などの影響で飢餓が深刻化しているほか，米国やフランスなどでは食料自給率が5割を下回るなど，世界的に食料不足が問題となっている。

3　先進国の大都市では，旧市街地から高所得者や若者が流出し，低所得者や高齢者が取り残されることによって都市機能が低下するスプロール現象が見られる。

4　南南問題とは，発展途上国間の経済格差をいい，資源を持つ国や工業化が比較的進んでいる国と，資源を持たず開発の遅れている国との間の格差が挙げられる。

5　国際交通が発達した現代では，感染症が全世界に被害をもたらすおそれがある。そのため，国連の専門機関である国境なき医師団が，各国に対し対策を呼び掛けている。

解説

No.18

1 個人情報の適切な取扱いを定めたのは, 行政機関個人情報保護法 (平成15年) である。

2 ネチケットとは, インターネットを利用する際に守るべきエチケットのことである。

3 正しい。

4 新しいデザインなどを独占的に使用する権利とは「意匠権」のことである。自分の顔や姿を無断で絵画に描かれたりしない権利は「肖像権」である。

5 通信傍受法により, 一定の要件を満たせば, 電話や電子メールの通信傍受が認められる。

正答 **3**

No.19

1 化石燃料を燃やし, その熱を利用して発電を行う過程で二酸化炭素を排出するのは火力発電である。一方, 原子力発電はウラン燃料が核分裂した時に発生する熱を利用して発電しているため, その発電時に二酸化炭素は排出されない。

2 2019年の食料自給率 (カロリーベース) で, アメリカは121%, フランスは131%の自給率を誇る。我が国は2021年で38%と低水準である。

3 人口減少・高齢化等の理由から, 都心周辺部において空白化が生じ, 地域社会としての機能維持が困難になる問題をインナーシティ問題という。

4 正しい。北半球に多い先進国と, 南半球に多い発展途上国との間の経済格差は「南北問題」と呼ばれる。

5 国境なき医師団とは, 1971年にフランスの医師とジャーナリストのグループによって作られた非政府組織 (NGO) で, 国連の専門機関ではない。1999年にノーベル平和賞を受賞している。

正答 **4**

時事・社会

スプロール現象

都市が発展拡大していく過程で無秩序な開発が行われ, 虫食い状の広がりを見せることをいう。

ノーベル平和賞

ノーベル平和賞とは, 国際平和, 人命・人権擁護, 環境保護などについて功績のあった個人または団体に贈られる賞。国境なき医師団のほか, 2014年には女性が教育を受ける権利を訴えた17歳のマララ・ユスフザイ氏 (パキスタン), 子供の権利保護の活動家カイラシュ・サティーアーティ氏 (インド) が受賞している。

日本史

出題の特徴と傾向

受験先ごとの傾向を把握すること

　日本史は受験先によって出題傾向は変わるが，江戸時代の近世以降の出題が多い。特に三大改革の中身についてはしっかり確認しておくこと。また，明治時代の対策は必須だ。そのほか，土地制度史・外交史・政治史・文化史・仏教史など，時代を横断したテーマ史が頻出である。時代ごとの特徴を押さえておくこと。

効果的な学習方法・対策

　日本史は政治史・経済史・外交史・文化史などに分けることができるが，まず政治史を学習しよう。人物を把握すること。いつの時代に活躍した人物か。その人物が何をなしたか。その人物の前後に活躍する人物は誰か，などと知識を広げていこう。とは言っても，何も古代，中世と時代を追って学習する必要はない。頻出度の高い，例えば江戸時代，明治時代を先に学習してもよい。むしろそうした方が学習効率は高いと言える。

古代史

出題率 **10%**

ココがポイント ・大化の改新前後の状況が重要。
・奈良時代と平安時代の文化の特色が重要。

①聖徳太子（厩戸王）の政治

6世紀，百済から日本に仏教が伝わった。聖徳太子は，冠位十二階（603年）・憲法十七条（604年）の制定，遣隋使の派遣（607年）などを行った。

②律令国家の形成

701年大宝律令が制定される。農民は班田収授法により口分田が与えられたが，租・調・庸，雑徭，兵役（防人など）などの重い負担が課せられた。

●大陸からの渡来人により，漢字や儒教，養蚕などの技術がもたらされた。
●645年，中大兄皇子と中臣鎌足が蘇我氏を滅ぼし大化の改新を進めた。

中世史

出題率 **15%**

ココがポイント ・武家政権の政策が重要。
・鎌倉・室町文化の特色が重要。

①鎌倉時代の執権政治

源氏将軍の断絶後，北条氏が執権政治を展開した。1221年の承久の乱後，執権の北条義時の時に六波羅探題が設置され，北条泰時の時に御成敗式目が制定された。

13世紀後半，北条時宗の時に2度にわたる元寇，幕府は衰退していく。

②室町時代の政治

後醍醐天皇が行った建武の新政の後，足利尊氏が将軍となり室町幕府が開かれた。約60年続いた南北朝の動乱は3代将軍足利義満によって終わったが，守護大名の力は一層強くなっていった。8代将軍足利義政の時に応仁の乱（1467年）が起こり，幕府の力は完全に衰えた。

③鎌倉・室町文化

鎌倉時代，武士の気質を反映した金剛力士像などの力強い文化が生まれた。室町時代になると，日明貿易を始めた3代将軍足利義満の時代に北山文化が栄えた。金閣が建てられ，能が大成された。8代将軍足利義政の時代には銀閣が建てられ，水墨画で雪舟が現れたこの時代の文化を東山文化という。

●源頼朝の妻北条政子の父時政が初代執権となった。

●北条泰時の評定衆と北条時頼の引付衆を区別すること。

日本史

●鎌倉仏教
法然 ── 浄土宗
親鸞 ── 浄土真宗（一向宗）
一遍 ── 時宗
日蓮 ── 日蓮宗（法華宗）
栄西 ── 臨済宗
道元 ── 曹洞宗
●応仁の乱以後の戦乱をさけて公家などが地方に下ったので，京都の文化が地方にも広がった。

近世史

最重要
テーマ

出題率
30%

ココがポイント ・織豊政権の特色が重要。
・江戸時代の三大改革を中心に学習する。

①織豊政権

尾張の戦国大名織田信長は，1573年に室町幕府を滅ぼし，安土城下に楽市・楽座令を出した。信長の跡を継いだ豊臣秀吉は，太閤検地と刀狩を行い兵農分離を進めた。

②江戸幕府の成立

1600年の関ヶ原の戦いに勝利した徳川家康は，1603年，征夷大将軍となり，江戸幕府を開いた。その後，1614年の大坂冬の陣，1615年の大坂夏の陣で豊臣氏を滅ぼした。

③幕藩体制の完成

3代将軍徳川家光は，1635年，武家諸法度に参勤交代の制度を付け加えた。また，1639年には鎖国が完成した。

④幕府政治の改革

享保の改革（1716～45年）：8代将軍徳川吉宗の改革。上げ米の制を実施し，新田開発を進めた。投書箱の目安箱を設置し，公事方御定書を制定，相対済し令を出した。

田沼の政治（1767～86年）：老中田沼意次の政治。大商人の力を利用して財政再建をめざした。株仲間の奨励，新田開発，蝦夷地開発計画，長崎貿易での輸出奨励などを行った。天明の大飢饉による百姓一揆や打ちこわしの頻発で失脚した。

寛政の改革（1787～93年）：老中の松平定信が行った改革。米穀を蓄える囲い米を実施し，農民を村に返す旧里帰農令を出した。人足寄場を設置し，御家人の借金を札差に破棄させる棄捐令を出した。また，朱子学を正学とする寛政異学の禁を出した。

天保の改革（1841～43年）：老中水野忠邦の改革。農民の出稼ぎを禁じる人返しの法を出し，物価を引下げるため株仲間の解散を命じた。また，上知令を出したが，大名の反対で実施できず，失脚した。

●織豊政権の時代，豪華で壮大な桃山文化が生まれた。重層の天守閣を持つ城の内部には狩野永徳らが障壁画を描いた。また，豊臣秀吉に仕えた千利休が侘茶を完成させた。

●1590年に天下を統一した秀吉は，その後2度にわたって朝鮮出兵を行ったが失敗した。

●豊臣氏は関ヶ原の戦いで滅んだわけではない。

●参勤交代により，大名は1年ごとに江戸と領地を行き来し，妻子は江戸屋敷に住むことになった。この費用は大名にとって重い負担となった。

●5代将軍徳川綱吉は貨幣の改鋳を行い生類憐みの令を出した。6・7代将軍に仕えた新井白石は正徳の治を行った。海舶互市新例により長崎貿易を制限した。

●享保の改革・寛政の改革・天保の改革を合わせて三大改革という。

●元禄文化→綱吉の時代，上方を中心に栄えた町人文化。井原西鶴，近松門左衛門，松尾芭蕉，菱川師宣などが活躍。

●化政文化→江戸時代後半，江戸を中心に栄えた町人文化。式亭三馬，曲亭馬琴，山東京伝，葛飾北斎，歌川広重などが活躍。

近現代史

ココがポイント・明治時代の内政と対外政策が重要。
・大正〜戦後の歴史の流れが重要。

出題率
30%

①明治政府の政策

　1868 年に五箇条の御誓文を出した明治政府は，1869 年には版籍奉還を行い，大名の領地と領民を天皇に返還させた。1871 年には廃藩置県を，1873 年には財源を安定させるための地租改正を実施した。

②自由民権運動

　1874 年，板垣退助，後藤象二郎らは民撰議院設立建白書を政府に提出し，これ以後自由民権運動が広がり，政府も議会設置を約束した。

③日清戦争と日露戦争

　1894 年日清戦争が起こり，翌年の下関条約で賠償金を得，遼東半島や台湾などが割譲された。

　1904 年には日露戦争が起こり，翌年のポーツマス条約で樺太の南半分や韓国に対する優越権を得たが，賠償金を得られなかった。条約改正は，日露戦争後の 1911 年に達成された。

④大正時代

　第一次世界大戦が 1914 年に始まると，日本は日英同盟を理由に参戦した。

　1918 年には米騒動が起こり，日本で初めての本格的な政党内閣である原敬内閣が誕生した。

　1925 年には，加藤高明内閣のもとで普通選挙法と治安維持法が成立した。

⑤第二次世界大戦後

　1931 年の満州事変以来 15 年間続いた戦争も 1945 年 8 月 15 日に終わった。占領軍となった GHQ の指令により農地改革，財閥解体などの民主的改革が行われた。

　1951 年にはサンフランシスコ平和条約で日本は主権を回復するとともに，日米安全保障条約に調印した。

　1956 年には日ソ共同宣言に調印してソ連との国交を回復し，国際連合への加盟も実現した。1972 年には沖縄が返還されるとともに，日中共同声明によって日中国交正常化が実現した。

● 1872 年には学制が発布され，全国に小学校がつくられた。
●版籍奉還では旧藩主を知藩事とし，廃藩置県では中央から県令を派遣した。
●地租改正により，土地所有者が現金で地租を納めることとなった。
●板垣は 1881 年に自由党を，大隈重信は 1882 年に立憲改進党を結成した。
● 1889 年，大日本帝国憲法が発布され，翌年第 1 回の帝国議会が開かれた。
●遼東半島はロシア・ドイツ・フランスの三国干渉により清に返還された。
● 1910 年には韓国併合を行い，韓国を日本の植民地とした。

● 1912 年に尾崎行雄・犬養毅らが第一次護憲運動を起こした。
● 1915 年，大隈内閣は二十一か条の要求を中国につきつけた。
●二十一か条の要求に反対する中国民衆は，1919 年に五・四運動を起こした。

●満州事変の翌年，日本は満州国を建国した。国内では 1932 年に五・一五事件，1936 年に二・二六事件が起こり，軍部の力が強まった。

●韓国とは 1965 年に日韓基本条約を結び，国交を回復した。1978 年には日中平和友好条約も結ばれた。

日本史

No.1 我が国の古代の歴史に関する記述として，妥当なのはどれか。

☞**古代史**

1 刑部親王や藤原不比等らは古事記の編纂に関わった。

2 聖武天皇は，律令国家の再建を目的に平安京に遷都した。

3 聖徳太子（厩戸王）は，都を近江大津宮に移して天智天皇として即位した。

4 大海人皇子は壬申の乱に勝利した後，飛鳥浄御原宮で天武天皇として即位した。

5 藤原道長は摂関政治で権力を握り，平城京に東大寺を建立した。

No.2 わが国の14～16世紀における情勢に関する記述として最も妥当なのはどれか。

☞**中世史**

1 鎌倉幕府の滅亡後，後鳥羽天皇が後醍醐天皇に譲位した後も院政を行い，武家からの権力の回復を試みたが，元寇で上皇の権力が弱まったため，この院政は3年たらずで崩壊した。

2 14世紀末には，足利義満が国内の武士を組織し，地方に国司や郡司を派遣するなどして室町幕府の支配機構の整備を進め，さらに御成敗式目を制定してその支配力を強めた。

3 15世紀半ばには，足利義政の後継者をめぐって承久の乱が起こり，それを契機に各地で反幕府勢力が決起し，南朝と北朝に分かれてそれぞれ天皇を立てて争った。

4 15世紀末には，ポルトガル人が種子島へ漂着したことを契機に，オランダ船などが来航するようになり，幕府は朱印船貿易を，各地の戦国大名は勘合貿易を盛んに行った。

5 応仁の乱の頃から戦国時代が到来し，越後の上杉謙信が信濃の支配をめぐって甲斐の武田信玄と川中島で交戦するなど，戦国大名が互いに領土の拡大をはかり争った。

No.3 江戸時代の治世について正しく述べたものはどれか。

☞**近世史**

1 老中水野忠邦の政治は寛政の改革と呼ばれている。

2 老中松平定信の政治は天保の改革と呼ばれている。

3 将軍徳川家康はキリスト教を保護した。

4 将軍徳川吉宗は生類憐みの令を出し，特に犬を保護した。

5 将軍徳川家光は武家諸法度に参勤交代の制度を加えた。

No.4 明治政府が行った次の**A〜D**の施策が行われた順序として正しいものはどれか。 `☞ 近現代史`

- **A** 地租改正条例を定め，ほぼ全国に地租改正を実施した。
- **B** 廃藩置県を断行し，府知事・県令を任命・派遣した。
- **C** 五箇条の御誓文を発表し，新政府の方針を内外に示した。
- **D** 薩長土肥の4藩主に版籍奉還を願い出させ，他の藩主にも版籍奉還を命じた。

1 A → B → C → D
2 A → D → C → B
3 B → D → A → C
4 C → D → B → A
5 D → A → C → B

No.5 次の文中の空欄**A〜C**に当てはまる語句の組合せとして正しいものはどれか。 `☞ 近現代史`

・（　**A**　）による好景気は，一方で物価の高騰を招き，米騒動が全国に広がった。
・（　**B**　）は，アメリカのあっせんによりポーツマス条約が締結されたが，日本は賠償金を得ることができず，国民の不満が爆発した。
・（　**C**　）に勝利した日本は，遼東半島と台湾および澎湖諸島の割譲を受け，多額の賠償金を得た。

	A	B	C
1	第一次世界大戦	日清戦争	日露戦争
2	第一次世界大戦	日露戦争	日清戦争
3	日露戦争	日清戦争	第一次世界大戦
4	日清戦争	日露戦争	第一次世界大戦
5	日清戦争	第一次世界大戦	日露戦争

No.6 次の5つの出来事のうち，最も年代の古いものはどれか。 `☞ 近現代史`

1 日ソ共同宣言の調印
2 日中平和友好条約の調印
3 サンフランシスコ平和条約の調印
4 日韓基本条約の調印
5 日中共同声明の調印

正答 No.1：**4** No.2：**5** No.3：**5** No.4：**4** No.5：**2** No.6：**3**

日本史

No.1 わが国の古代の歴史に関する記述として，妥当なのはどれか。

1　刑部親王や藤原不比等らは蘇我蝦夷・入鹿父子を滅ぼし，班田収授の制度や評という地方組織を設置するなどの大化の改新を行った。

2　桓武天皇は，律令国家の再建を目的に平安京に遷都した。そして東北支配を目的とした蔵人頭や都を警備させる検非違使を置き政治を強化した。

3　中大兄皇子は，都を近江の大津宮に移して天智天皇として即位し，最初の全国的な戸籍である庚午年籍を作成した。

4　大友皇子は，大海人皇子との天皇の位をめぐる争いに勝利した後，八色姓を定めて皇族や豪族を新しい身分秩序に再編成した。

5　聖徳太子（厩戸王）は，仏教の力によって争いや災いをなくし，国を建て直すために，地方の国ごとに国分寺を置くとともに東大寺を建立した。

No.2 奈良時代の状況に関する記述として正しいものは，次のうちどれか。

1　朝廷は，唐の進んだ文化を取り入れるために吉備真備，行基らを遣唐使として派遣したが，唐の勢力が衰えたため，8世紀半ばに遣唐使を廃止した。

2　和気清麻呂は聖武天皇の信任を得て勢力を振るったが，天皇の死後，寺院勢力を背景とした道鏡によって追放された。

3　壬申の乱に勝利した天智天皇は，豪族や寺院などの旧勢力の力を弱めるため，長岡京から平城京へ遷都した。

4　藤原不比等は，藤原氏を除こうとする聖武天皇に対して乱を起こしたが，長屋王などの皇族勢力により鎮定された。

5　朝廷は口分田の不足を補うために三世一身法や墾田永年私財法を発布したが，これが貴族，寺院などの私有地拡大につながった。

解 説

No.1

1　中大兄皇子，中臣鎌足らが蘇我蝦夷・入鹿父子を滅ぼし大化の改新を行った。刑部親王や藤原不比等は大宝律令の編纂に携わった。

2　蔵人頭や検非違使を置いたのは嵯峨天皇。桓武天皇は勘解由使や征夷大将軍を置いた。これらの官職は令に定められていないものなので令外官という。

3　正しい。天智天皇は庚午年籍，持統天皇は庚寅年籍を作成。年籍は戸籍のこと。

4　天皇の位をめぐる壬申の乱に勝利したのは大海人皇子。勝利後，飛鳥浄御原宮で即位して天武天皇となった。天武天皇は大臣をおかず，皇族・皇親の政治を行った。

5　奈良時代の聖武天皇の説明。聖徳太子（厩戸王）の発願で建立されたのは四天王寺や法隆寺（斑鳩寺）で氏寺（氏族の権威の象徴）である。

正答 **3**

No.2

1　吉備真備と同じころ入唐したのは玄昉である。また，遣唐使は菅原道真の建議により894年（9世紀末）に廃止された。

2　勢力をふるった道鏡を阻止したのが和気清麻呂である。

3　天智天皇亡きあとの大王位継承争いが壬申の乱。長岡京は桓武天皇が平城京から遷都したところだが，まもなく平安京に遷都された。

4　聖武天皇の在位期間も長屋王が左大臣になったのも，藤原不比等の没後である。

5　正しい。三世一身法は723年，墾田永年私財法は743年に出された。

正答 **5**

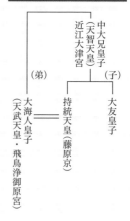

皇室の系図

奈良時代の僧

行基は社会事業や民間布教に努め，初めは弾圧されたが，後には東大寺の大仏建立に協力して大僧正となった。
鑑真は唐から来日。東大寺に戒壇を設け，唐招提寺を開く。

日本史

No.3 鎌倉時代に関する記述として，妥当なのはどれか。

1 鎌倉幕府は，朝廷が任命する国司を廃止し，国ごとに守護，地頭を置いて全国支配を進め，朝廷の支配力を完全に失わせた。

2 鎌倉幕府の支配機構は，中央に一般政務を担う公文所，裁判実務を担当する侍所を置いたほか，地方には守護を置いて年貢の徴収を行った。

3 後鳥羽上皇は，幕府と対立し，北条義時を追討する兵を挙げて承久の乱を起こしたが，幕府に敗れて配流された。

4 北条時宗は，評定衆を置くなど執権を中心に御家人たちが幕府を運営する体制を整えた。また，最初の武家法である御成敗式目を定めた。

5 北条泰時は蒙古襲来後，再度の襲来に備えるため，九州に六波羅探題を設置し，北条一門を送り込んで国防を強化した。

No.4 室町時代に関する記述として正しいものは，次のうちどれか。

1 全国の武士が北朝と南朝のいずれかについて争うことになったが，足利義政の仲介により統一されることとなった。

2 二毛作が各地に普及し，農村では有力な農民を中心に「惣」という組織が結成された。

3 荘園領主が荘園の年貢を地頭に請け負わせる地頭請が盛んに行われるようになった。

4 幕府が明と行った勘合貿易では明への朝貢形式はとられず，対等の立場で行われた。

5 室町幕府には「執権」という役職が設けられ，足利氏の一族がその役職についた。

No.5 織田信長が行った政策として正しいものは，次のうちどれか。

1 堺を直轄領とし，楽市・楽座を廃止して，ザビエルによって日本にもたらされたキリスト教を広めた。

2 最初は対立していた一向宗と，延暦寺，石山本願寺の焼き打ち後は協力して，天下統一をめざした。

3 関所を廃止し，楽市・楽座令を出して商業を活発化させるとともに，寺社勢力を抑えつけた。

4 安土城を築城した後，足利義昭を討って天下統一の足がかりとした。

5 足利義昭を京都から追放し幕府を倒すと，征夷大将軍に任命された。

解説

No.3

1 守護は大犯三カ条を行う役職，地頭は年貢を徴収して荘園領主や国衙に納入し，土地を管理する役職であり，国司に代わるものではなかった。
2 裁判実務を担当するのは問注所。
3 正しい。
4 北条時宗ではなく3代執権北条泰時が正しい。
5 北条泰時ではなく北条時宗。元寇後に九州に置かれたのは六波羅探題ではなく鎮西探題である。

正答 **3**

二元体制
幕府と朝廷は併存していた。

鎌倉幕府の職制
侍所は御家人の統率，政所は一般政務を司った。承久の乱後，幕府は京都に六波羅探題を設置して，朝廷や西国の監視を強化した。

No.4

1 南北朝の動乱は約60年間続いたが，3代将軍足利義満の仲介によって統一された（南北朝の合一）。
2 正しい。
3 室町時代には守護請が盛んに行われた。地頭請は鎌倉時代のこと。
4 勘合貿易は3代将軍足利義満が1404年に始めた明との朝貢貿易であった。
5 執権は鎌倉時代の将軍の補佐役。室町時代の将軍の補佐役は管領といった。

正答 **2**

南北朝の動乱
南北朝の対立は，建武の新政後，大覚寺統の後醍醐天皇が吉野に朝廷を置いたのに対し，足利尊氏が京都に持明院統の光明天皇を擁立して朝廷を開いたことから始まった。

三管領家
管領には，足利氏の一族である斯波・細川・畠山の3氏が交代で就任した。

No.5

1 信長は楽市・楽座令を出したのであって，廃止したのではない。
2 信長は一向宗を最大の敵として，各地の一向一揆を平定していった。また，比叡山延暦寺は一向宗ではなく天台宗の寺である。
3 正しい。
4 足利義昭を京都から追放して室町幕府を倒したのは1573年で，安土城築城（1576年）の前である。
5 織田信長は征夷大将軍に任命されていない。

正答 **3**

一向宗
一向宗とは，親鸞が開いた浄土真宗のこと。室町時代に蓮如が出ると，教団の組織を強め，各地の守護大名と対立し，一揆を起こした。一向一揆に苦しんだ織田信長は1580年，一向宗の頂点であった石山本願寺を屈服させた。

日本史

No.6 江戸時代の政策に関する記述として，妥当なのはどれか。

1 新井白石は，海舶互市新例を出して長崎貿易の拡大を図り財政を確保した。

2 徳川吉宗は，幕府の財政を確保するため，諸大名に一定の米を上納させる囲米を実施したり，新田開発を行ったりした。

3 田沼意次は，上知令を出し，庶民に厳しい倹約を命じた。また，物価高騰を抑える目的で株仲間を解散させた。

4 松平定信は，旧里帰農令を出して江戸に流入した没落農民の帰村や帰農を奨励した。また，寛政異学の禁を発し，朱子学を正学とした。

5 水野忠邦は，株仲間を積極的に公認し，商品流通を促進させ商業を活性化させた。また，棄捐令を出して札差の救済を図った。

No.7 明治初期の政策に関する記述として，妥当なのはどれか。

1 廃藩置県により，全国の藩に替えて府，県が設置され，知藩事である旧大名をそのまま府知事・県令として地方行政に当たらせた。

2 地租改正が行われ，課税対象が収穫高から地価に変更された。納税方法は物納であったため，米価の変動により政府の財政は安定しなかった。

3 徴兵令が公布され，満18歳に達した男子は3年間の兵役に服することが定められた。免役規定は設けられず，農村で血税一揆が頻発した。

4 近代国家を目指す明治政府は，殖産興業の一環として，群馬県の富岡製糸場を始めとする民営工場に対し，直接指導に当たった。

5 小学校教育の普及に力が注がれフランスの教育制度に基づく学制が導入されたが日本の実情に合わず，後に教育令を公布し教育制度の実際化を図った。

No.8 自由民権運動に関する記述として，妥当なのはどれか。

1 板垣退助は，征韓論で敗れて参議を辞し，後藤象二郎らとともに，民撰議院設立建白書を政府に提出して国会の開設を要求した。

2 伊藤博文は，国会開設を求める意見書を提出して政府から追放された後，立憲改進党を結成し，イギリス流の議院内閣制の確立を主張した。

3 大久保利通は，開拓使官有物の払下げを実現する一方，10年後に国会を開設することを約束する国会開設の勅諭を出した。

4 大隈重信は，憲法や諸制度を調査するためヨーロッパへ派遣され，主にフランスの憲法を学んで帰国し，大日本帝国憲法を起草した。

5 福沢諭吉は，ルソーの『社会契約論』を翻訳した『民約訳解』を発表し，ドイツ流の立憲君主制を主張する自由党の党首として，その結成に加わった。

解 説

No.6

1 新井白石は海舶互市新例を出して長崎貿易を制限した。

2 囲米ではなく上米の制。

3 田沼意次ではなく水野忠邦の説明。上知令で江戸・大坂周辺の大名・旗本の知行地を幕府直轄領にしようとしたが失敗した。

4 正しい。

5 株仲間を積極的に公認したのは田沼意次。棄捐令(きえん)は旗本・御家人を救済するために松平定信，水野忠邦が出したもの。

正答 **4**

No.7

1 廃藩置県では，知藩事は罷免され代わりに中央政府から府知事・県令が派遣された。

2 地租改正で納税方法は物納から金納になった。このことで政府の財政は安定した。

3 満18歳ではなく満20歳が正しい。戸主・官人・代人料納入者などの免役規定が設けられた。

4 殖産興業は，官営事業を経営し近代産業の育成に努め，のち民間に払下げていった。

5 正しい。教育令はアメリカの教育制度を参考。

正答 **5**

No.8

1 正しい。

2 大隈重信の説明である。大隈は伊藤と対立しており，1881年の開拓史官有物払下げ事件がきっかけで罷免された。これを明治十四年の政変という。

3 開拓使官有物の払下げは中止された。

4 伊藤博文の説明である。フランスの憲法ではなくプロシア（ドイツ）の憲法が正しい。

5 『民約訳解』を発表したのは中江兆民。また自由党の党首は板垣退助である。

正答 **1**

上米と囲米

上米は徳川吉宗が出した政策。大名に石高1万石につき米百石を幕府に上納させる。かわりに参勤交代を軽減する。囲米は寛政の改革で松平定信が実施したもので，凶作に備えて米穀を蓄えさせた政策。

帰農令

松平定信の寛政の改革において，江戸に流入した農民に資金を与え帰農させるために旧里帰農令を出した。天保の改革においては水野忠邦が人返しの法を出した。

版籍奉還と廃藩置県

版籍奉還では旧藩主をそのまま知藩事に任命。廃藩置県では，知藩事を罷免し東京在住とした。代わりに中央政府から府知事・県令を派遣した。

日本史

自由民権運動

自由民権運動は国会開設を求める運動として始まった。運動の中心は士族や豪農・都市部知識人だったが，農民層の分解の影響で運動も分裂し過激化していった。

No.9 大正時代のわが国に関する記述として，妥当なのはどれか。

1　大隈重信を首相とする内閣が発足したが，社会主義運動に弾圧を加えたジーメンス事件が発覚すると，民衆が議会を取り囲み大正政変が起こった。

2　第一次世界大戦が始まると，わが国は日英同盟を理由にドイツに宣戦を布告し，中国におけるドイツの根拠地を占領，二十一か条の要求を突き付けた。

3　第一次世界大戦が終わると，シベリア出兵に伴う不況から一転し，大戦景気と呼ばれる好況が到来したが，凶作や飢饉を原因とした米騒動が起こった。

4　ワシントン会議での決定により国際連盟が創設され，常任理事国となった米国との間で石井・ランシング協定を締結，主力艦保有量の比率を定めた。

5　民本主義を唱えた平塚らいてうや市川房枝らの運動を受けて，原敬内閣は，25歳以上の男女に選挙権を与える普通選挙法を公布した。

No.10 戦後のわが国の外交に関する記述として，妥当なのはどれか。

1　第三次吉田茂内閣は，全面講和路線を進め，サンフランシスコ講和会議において，全交戦国と講和条約を結び，日本は独立国としての主権を回復した。

2　鳩山一郎内閣は，自主外交路線を掲げ，日ソ平和条約を締結してソ連との国交を回復したが，その結果，日本の国際連合は実現した。

3　岸信介内閣は，日米安全保障条約を改定し日米関係の対等化をめざしたが，吉田茂内閣当時に締結された同条約を改定できず，総辞職した。

4　佐藤栄作内閣は，沖縄返還協定を結び，翌年の協定発効をもって沖縄の日本復帰が実現されたが，広大なアメリカ軍基地は存続することになった。

5　田中角栄内閣は，日中平和友好条約の締結によって中国との国交を正常化する一方，台湾との国交も継続した。

No.11 戦後の日本経済に関する出来事A～Eを年代順に並べた組合せとして正しいのはどれか。

A　1ドル＝360円の単一為替レートが設定された。

B　年平均10％以上の経済成長が続いた。

C　株価や地価が下落しバブル経済が崩壊した。

D　プラザ合意で円高が進行し，アメリカとの貿易摩擦が起こった。

E　朝鮮戦争の特需で好景気となった。

1　A－B－C－D－E　　　　2　A－D－E－B－C

3　A－E－B－D－C　　　　4　E－A－B－C－D

5　E－D－B－A－C

解説

No.9

1 ジーメンス事件は第一次山本内閣の時に起こった軍艦購入に絡む汚職事件。大正政変とは第三次桂太郎内閣が退陣した事件である。ともに大隈内閣とは関係がない。

2 正しい。

3 第一次世界大戦中は大戦景気であったが，その後，戦後恐慌，震災恐慌と不況が続く。またシベリア出兵も米騒動も大戦中のことである。

4 国際連盟が創設されたのはパリ講和会議のヴェルサイユ条約による。アメリカは国際連盟に未加盟だったため常任理事国にはなっていない。

5 民本主義を唱えたのは吉野作造。

正答 **2**

大正デモクラシー

大正デモクラシーとは，大正時代の民主主義的改革を要求する運動・思潮をいう。理論的には吉野作造の「民本主義」，美濃部達吉の「天皇機関説」などが支柱となり，実践的には既成政党が主導する普選運動・軍備縮小・婦人参政権運動などが中心であった。
普通選挙法が公布されたのは加藤高明内閣の時で，女性参政権が認められたのは戦後になってから。

No.10

1 全面講和路線ではなく単独講和路線。従って「全交戦国と講和条約を結び」は誤り。

2 日ソ平和条約ではなく日ソ共同宣言が正しい。平和条約は現在も締結されていない。

3 日米安全保障条約を改定した新日米安全保障条約に調印した。

4 正しい。沖縄の日本復帰は 1972 年。

5 日中平和友好条約ではなく日中共同声明が正しい。日中平和友好条約締結は福田赳夫内閣の時。

正答 **4**

サンフランシスコ講和会議

朝鮮戦争勃発の影響もあり，アメリカが中心となって日本との講和を急いだ。中華人民共和国は招かれずインドも不参加。ソ連，チェコスロヴァキア，ポーランドを除く 48 か国が平和条約に調印した。

日本史

No.11

A 1949 年のドッジ・ラインの時に設定された。

B 1955 〜 73 年の高度経済成長期のことである。

C 1991 年にバブル崩壊した。

D プラザ合意は 1985 年。

E 朝鮮戦争は 1950 年。これによりドッジ・ラインによる不況が回復した。

正答 **3**

プラザ合意からバブルへ

円高で輸出産業は不況に陥ったが，その後多品種少量生産，生産拠点の海外移転などで経済は持ち直し，余剰資金が土地や株式に投資され，バブル経済となった。政府の総量規制などで地価が下がると不良債権問題が深刻化。長く複合不況に苦しんだ。

世界史

出題の特徴と傾向

基礎的な問題が多い

問題文の表現は易しいが，歴史的事項の内容をきちんと理解したうえで，暗記しておく必要がある。宗教改革を例にとれば，ルターとカルヴァンの教えの違い，イエズス会の活動内容などである。

出題率の高いテーマを把握する

世界史は中国史の出題が多いので，まず中国史から攻めた方が良い。ヨーロッパ史よりも学習しやすい。ヨーロッパ史は中世（ルネサンス）や近代（産業革命，帝国主義）を中心に勉強を進めよう。

同時代史の出題にも注意

同じ時代に世界各地でそれぞれどんな事件が起きていたか，水平的知識を問う同時代史の問題，通史の問題がよく見られる。簡略な年表で整理しておくことも必要である。

効果的な学習方法・対策

中国史はまず王朝の名前を覚えよう。そしてその王朝ごとの特徴（土地制度，税制度など）を整理していく。ヨーロッパ史は中世（十字軍，ルネサンス）から近世（絶対王政）の流れをつかむ。近代〜戦後のアジア史も要チェック。古代・中世・近世と，時代を追って学習する必要はない。頻出度の高い時代，あるいは勉強しやすい時代から先に学習してもよい。

最重要テーマ ヨーロッパ世界の形成

出題率 **30%**

 ココがポイント 十字軍の遠征の原因とその影響を理解する。宗教改革の原因と影響が重要。

①十字軍

聖地イェルサレムを，イスラム国家セルジューク＝トルコから奪還しようとローマ教皇が十字軍の派遣を提唱。十字軍の遠征は 1096 年以来約 200 年間にわたったが失敗，ローマ教皇の威信は衰えた。一方，国王や東方貿易で利益を得た商人たちが力を持つようになった。

②宗教改革

ドイツのルターは聖書を唯一の根拠としてカトリックの教義を批判。スイスではカルヴァンが予定説を唱え，勤労の結果得られる富は神の賜りものであるとした。一方，カトリックでも，ロヨラ，ザビエルらのつくったイエズス会などが，世界各地で布教活動を行った。

● 聖地イェルサレム
地中海東岸に位置し，ユダヤ教，キリスト教，イスラム教共通の聖地。

● ルネサンス
東方貿易で栄えたフィレンツェなどのイタリアの諸都市からおこった。

● 1517 年，ルターは「95 か条の論題」を発表し，教会が売り出した贖宥状（免罪符）を批判した。

最重要テーマ 近代国家の成立

出題率 **30%**

 ココがポイント 市民革命が起こった順と人物名をおさえる。産業革命による社会の変化が重要。

①イギリスの市民革命と産業革命

1649 年，クロムウェルが国王を処刑して共和政を打ちたてた（清教徒革命）。その後，王政が復活したが，1688 年，権利の宣言（権利の章典）を承認する新しい王を王位につかせた（名誉革命）。

②アメリカの独立

イギリスが植民地に税を課したことから，1775 年に武力衝突が起こり，1776 年独立宣言を発表。

③フランス革命

1789 年，国王ルイ 16 世のとき，バスティーユ牢獄の襲撃をきっかけにフランス革命が起こった。人民主権などをうたった人権宣言を発表した。革命中，ロベスピエールが恐怖政治を行うが，テルミドールの反動で倒される。ナポレオンは国民投票で皇帝となるが，ワーテルローの戦いに敗れ帝政は終了した。

●この 2 度にわたる市民革命によりイギリスの絶対王政は倒され，立憲君主政が確立した。

●独立宣言
ジョン＝ロックの政治理論の影響を強く受けている。起草はトマス＝ジェファソン。

●人権宣言
人間の自由・平等，言論の自由，私有財産の不可侵などを確認している。

世界史

ココがポイント ・中国の王朝を年代順に把握することが重要。
・中国史と世界史との関係が重要。

①殷

確認できる最古の王朝は殷（前2000年頃）で、甲骨文字が使われた。

②古代中国の統一

前221年，秦の始皇帝が初めて中国を統一した。前202年には漢（前漢）が建国，シルクロードが繁栄して東西交流が盛んになった。

③隋・唐・宋・元の時代

隋が589年に中国を統一し，煬帝が大運河の建設を行ったが，618年には唐に滅ぼされた。唐は大いに栄え，都の長安は世界一の国際都市となった。しかし，黄巣の乱を経て，907年に朱全忠によって滅ぼされた。その後960年に中国を統一した宋は文治主義政策をとった。またこの時代，朱子学が大成した。1271年にフビライがたてた元では，モンゴル人が重要な官職を独占した。

④中華帝国の成立

1368年に朱元璋が南京を都として明をたてた。永楽帝のころには，鄭和に南海遠征を命じるなど，諸国との朝貢貿易を盛んにした。しかし，北虜南倭や豊臣秀吉の朝鮮出兵などに苦しみ，1644年に滅んだ。明滅亡後は，女真族の清が中国を治めた。清の発展と支配が確立したのは，17世紀後半の康熙帝から乾隆帝に至る130年余りの時代だった。

19世紀のアヘン戦争以後，列強の半植民地となった清は，義和団の乱，日清戦争などを経て，1911年の辛亥革命で滅亡した。

⑤中華民国から中華人民共和国へ

孫文の指導の下，アジアで最初の共和国となった中華民国は，帝国主義列強の侵略に苦しんだ。1931年の満州事変以来続いた日本との戦争が終わった後，毛沢東率いる共産党と，蒋介石の国民党との内戦が起こった。内戦に勝利した共産党を中心として1949年，中華人民共和国が成立した。

●殷の遺跡は殷墟と呼ばれる。甲骨文字は亀甲や獣骨に刻まれた。

●秦は北方騎馬民族の匈奴を防ぐために万里の長城を整備した。また，儒家の弾圧のために焚書坑儒を行った。

●漢の滅亡後，魏・呉・蜀の三国時代，晋，五胡十六国，南北朝の時代があった。隋以降の官吏登用法は科挙である（元は除く）。

●唐の律令制度は非常に整っていたので，東アジア諸国の多くがこの制度をとり入れた。

●唐代には，均田制が崩壊し，両税法・募兵制が敷かれた。李白・杜甫などの詩人をはじめ，書の顔真卿などすぐれた文化人が現れた。

●北虜南倭とは，北のモンゴル系部族の侵入と南の倭寇による被害のことをいう。

●明代には王陽明が陽明学をおこした。

●イギリスはアヘンの輸出を茶の代価にあて清における銀価の高騰を引き起こし，地丁銀制に動揺を与えた。

●孫文は三民主義を唱え，革命運動を進めた。また，中国国民党をつくった。

最重要テーマ 近現代史

出題率 **20%**

ココがポイント ・帝国主義の時代〜第二次世界大戦の流れが重要。
・第二次世界大戦後の世界を把握することが重要。

①産業革命

18世紀のイギリスで始まった技術革命で, ワットによる蒸気機関の改良が綿織物の大量生産をもたらした。鉄道や蒸気船, 重工業でも利用されるようになり, 人口の増加とともに社会変動をもたらした。

●産業革命は綿工業（軽工業）から始まり, しだいに製鉄業（重工業）へと変わっていく。

②帝国主義

19世紀後半の資本主義経済の発展を背景に, 欧米列強やイタリア・日本等がアフリカ・アジア・中南米で植民地を獲得した。

③第一次世界大戦 (1914 〜 18年)

先進資本主義諸国の帝国主義政策の対立（英・仏・露の三国協商と独・伊・墺の三国同盟）から第一次世界大戦が起こった。大戦後の世界秩序はヴェルサイユ体制と呼ばれ, 国際連盟が設立 (1920年) された。アメリカは最後まで未加盟。

●**大戦後のアジアの独立運動**
インド…ガンディーを中心とする非暴力不服従運動
朝鮮…三・一独立運動
中国…五・四運動

④世界恐慌

1929年の株価大暴落を発端として資本主義諸国に波及。これに対しアメリカはF.ローズヴェルト大統領がニューディール政策を実施し, フランスやイギリスは植民地との間のブロック経済政策をとった。

●**ニューディール政策**
自由放任を抑え, ある程度の計画経済をとり入れた政策。

●**ブロック経済政策**
本国と植民地間の貿易を拡大し, 他国の商品の輸入を抑える政策。保護貿易。

⑤第二次世界大戦 (1939 〜 45年)

1938年のミュンヘン会談で英・仏は宥和政策をとり, ヒトラーは翌年ポーランドに侵入した。これにより第二次世界大戦が始まり, 米・英・仏・ソ・中の連合国と日・独・伊の枢軸国との対決となった。しかし, 1943年にはイタリア, 45年5月にはドイツ, そして8月にはポツダム宣言を受け入れた日本が降伏して連合国側の勝利に終わった。

●**連合国の首脳会談の内容**
カイロ会談…対日戦の基本方針
ヤルタ会談…ドイツ降伏後の分割管理, ソ連の対日参戦

⑥第二次世界大戦後の世界

アメリカとソ連を中心とする2つの陣営の間に冷戦が展開されたが, ブッシュ大統領とゴルバチョフ書記長との間で冷戦終結（マルタ会談）。1990年には東西ドイツ統一, 91年にはソ連が崩壊した。

●**20世紀の国際社会**
1960年代：非同盟主義
1970年代：多極化・南北問題
1980年代：資源ナショナリズム
1990年代：グローバル化

世界史

基礎問題 最重要テーマをチェック!

No.1 宗教改革に関する記述として正しいものはどれか。

ヨーロッパ世界の形成

1 ルターの意思を引き継ぎ,イエズス会は宗教改革を推進した。
2 ルターは贖宥状により罪も許されるとした。
3 ルターはドイツ農民戦争を支持し参加した。
4 カルヴァンは禁欲主義や予定説を説いた。
5 カルヴァンは蓄財を否定したため,領主や市民階級の反発を受けた。

No.2 アメリカ独立戦争時に起こった出来事として誤っているものはどれか。

近代国家の成立

1 パリ条約の締結
2 トマス＝ジェファーソンらの独立宣言起草
3 リンカンの大統領就任
4 ボストン茶会事件
5 大陸会議の開催

No.3 中国の王朝名を古いものから順に並べたとき正しいものはどれか。

中国王朝史

　A　唐
　B　漢
　C　宋
　D　明
　E　秦
1　A→C→E→D→B
2　B→D→A→E→C
3　C→A→D→B→E
4　D→E→C→A→B
5　E→B→A→C→D

No.4 アヘン戦争に関する記述として正しいものはどれか。

中国王朝史

1 清がアヘンの輸入を禁止したため，イギリスと戦争になった。

2 清へのアヘン輸出の独占を巡って，イギリスとドイツが戦争した。

3 アヘンを積んだイギリス船が清に捕われ，イギリス・フランスと清との戦争になった。

4 アヘンの貿易港である香港を巡って，イギリスと清が戦争した。

5 広州にあるフランスのアヘン倉庫を清が焼き払ったため，両国の戦争になった。

No.5 第一次世界大戦後のヨーロッパに関する記述として正しいものはどれか。

近現代史

1 フランスはオランダとともにドイツの賠償金の支払い遅延を口実に，ルール地方を占領した。

2 アメリカのウィルソン大統領が提唱した十四か条の原則によって，大規模な国際機関である国際連合が創設された。

3 ドイツはヴェルサイユ条約によってすべての植民地を失い，軍備撤廃と多額の賠償金を受け入れた。

4 イタリアでは，ヒトラーがファシスト党を結成した後，一党独裁の政治体制を確立した。

5 民族自決の原則によってチェコスロヴァキア，ベルギー，ユーゴスラヴィアがオーストリアから独立した。

No.6 第二次世界大戦後の冷たい戦争を象徴する次のA〜Dの出来事を，発生順に正しく並べているものはどれか。

近現代史

A 朝鮮戦争
B ベルリン封鎖
C キューバ危機
D アメリカの北ベトナム爆撃開始

1 A→C→D→B
2 B→A→C→D
3 C→A→D→B
4 D→B→A→C
5 D→C→B→A

正答 No.1：4　No.2：3　No.3：5　No.4：1　No.5：3　No.6：2

実戦問題

No.1 中国の王朝に関する記述として最も妥当なのはどれか。

1　秦の始皇帝は儒教思想に基づいて，中央集権的な郡県制を整備した。また，北方の匈奴制圧を目的として，同盟を結ぶために張騫を大月氏へ派遣した。

2　隋は文帝と煬帝の2代のみで滅んだが，その間に大運河の建設を行い，官吏登用法としての科挙を開始するなどした。

3　唐は，隋からの均田制・租庸調制・府兵制を採用したが，玄宗の頃，高句麗遠征の失敗など失政が続き均田制は崩壊し，安史の乱で滅んだ。

4　宋は，武断政治を改め文治主義を採用した。官吏登用法としてそれまでの科挙を廃止し新たに九品中正法を導入し国防を強化した。

5　清の永楽帝は，都を南京から北京に移し，対外政策として南海遠征を行い，内政政策として満漢併用制を採用するなど統治を強化した。

No.2 十字軍の遠征に関する文中の下線部の記述が正しいものは，次のうちどれか。

1　聖地コンスタンティノープルがセルジューク＝トルコに占領されたため，十字軍の遠征が行われた。

2　第1回十字軍はバグダードを占領し，そこにキリスト教徒の王国を建設した。

3　ローマ教皇によって派遣された十字軍は農民のみで構成され，領主や国王は参加しなかった。

4　十字軍遠征の結果，ローマ教皇の権限が強まり，ローマ＝カトリック教会が全盛期となった。

5　十字軍遠征の影響で交通が発達すると，イタリアの諸都市によって東方貿易が盛んになった。

No.3 フランス革命に関する次の記述のうち，最も適切なものはどれか。

1　フランス革命の直接のきっかけは1789年のサラエヴォ事件である。

2　1789年，ルイ14世はヴェルサイユで僧・貴族・市民からなる三部会を開会したが，市民らは国民の代表は自分たちであるとして国民議会をつくった。

3　革命をおさえようとするオーストリア，プロシャなど周辺の国々がフランスを攻撃したが，義勇軍によって撃退された。

4　王政を廃止した後，混乱の中でナポレオンを中心とする急進派が独裁体制をつくり，反対派を次々と処刑する恐怖政治をしいた。

5　国民議会は僧や貴族の特権を廃止し，人は生まれながらにして自由で平等の権利を持つことを明らかにした権利の章典を発表した。

解 説

No.1

1 　儒家思想は弾圧された（焚書坑儒）。始皇帝が採用したのは法家である。また張騫を大月氏（西域）に派遣したのは前漢の武帝である。
2 　正しい。
3 　前半は正しいが高句麗遠征の失敗は隋である。
4 　宋は殿試を導入し科挙制度を完成した。九品中正という官吏登用法は魏の時代である。
5 　南海遠征を行ったのは明の永楽帝。満漢併用制を採用したのは清で正しい。

正答 **2**

中国の官吏登用法

漢：郷挙里選→魏：九品中正
隋：科挙→宋：科挙（3段階制）
　　　　　州試・省試・殿試
元：科挙（モンゴル人や色目人に有利な運用）
明：科挙（郷試・会試・殿試）
清：満漢偶数官制
　　1905年に科挙を廃止

No.2

1 　コンスタンティノープルではなくイェルサレムが正しい。コンスタンティノープルは，ビザンツ帝国の都で，現在のイスタンブール（トルコ）。
2 　バグダードではなくイェルサレムが正しい。十字軍は聖地を回復した後，そこにイェルサレム王国を建国した。
3 　十字軍は農民のほかに，諸侯，フランス国王，イギリス国王，神聖ローマ皇帝が参加した。
4 　7回にわたる十字軍遠征の失敗によって，ローマ教皇の権限は弱体化した。
5 　正しい。

正答 **5**

十字軍の遠征

聖地奪回を目的とする十字軍の遠征は，1096年の第1回から，13世紀後半の第7回まで断続的に行われた。
・十字軍遠征の影響
①ローマ教皇の権威失墜
②国王権伸長
③諸侯・騎士没落
④北イタリア都市繁栄
　→ルネサンスへ

No.3

1 　フランス革命の直接のきっかけとなったのはバスティーユ牢獄襲撃事件である。
2 　ルイ14世ではなくルイ16世が正しい。
3 　正しい。
4 　王政廃止後，ジャコバン派のロベスピエールが恐怖政治を行った。
5 　国民議会が出したのはフランス人権宣言。権利の章典は，イギリスの名誉革命の時に公布。

正答 **3**

サラエヴォ事件

サラエヴォはボスニア＝ヘルツェゴビナの首都。1914年にオーストリア皇太子夫妻がセルビア人に暗殺されたサラエヴォ事件をきっかけとして，第一次世界大戦が始まった。

世界史

No.4 イギリスにおける産業革命に関する記述として正しいものは，次のうちどれか。

1 機械工業によって商品が安く大量に生産されるようになり，都市の労働者は豊かな暮らしをするようになった。

2 高い賃金を求めて農民の多くが都市へ出稼ぎに行くようになり，農業は著しく衰退した。

3 産業革命を引き起こした直接の原因は，国内の交通機関の発達と鉄，石炭などの豊富な鉱産資源であった。

4 産業革命を達成したイギリスは，製品を大量に売りさばくために，世界の国々へ進出していき，19世紀半ばには，世界の工場と呼ばれるようになった。

5 産業革命は早くから盛んであった毛織物工業でまず始まり，そこで生まれた新しい技術が鉄鋼業や綿織物工業にもとり入れられていった。

No.5 次は19～20世紀にかけて東アジアで起こった戦争，内乱，民衆運動などを時代の古い順に並べたものである。ア～ウの記述は**A～C**のいずれかに該当するが，その組合せとして正しいものはどれか。

○アヘン戦争（1840～42年）

○（　**A**　）

○日清戦争（1894～95年）

○（　**B**　）

○辛亥革命（1911年）

○（　**C**　）

ア パリ講和会議における中国不利の状況に対する学生の抗議デモに端を発した五・四運動は，中国全土に広がる大規模な民衆運動に発展した。

イ キリスト教の排斥や「扶清滅洋」を唱える義和団の排外運動が高揚したため，ロシア・日本などの諸国が共同出兵してこれを鎮圧した。

ウ 洪秀全を指導者とする，キリスト教と民間信仰の融合による宗教結社は，「滅満興漢」を旗印に平等な社会をめざし，太平天国の理想を掲げ，南京に独自の政権を樹立した。

	A	B	C
1	ア	イ	ウ
2	イ	ウ	ア
3	イ	ア	ウ
4	ウ	イ	ア
5	ウ	ア	イ

解説

No.4

1 都市の労働者は低賃金・長時間労働を強いられ，生活は苦しかった。

2 第二次囲い込みにより農地を奪われた農民は労働力として都市へ流入。出稼ぎではなく都市住民となった。

3 交通機関の発達は，産業革命の原因ではなく結果である。産業革命の進展にともなって道路や港湾が整備され，やがて蒸気機関の発明とその応用によって汽車や汽船が発明され，陸・海の交通機関が飛躍的に発達した。

4 正しい。とりわけ，産業革命で急速に発展した木綿工業の市場としてインドに着目し，原料の綿花の供給地，綿製品の販売地として支配した。

5 毛織物工業ではなく綿織物工業から始まった。

正答 **4**

産業革命
ワットが蒸気機関を改良し，生産効率が上昇。動力の技術革新が交通手段の改善につながった。

イギリスのインド支配
1600　東インド会社創設 ↓ 1757　プラッシーの戦いでフランスに勝利し，ベンガル地方の支配権を得る ↓ 1857 ～ 58　インド大反乱を平定。ムガル帝国を滅ぼす ↓ 1877　イギリス領に。インド帝国。ヴィクトリア女王がインド皇帝を兼務

No.5

ア 中国の反日民族運動である五・四運動は，日本の中国に対する二十一か条の要求の廃棄が1919年のパリ講和会議で拒否されたことから起こった。

イ 義和団の排外運動が起こったのに対し，8か国連合軍が鎮圧した義和団事件は1900 ～ 1901年のことである。

ウ 太平天国の乱は，アヘン戦争（1840 ～ 42年）による清朝の多額の出費や賠償金の負担が，農民に増税となったことが大きな原因となった。男女平等，土地均分などを掲げた太平天国は民衆の支持を得て，1853年に南京を首都としたが，1864年，洪秀全の死とともに滅びた。

したがって，**A**には**ウ**の太平天国の乱が，**B**には**イ**の義和団事件が，**C**には**ア**の五・四運動が当てはまる。よって，**4**が正しい。

正答 **4**

北京議定書
義和団事件後，1901年に結ばれた北京議定書では，中国は排外運動の禁止，巨額の賠償金など，多くの制約を受けて屈伏し，なかば植民地となった。 太平天国…キリスト教的結社「滅満興漢」 義和団…反キリスト教結社「扶清滅洋」

世界史

No.6 16世紀から17世紀にかけてのヨーロッパに関する記述として，妥当なのはどれか。

1 スペインではフェリペ2世がレパントの海戦でイギリスに勝利して制海権を握り，植民地からの金銀を活用して世界最初の産業革命を起こした。

2 オーストリアでは，マリア＝テレジアが三十年戦争を起こし，長年友好関係にあったフランスと戦いシュレジエンを失った。

3 イギリスでは，クロムウェルがピューリタン革命を起こし，ジェームズ2世を追放して権利の章典を発布した。

4 フランスでは，ルイ14世が財務総監コルベールを起用して重商主義政策をとり，ヴェルサイユ宮殿を造営した。

5 ロシアでは，エカチェリーナ2世がネルチンスク条約により清との国境を定めて通商を開き，農奴の解放を行うなどの改革を進めた。

No.7 アメリカ合衆国に関する次のA〜Eの記述を年代の古い順から並べたものとして正しいものはどれか。

A 米西戦争の結果，スペイン領フィリピンを植民地化し，中国との通商の機会均等を求める門戸開放宣言を行うなど帝国主義外交を展開した。

B 奴隷制廃止等を巡る南北の利害対立が激化する中で北部出身のリンカンが大統領に当選すると，南部は連邦を脱退し，南北戦争が勃発した。

C 政府が積極的に経済に介入し，生産の調整による価格の安定化，大規模な公共投資，農産物価格の引上げなどを行うニューディール政策を実施した。

D ラテン＝アメリカ諸国の独立に際し，ヨーロッパ諸国によるアメリカ大陸への干渉の排除を主張するモンロー宣言を行った。

E 数年間にわたる過剰生産と異常な投機熱の中でニューヨーク株式市場が大暴落し，世界恐慌につながるかつてない大恐慌が起こった。

1 B → C → D → E → A

2 B → E → D → A → C

3 D → C → E → B → A

4 D → B → A → E → C

5 D → A → C → B → E

解説

No.6

1 レパントの海戦はスペインがオスマン帝国を破った戦いである。また産業革命はイギリスで始まった。

2 三十年戦争（1618 ～ 48 年）は神聖ローマ帝国の皇帝がベーメンのプロテスタントを弾圧したことを契機とする宗教戦争である。一方、マリア＝テレジアがシュレジエンを失ったのはオーストリア継承戦争（1740 年）である。

3 クロムウェルはピューリタン革命（1649 年）を起こしてチャールズ 1 世を処刑した。ジェームズ 2 世は名誉革命でフランスに逃亡した王である。

4 正しい。

5 ネルチンスク条約を清と締結したのはピョートル 1 世、農奴解放令を出したのはアレクサンドル 2 世である。

正答 **4**

No.7

A アメリカとスペインが戦った米西戦争は 1898 年のことである。翌年、国務長官ジョン＝ヘイが中国の門戸開放・機会均等・領土保全を提唱した。

B リンカン大統領を中心とする北部と、奴隷制の維持を主張する南部の戦いである南北戦争が始まったのは 1861 年のことである。

C フランクリン＝ローズヴェルト大統領によって実施されたニューディール政策は、1929 年の大恐慌を克服するための政策として行われた。

D 欧米間の相互不干渉を唱えたモンロー大統領によるモンロー宣言（教書）が出されたのは 1823 年のことである。

E ニューヨーク株式市場で株価が大暴落し、世界恐慌が始まったのは 1929 年のことである。

したがって、年代の古い順に **D → B → A → E → C** となり、正答は **4** である。

正答 **4**

ルイ14世

ルイ 14 世と財務総監コルベールの 2 人は頻出。コルベールは重商主義政策を行いフランスの財政安定化に尽力した。宰相はマザラン。
ルイ 13 世の時の宰相はリシュリュー。
ルイ 16 世の時の財務担当はテュルゴーとネッケル。

南北戦争

南部の綿花がイギリス木綿工業の原料として輸出されるようになると、綿花畑では、多くの黒人奴隷が使われた。これに対し、北部では奴隷を認めなかった。リンカンは 1863 年に奴隷解放宣言を出し、工業力に勝る北部が勝利した。
北部：工業、保護貿易、奴隷制反対
南部：農業、自由貿易、奴隷制賛成

世界史

No.8 第一次世界大戦前の各国の勢力抗争に関する，次の文中のＡ～Ｃに入る語句の正しい組合せはどれか。

　20世紀初め，イギリス・フランスは，すでにアジア・アフリカを植民地や勢力範囲として分割し，その支配権を確立していた。これに対して，急速に工業化を進めた ___Ａ___ は，まずトルコへ勢力を伸ばそうとし，黒海・地中海への南下をめざす ___Ｂ___ と対立した。バルカン半島では， ___Ａ___ およびオーストリアと ___Ｂ___ が対立することとなり，ヨーロッパの火薬庫と呼ばれた。すでに地中海，スエズ運河，インド洋に大きな勢力を持っていた ___Ｃ___ は， ___Ａ___ などの動きに対抗するために，フランス・ロシアと結んだ。こうして各国は戦争に備え，軍備の拡張に全力を挙げ，対立はさらに深まった。

	Ａ	Ｂ	Ｃ
1	アメリカ	フランス	イギリス
2	アメリカ	イギリス	フランス
3	ドイツ	ロシア	イギリス
4	ドイツ	アメリカ	フランス
5	ドイツ	フランス	アメリカ

No.9 第二次世界大戦後の世界の歴史に関する記述として最も妥当なのはどれか。

1 スターリンは，いわゆるトルーマン批判において米国の影響を阻止することを宣言した。そしてマーシャル・プランを発表し，東欧諸国に巨額の経済援助を行った。

2 中国では，国共内戦を制した周恩来が国家主席となって中華人民共和国を建国すると，直ちに米国は同国を承認した。

3 朝鮮半島では，朝鮮民主主義人民共和国が大韓民国に侵攻して朝鮮戦争が起きた。後に北緯38度線を挟んで，戦局が膠着し，休戦協定が結ばれた。

4 ベトナムでは，米国の支援を受けた北ベトナムが南ベトナムに侵攻してベトナム戦争が起きた。これに対し，ソ連による北爆が始まり，米国が撤退したことで南北が統一された。

5 キューバ危機は，キューバのカストロ政権が，資本主義導入の方針を打ち出したことに対して，ソ連が強く反発したことが契機となって発生した。

解 説

No.8

A ドイツである。当時のドイツは3B政策を推進していた。これは，ベルリン，ビザンティウム，バグダードの頭文字をとったもので，バルカン半島からトルコを経て西アジアへ進出しようとするものであった。

B ロシアである。バルカン半島では，汎ゲルマン主義政策をとるドイツ，オーストリアと，汎スラブ主義をとるロシアが対立していた。

C イギリスである。1904年に英仏協商が結ばれ，1907年に英露協商が結ばれて，三国協商が成立した。

正答 **3**

No.9

1 ソ連は，アメリカのマーシャル・プランに対抗してコメコン（経済相互援助会議）を設立した。また，トルーマン批判というのも実際はない。

2 国家主席は毛沢東，首相は周恩来である。中華人民共和国が成立したのは1949年であるが，アメリカがこの中国を承認するのは1972年のニクソン米大統領の訪中の時である。

3 正しい。

4 北爆を行ったのは米国である。

5 資本主義導入の方針ではなく社会主義導入の方針が正しい。カストロが当時の親米政権を倒し（キューバ革命），ラテンアメリカの反米運動を刺激したことに反発するアメリカがキューバに経済的圧迫を加えた。カストロ政権はソ連寄りの姿勢を強め，国内にソ連製兵器の搬入を進めた。核戦争の危機を米ソ首脳の交渉でなんとか回避した事件が「キューバ危機」である。

正答 **3**

20世紀前半の世界政策

ドイツの3B政策に対し，イギリスは3C政策を推進した。これは，南のケープタウン，北のカイロを結ぶアフリカ縦断のほか，インドのカルカッタを加えた植民地政策であった。

・アフリカにおける対立
　イギリスの縦断政策
　フランスの横断政策
英仏が衝突した事件がファショダ事件。フランスが譲歩した。

・バルカン半島における対立
　ドイツのパンゲルマン主義
　ロシアのパンスラブ主義

冷戦

・アメリカ側の対ソ政策として
トルーマン・ドクトリン：ソ連（共産主義勢力）を封じ込める方針発表。
マーシャル・プラン：ヨーロッパ復興のための経済支援
NATO（北大西洋条約機構）：アメリカを中心とする西側諸国により集団安全保障機構

世界史

地理

出題の特徴と傾向

毎年1〜2題の出題，基本的な問題が多い

例年，1〜2題が出題される。問題レベルは基礎的といえるが，正確な知識が問われる。

主要地域の地誌の問題が多い

日本，アジア，ヨーロッパ，北米などの略地図（国の位置），雨温図（ハイサーグラフ），人口ピラミッド，輸出入の割合など地図・グラフ・表などを使った問題が多いので，しっかりチェックしておく。なお，統計は最新のデータを調べておくこと。

効果的な学習方法・対策

最大の攻略法は，まず過去問を確実に解くことである。次に頻出テーマを反復学習すること。時間があれば，頻出テーマの周辺を少しずつ広げて学習するとよい。

また，できるだけ地図帳を見ながら勉強をしてもらいたい。大陸や国の位置を確認し，地形や気候などを関連付けながら覚えていく。世界史とも密接に関連しているので，相互に意識しながら学習していくことも大切である。

世界の気候区

ココがポイント ・ケッペンの気候区の特徴が重要。
・各気候区の分布が重要。気候と農業の関連にも要注意！

出題率 **30%**

地理

●**ケッペンの気候区** ドイツの気候学者ケッペンによる分類。

①**熱帯 (A)** 最寒月の平均気温18℃以上。
・熱帯雨林気候 (Af)…年中高温多雨，密林 (アマゾン流域ではセルバ)，土壌は赤色のラトソル。東南アジア，コンゴ盆地などに分布。
・サバナ気候 (Aw)…年中高温，雨季と乾季が明瞭。疎林と草原，カンポ (ブラジル高原)，インドシナ半島，オーストラリア北部，リャノ (南米北部)。

②**乾燥帯 (B)** 年間の総蒸発量＞総降水量
・砂漠気候 (BW)…年降水量250mm以下。
・ステップ気候 (BS)…夏にやや降雨，短草草原。

③**温帯(C)** 最寒月の平均気温18℃未満，−3℃以上。
・地中海性気候 (Cs)…夏は高温乾燥，冬は温暖多雨。耐寒性の樹木 (コルクガシ)，果樹 (オリーブ，ブドウ)。地中海沿岸，カリフォルニアなど。
・温暖冬季少雨気候 (Cw)…夏高温多雨，冬温暖少雨。華南では米の二期作，常緑広葉樹。
・温暖湿潤気候 (Cfa)…夏高温，冬低温，降水量多い。四季の区別明瞭，大陸の東岸に分布。
・西岸海洋性気候 (Cfb)…年較差が小さく，偏西風と暖流の影響で年中温和，ブナ，ケヤキなど落葉広葉樹。イギリス，フランスなど北西ヨーロッパなど。

④**亜寒帯 (D)** 最寒月−3℃未満，最暖月10℃以上。この気候区は北半球のみに分布。
・亜寒帯湿潤気候 (Df)…夏はやや高温になり，年中降水がある。広葉樹と針葉樹の混合林が分布。
・亜寒帯冬季少雨気候 (Dw)…冬，シベリア高気圧のため極寒，降水量が少なくなる。タイガが発達。

⑤**寒帯 (E)**
・ツンドラ気候 (ET) でトナカイ遊牧。
・氷雪気候 (EF) は植生なし。

●Af シンガポール

一年中夏

●BW カイロ

降水量はほぼゼロ

●Cs ローマ

夏少雨

●Cfa ブエノスアイレス

日本も同じ

●Cfb ロンドン

一年中平均的降雨

●コーヒー豆…ブラジル・ベトナム・コロンビア等
●カカオ豆…コートジボワール・ガーナ・インドネシア等
●天然ゴム…タイ・インドネシア・ベトナム等
●パーム油…インドネシア・マレーシア・タイ等

出題率
20%

ココがポイント 大地形・小地形の特色や利用のされ方をしっかり理解すること。

①沖積平野

河川の働き（堆積作用）によって形成された平野。

扇状地…谷口に形成され，扇頂・扇央・扇端に分かれる。

氾濫原…洪水の繰り返しにより形成された低平地。

②海岸地形

沈水海岸…陸地の沈降によって形成された地形。
フィヨルド，リアス海岸，エスチュアリなど。

③その他の地形

ケスタ地形…硬軟互層からなる地層で，一方が急崖，他方が緩斜面の地形。パリ盆地など。

カルスト地形…石灰岩が侵食されて形成。ドリーネなど，凹地を形成する。

氷河地形…モレーン，U字谷など。

●扇央は水が得にくいため水田には向かない。

●河川沿いの自然堤防は集落など，後背湿地は水田として利用。

●エスチュアリとは三角形の入江のこと。三角江。
●フィヨルドはU字谷。リアス海岸はV字谷が沈水したもの。

 民族・宗教・言語

出題率
20%

ココがポイント ・世界の三大宗教の分布が重要。
・言語と国家の特徴が重要。

①人種と民族

人種…皮膚の色や毛髪などによる区分のこと。
民族…言語・宗教・伝統・風習など，文化的・社会的特徴による区分のこと。

②世界の宗教

世界の三大宗教…キリスト教，イスラム教，仏教。
民族宗教…インドのヒンドゥー教，イスラエルのユダヤ教。

③言語と国家

複数の公用語を定めて民族間の対立を緩和する国が多い。スイス，ベルギー，カナダ，インドなど。

④民族問題

現代の国家の多くは多民族国家。少数民族の圧迫や宗教対立などから各地で民族問題が続発。

⑤人種差別

南アフリカ共和国でみられたアパルトヘイトなど。

●三大宗教は世界中に広まり，信者が多い。

●ベルギーはゲルマンとラテンの民族境界に位置し言語の対立を抱える。

●人種差別の問題としては，アメリカの黒人・先住民問題，オーストラリアで行われた白豪政策なども挙げられる。

最重要テーマ 東南アジア

出題率 20%

ココがポイント 主要国の農業・工業の特色を押さえる。ASEAN の経済・政治政策は頻出である。

地理

①植民地（旧宗主国）から独立した国々

16世紀以降，ヨーロッパ諸国の植民地となるが，第二次世界大戦後独立。

フランスから→ベトナム，ラオス，カンボジア

イギリスから→マレーシア，ミャンマー，シンガポール（マレーシアから分離独立），ブルネイ

● タイは植民地支配を受けなかった。

● インドネシアはオランダから，フィリピンはアメリカから独立した。

②宗教

中国文化の影響が大きい地域→ベトナム（大乗仏教）。

インド文化の影響が大きい地域→タイ，ミャンマー，カンボジア，ラオス（小乗仏教）。

アラビア文化の影響が大きい地域→マレーシア，インドネシア，ブルネイ（イスラム教）。

フィリピンはスペイン植民地時代の影響でキリスト教（カトリック）。

③各国の特徴

インドネシア…鉱産資源が豊かで原油，液化天然ガスが主要な輸出品。人口が多いため世界最大のイスラム教徒数を有する。

ベトナム…1980年代後半のドイモイ（刷新）政策で商品作物の生産や軽工業が発展。

マレーシア…経済力の強い中国系住民（華人）に対しマレー系住民優遇のブミプトラ政策を実施していたが，1980年代からルック・イースト政策が打ち出された。

シンガポール…中国系住民（華人）が中心となってマレーシアから独立。中継貿易と金融で経済発展を達成。

● インドネシアでは人口の集中するジャワ島から首都を移転する計画あり。

④ASEAN（東南アジア諸国連合）

1967年の設立当初はベトナム戦争の影響もあって共産主義に対する対抗目的もあったが，次第に経済面での協力強化に重点が移った。現在の加盟国は10か国。欧州連合とアジア欧州会合（ASEM）で連携。共同市場を設立したが経済発展の遅れている加盟国との域内格差を抱えている。

● ASEAN の現在の加盟国は，原加盟国（インドネシア，マレーシア，フィリピン，シンガポール，タイ）のほかベトナム，ラオス，カンボジア，ミャンマー，ブルネイの10か国である。

最重要テーマ アメリカ

出題率 20%

ココがポイント ・アメリカ合衆国の農業と工業が重要。
・ラテンアメリカ諸国の特色が重要。

①アメリカ合衆国の農業

　大規模で機械化された企業的農牧業が行われ，農畜産品の多くを世界各地に輸出している。

②アメリカ合衆国の鉱工業

　エネルギー資源，鉱産資源に恵まれている。1970年代以降，北緯37度以南をサンベルトと呼び先端産業地域が発展。対して37度以北はフロストベルトと呼ばれる。

③ラテンアメリカ諸国

メキシコ…マヤ・アステカ文明。石油，銀の生産。
ベネズエラ…OPEC加盟。マラカイボ湖油田など。
ブラジル…大農園ファゼンダでコーヒー栽培。鉄鉱石の生産。
アルゼンチン…パンパでの混合農業で肉牛の生産。

●**アメリカ合衆国の農業地域**
五大湖周辺…酪農。
中央平原（プレーリー）…とうもろこし，小麦。
南部…綿花など。
太平洋側…かんがいによる地中海式農業。

●**ブラジル**…ポルトガル語が公用語。日系人が多い。工業化が進む。
●**ブラジル以外のラテンアメリカ諸国**の多くは，公用語がスペイン語。

最重要テーマ ヨーロッパ

出題率 20%

ココがポイント ・ヨーロッパの民族と宗教が重要。
・ヨーロッパの農業と工業が重要。

①民族と宗教

　北西部にゲルマン民族（プロテスタント），南部にラテン民族（カトリック），東部にスラブ民族（正教会）。

②農業

　北海：バルト海沿岸地域では酪農，内陸部では混合農業，南部では地中海式農業が発達している。

③工業

　最近までは，重工業三角地帯と呼ばれた北フランスからドイツのルール地方とを結ぶ地域が中心であったが，近年は各資源を海外から輸入するため，臨海部（オランダのユーロポート，フランスのダンケルクなど）が発展。

④EU（ヨーロッパ連合）

　ヨーロッパの統合が進み，2013年7月にクロアチアが加盟して28か国となった。

●**フランス**…EU最大の農業国で世界的な小麦の輸出国。
●**オランダ**…ポルダーでの酪農と園芸農業。
●**ドイツ**…EU最大の工業国。ルール工業地域。

●**EUの共通通貨**…ユーロ。イギリス，デンマーク，スウェーデン，ブルガリア，チェコ，ハンガリー，ルーマニア，ポーランドなどは未採用。

最重要テーマ 日本の自然・産業・貿易

出題率 **15%**

地理

ココがポイント ・日本の農業と工業が重要。
・日本の貿易の特徴と主な輸入品の輸入先が重要。

①日本の地形
新期造山帯の環太平洋造山帯に属し，弧状列島を形成。国土の約75％が山地で，その多くが森林に覆われている。河川は短く急流，平野の多くは扇状地や三角州などの沖積平野である。海岸は砂浜のほかリアス海岸など変化に富む。

②農業
兼業農家が多い。食料自給率（カロリーベース）は低く，38％（2021年）。農産物の輸入自由化が進んでいる。

③工業
国際的な分業体制が進展し，製造業も生産拠点を海外へ移転。中間製品や生産材を輸入し高付加価値製品として輸出するのが主流である。

④貿易
加工貿易で発展。貿易額は世界第4位。中国が最大の貿易相手国。中国，東南アジア諸国からの機械類の輸入が増加している。

●主な食料自給率
米…98％，野菜…79％，大豆…7％，小麦…17％（2021年）
●日本の主な工業地域
三大工業地帯…京浜，中京，阪神。
その他…鹿島臨海，京葉，東海，瀬戸内，北九州など。
●2002年には輸入額で，2009年には輸出額で，中国がアメリカを抜いた。
●主な輸入品
中国…機械類・衣類
アメリカ…機械類・航空機類
オーストラリア…石炭・液化天然ガス

最重要テーマ 世界の鉱産資源など

出題率 **10%**

ココがポイント ・主要鉱産資源の用途が重要。
・主要鉱産資源の主産国が重要。

●主要鉱産資源の用途と主産国
鉄鉱石（各種工業製品の基礎素材）…オーストラリア，ブラジル，中国，インド，ロシア。（2020年）
ボーキサイト（アルミニウムの原料）…オーストラリア，中国，ギニア，ブラジル。（2020年）
原油（各種工業製品の基礎素材，エネルギー）…アメリカ，サウジアラビア，ロシア，カナダ，イラク。（2021年）
石炭（エネルギー）…オーストラリア，インドネシア，ロシア，アメリカ，カナダ。（2022年）
銅鉱（電線）…チリ，ペルー，中国。（2019年）

●日本の主要な鉱産資源の輸入先（2020年）
鉄鉱石…オーストラリア，ブラジル，カナダ。
原油…サウジアラビア，アラブ首長国連邦，クウェート。
石炭…オーストラリア，インドネシア，ロシア。
銅鉱…チリ，インドネシア，オーストラリア。

No.1 次の **A**, **B** は世界の気候区のうちの2つの気候区に関する記述であるが, 気候区の組合せとして正しいものはどれか。 ☞ 世界の気候区

A 　主に北半球の緯度40〜60度の大陸西岸では, 暖流偏西風の影響で, どの季節にも適度な降水量がある。北半球では, 同じ緯度帯の東岸に比べると, 冬が暖かいので, 気温の平均値が高く四季を通じて温和である。

B 　砂漠の周辺では, 長い乾季の後に弱い雨季がみられ, 年間200〜500mmの降水量がある。丈の短い耐乾性の草が生えた草原となっているが, 降水量不足のため, 樹林はほとんど生育していない。

	A	B
1	地中海性気候	サバナ気候
2	地中海性気候	ステップ気候
3	温暖湿潤気候	サバナ気候
4	西岸海洋性気候	ステップ気候
5	西岸海洋性気候	サバナ気候

No.2 次の各国と使用されている主要言語の組合せのうち, 正しいものはどれか。 ☞ 民族・宗教・言語

	国名	主要言語
1	カナダ	英語, フランス語
2	ケニア	英語, タガログ語
3	アルゼンチン	ポルトガル語
4	マレーシア	ドイツ語, マレー語
5	スイス	フランス語, スイス語, イタリア語

No.3 東南アジアに関する記述として正しいものは, 次のうちどれか。 ☞ 東南アジア

1 　マレーシアはマレー系住民が90％以上を占め, 政治・経済の実権を握っている。

2 　タイは東南アジア最大の人口を持ち, 仏教が盛んな国家である。

3 　シンガポールは小さな島国であるが, 多量の原油を産出し, 重化学工業が発達している。

4 　フィリピンはかつてポルトガル, アメリカ合衆国の植民地で, キリスト教徒が多い。

5 　インドネシアは石油, すず, 銀などの鉱産資源が豊かである。

No.4 次の**A**〜**C**はわが国周辺の海流に関する記述であるが，それぞれに該当する海流名の組合せとして正しいものはどれか。

地理

A 千島列島，北海道，東北日本の太平洋岸を南下する寒流である。
B 日本海を北上する暖流である。
C 日本列島の太平洋岸を北上する暖流である。

	A	**B**	**C**
1	親潮	黒潮	対馬海流
2	親潮	対馬海流	黒潮
3	黒潮	対馬海流	親潮
4	黒潮	親潮	対馬海流
5	対馬海流	黒潮	親潮

No.5 各国の鉱工業の説明として正しいものはどれか。

1 アメリカ合衆国：石炭・原油の世界有数の輸出国である。工業が高度に発展しており，自動車・船舶・カメラの生産は世界第1位であるほか，先端技術開発でも世界をリードしている。
2 ロシア：金・銀の生産は世界第1位である。原油や天然ガスは，ヨーロッパのほかに日本などの東アジア諸国にもパイプラインで輸出しており，おもな外貨獲得の手段となっている。
3 オーストラリア：鉄鉱石や原油の産出量は世界全体の産出量の3割を上回り，主として日本に輸出されている。工業においても電子機器・石油化学の分野で世界有数の生産国である。
4 中華人民共和国：沿岸部に経済開放区を設けるなど先進国の資本・技術の導入につとめた結果，近年，生産力が向上し，粗鋼・化学繊維の分野で世界有数の生産国となった。
5 インドネシア：ボーキサイト・ダイヤモンドの生産は世界第1位である。輸出志向型の工業化を進めた結果，近年，安い豊富な労働力を活用した組立工業が著しい。

正答 **No.1：4 No.2：1 No.3：5 No.4：2 No.5：4**

No.1 次のそれぞれの雨温図に当てはまる都市の組合せとして，正しいものはどれか。

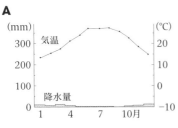

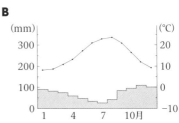

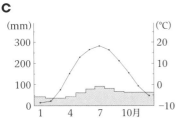

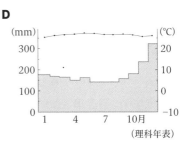

（理科年表）

	A	B	C	D
1	モスクワ	ロンドン	カルカッタ	ダカール
2	カイロ	バロー	モスクワ	ロンドン
3	カイロ	ローマ	モスクワ	シンガポール
4	バロー	ローマ	カルカッタ	カイロ
5	ローマ	ダカール	カイロ	シンガポール

No.2 気候に関する記述として，最も妥当なのはどれか。

1 ステップ気候は砂漠気候区に隣接し，一年を通して亜熱帯高圧帯の影響を受けるため，年降水量が250mm未満と非常に少なくなる。

2 サバナ気候は，熱帯雨林気候区より高緯度側に分布し，一年中降水量が多くて気温が高く午後にはスコールに見舞われることもある。

3 地中海性気候は，主に大陸の西岸地域に分布し，冬季は温暖湿潤であるが夏季は亜熱帯高圧帯の影響を受けるため乾季となる。

4 砂漠気候は，中緯度の大陸内部などに分布し，亜熱帯高圧帯の影響による乾季と降水量がやや多くなる雨季があり，年降水量が250mm ～ 750mmとなる。

5 熱帯雨林気候は，ほとんどが赤道周辺に分布し，熱帯収束帯の影響で雨の多い雨季と亜熱帯高圧帯の影響で乾燥した乾季がある。

解説

No.1

A 降雨が1年中ほとんどないので，砂漠気候のグラフである。カイロ（エジプト）が該当する。

B 年間の平均気温が－3℃～18℃で，夏に降雨が少なく冬に多いので，地中海性気候のグラフである。地中海に面したローマ（イタリア）が該当する。

C 最寒月の平均気温が－3℃未満で，年中平均して降雨があるので，亜寒帯（冷帯）湿潤気候のグラフである。モスクワ（ロシア）が該当する。

D 最寒月の平均気温が18℃以上で，年中平均して降雨があるので，熱帯雨林気候のグラフである。シンガポールが該当する。

よって**3**が正しい。

なお，カルカッタ（インド）はサバナ気候，ダカール（セネガル）はステップ気候，バロー（アラスカ）はツンドラ気候である。

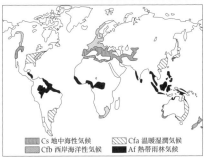

温帯の気候区と熱帯雨林気候区

Cs 地中海性気候　Cfa 温暖湿潤気候
Cfb 西岸海洋性気候　Af 熱帯雨林気候

正答 **3**

No.2

1 砂漠気候の説明である。ステップ気候は年降水量が250～500mmで短い雨季と乾季からなる。

2 熱帯雨林気候の説明である。サバナ気候は明瞭な雨季と乾季からなる気候である。

3 正しい。

4 ステップ気候の説明に合致する部分もあるが，降水量は500mm以下である。

5 前半は正しいが，後半はサバナ気候の説明である。

正答 **3**

No.3 地形に関する記述として最も妥当なのはどれか。

1 リアス海岸は，陸地が隆起するかまたは離水することによって形成された海岸である。イベリア半島の北西部や朝鮮半島の南西部に例を見ることができる。

2 ラグーンは陸繋島ともいい，平野が海に接するところや，砂や礫を大量に運び出す河口付近にできる。北海道の函館が代表例である。

3 日本各地の平野には，洪積台地と呼ばれる小高い台地が見られる。また，台地の縁辺は河川によって侵食され，河岸段丘になることもある。

4 氷河は山岳氷河と大陸氷河に分けられる。大陸氷河による侵食ではU字谷やドリーネが形成され，U字谷が海面の下降により隆起するとフィヨルドになる。

5 乾燥地域では，岩石の溶食により砂漠が形成される。砂漠では普段は水がないが，まれな降雨のときだけ水が流れる谷が多く，この谷はカールと呼ばれる。

No.4 世界各国の民族・宗教などに関する記述として正しいものは，次のうちどれか。

1 オーストラリアでは，人口の2割に満たない白人が法律により有色人種の基本的人権を奪ってきたが，現在ではこれらの差別法はすべて撤廃されている。

2 シンガポールは，マレー人が人口の過半数を占めるが，人口の1割を占めるに過ぎない華人が経済の実権を握っていることから，両民族の間に対立が続いている。

3 インドネシアは，1万数千の島々からなる群島国家であるため多様な民族が住んでいるが，国民の多数はイスラム教徒である。

4 ベルギーでは，フランス語方言であるフラマン語と，英語方言であるワロン語を話す人々の間で，どちらをベルギーの国語とするかという争いが続いている。

5 ペルーでは，人口の1割を日系人が占めているが，その大部分は農村部に居住し，農業に従事している。

解 説

No.3

1 リアス海岸は沈水海岸であり，山地が沈水また
は海水が侵入して形成された鋸歯状（のこぎりの
歯）の海岸。沈水海岸の例として，フィヨルドやエ
スチュアリ（三角江）がある。例は正しい。

2 ラグーンは潟湖ともいい，入り江や湾の入口が
砂州や沿岸州によって外海と切り離されてできた
湖である。例として北海道のサロマ湖がある。陸
繋島は砂州によって陸地と繋がった島のことで，
例として函館がある

3 正しい。

4 ドリーネはカルスト地形。窪地のこと。フィヨ
ルドはU字谷が沈水して形成される氷河地形。

5 砂漠は岩石の溶食ではなく熱膨張による破砕作
用によって形成される。カールは氷河地形である。

正答 **3**

海岸地形の成因

沈水海岸と離水海岸の2つに
区分される。沈水海岸にはフ
ィヨルド，エスチュアリ，リ
アス海岸などがある。離水海
岸は隆起海岸ともいい，地盤
の隆起や海面の降下によって
形成された海岸のこと。

No.4

1 オーストラリアでは，イギリス人を中心とする
ヨーロッパ系白人が90％を占める。かつては白豪
政策をとっていたが，1975年に禁止された。

2 シンガポールでは華人が74％で，政治・経済の
実権を握っている。マレー人は13％である。

3 正しい。インドネシアはイスラム教徒が国民の
約90％を占める。

4 ベルギーの住民は，北部のオランダ系フラマン
人と南部のフランス系ワロン人であり，公用語は
オランダ語系のフラマン語，フランス語系のワロ
ン語，ドイツ語となっている。

5 ペルーでは先住民のインディオが45％を占め，
白人とインディオの混血であるメスチソが37％を
占めている。白人系は約15％で，日系人は約10万
人で1％にも満たない。1990年には日系人のフジ
モリ氏が大統領となった。

正答 **3**

白豪政策

19世紀のゴールド＝ラッシ
ュのころ，中国系移民が増え
たことが白人系住民から反発
を招き，1901年に有色人種
の移民を制限する法律がつく
られた。1970年代廃止。

華人

かつては華僑と呼ばれていた
海外に住む中国人は，現在で
は現地の国籍を取り，僑（「仮
の住まい」の意味）を捨てて
華人（中国人の血筋を引く
人々）となった。

No.5 中国の農牧業に関する記述として，正しいものはどれか。

1 長江流域は洪水が多いため，稲作はほとんど行われていない。

2 東北地方は寒帯に属し，寒さが厳しく農業には適さない。

3 黄河流域には肥沃な黄土が広がって畑作が発達し，古代文明の発祥地にもなった。

4 西部地方は雨が少なく畑作が中心で，牛や羊などの牧畜も行われている。

5 華南地方では稲の三期作が行われるほか，茶やサトウキビも栽培される。

No.6 世界の大河に関する次の記述のうち，妥当なのはどれか。

1 黄河は中国最長の大河である。チベット高原北東部の青海省西部に源を発し，上海付近で東シナ海に注いでいる。流域は米の栽培が盛んである。

2 メコン川はインドシナ半島を流れる東南アジア最長の大河である。チベット高原東部に源を発し，タイ，ベトナム等を経て南シナ海に注いでいる。下流には広大なメコンデルタを形成している。

3 ドナウ川はスイスに源を発し，フランス，ドイツ，オランダを流れ，北海に注いでいる。またフランスとドイツの自然的国境を形成している。

4 ナイル川は世界最大の流域面積を持っている。赤道付近に源を発し，アフリカ大陸を北流しサハラ砂漠を貫流してペルシア湾に注いでいる外来河川である。

5 ガンジス川は南アジアの大河である。チベット高原西部に源を発し，パキスタンを経てアラビア海に注いでいる。流域ではおよそ紀元前2500年頃から都市文明が発展した。

No.7 ヨーロッパ諸国の農業に関する記述として，正しいものはどれか。

1 ドイツ：酪農とともに園芸農業が盛んである。生花は航空機でヨーロッパの都市に，球根は世界各国に輸出されている。

2 イギリス：小規模な家族経営の農家が多く，西ヨーロッパの中では生産性が低い。

3 オランダ：北部は灌漑が進み，近代的な大規模経営の農業が行われているが，南部は生産性が低く，移牧かオリーブの栽培などが行われている。

4 イタリア：農業経営者が大地主から土地を借り，農業労働者を雇うといった資本主義的な経営が中心である。経営規模が大きく生産性も高い。

5 フランス：西ヨーロッパ最大の農業国で食料自給率が高く，農産物の輸出国である。主に家族労働による自作農が多い。

解 説

No.5

1 長江流域の華中地方は，中国最大の稲作地域。

2 中国東北地方は冷帯（亜寒帯）に属し，春小麦，大豆，コウリャンなどの畑作が行われている。

3 正しい。華北地方には，首都ペキンがある。流域で黄河文明が起った。

4 西部地方は少雨地域で，オアシス農業のほかは畑作はほとんど行われていない。牧畜や遊牧が中心である。

5 華南地方で行われているのは稲の二期作。三期作は東南アジアの一部で行われている。

正答 **3**

中国の農業地帯

チンリン山脈とホワイ川を結ぶ年降水量750mmの線より以北の華北・東北地方では畑作中心，以南の華中・華南地方では稲作中心となっている。

No.6

1 長江の説明である。

2 正しい。メコン川は中国を水源地として全部で6か国を流れる。途中ミャンマーとラオス，タイとラオスの国境を形成しながら南シナ海に注ぐ。

3 ライン川の説明である。

4 世界最大の流域面積を持つのはアマゾン川。ナイル川は世界最長の河川で，地中海に注ぐ。

5 インダス川の説明である。ガンジス川は主にインドを流れベンガル湾に注ぐ。

正答 **2**

世界の主要河川

長江…中国最長で東シナ海に注ぐ。黄河は渤海に注ぐ。
ライン川…西欧を流れる。
ドナウ川…東欧を流れる。
ナイル川…世界最長。
アマゾン川…世界最大の流域面積。
ガンジス川…インドを流れベンガル湾に注ぐ。
インダス川…パキスタンを流れアラビア海に注ぐ。

No.7

1 ドイツではなくオランダの農業の説明である。ドイツでは，北部と南部で酪農が，中部では混合農業が行われている。

2 イギリスは，農業人口は少ないが経営規模が大きく，機械化が進み生産性も高い。

3 オランダではなく，イタリアの農業の説明である。

4 イタリアではなく，イギリスの農業の説明である。

5 正しい。北部では企業経営の増加が進み，農業人口は減少している。

正答 **5**

ヨーロッパの農業

オランダではポルダーと呼ばれる干拓地が国土の約4分の1を占める。
フランスは小麦，とうもろこしなどの世界的な輸出国である。

No.8 ヨーロッパの工業地域に関する次の文中の空欄**A ~ C**に当てはまる語句の組合せとして，正しいものはどれか。

　イギリスのミッドランド地方やドイツのルール地方など，ヨーロッパでは（　**A**　）の産地に工業地域が発達することが多かった。そしてドイツでは，フランスのロレーヌ地方の（　**B**　）と結びついて，（　**C**　）川流域に工業地域がおこった。

	A	**B**	**C**
1	鉄鉱石	石炭	ドナウ
2	鉄鉱石	石炭	ライン
3	石炭	鉄鉱石	ライン
4	石炭	水力発電	エルベ
5	原油	鉄鉱石	ドナウ

No.9 アメリカ大陸の各国に関する記述として，最も妥当なものはどれか。

1　カナダは白人が全住民の大部分を占める。世界有数の農牧業国であり，パンパの地域で農畜産物の3分の2が生産される。貿易港としてブエノスアイレスが有名である。

2　ブラジルはスペイン系白人やメスチソが多く，日本からの移民も多い。公用語はスペイン語であり，農業はコーヒーの生産が盛んだが多角化が遅れており，工業もアメリカ大陸の中では発展途上国である。ブラジリアはアマゾン川河口の貿易都市である。

3　アルゼンチンは，コロンブスの第3回航海での発見後スペインの植民地だったが，独立後も政情不安が続いた。マラカイボ湖低地とリャノ東部に世界的埋蔵量を持つ油田があり，輸出の大部分が原油と石油製品である。カラカスは高原にある近代都市である。

4　ペルーはかつてインカ文明が栄え，インディオが人口の半分を占めるが，白人が上層社会を形成する。大土地所有制のアシエンダによる大規模な牧畜が盛んである。インカ帝国の首都クスコは観光地として有名である。

5　メキシコはかつてマヤ文明が栄え，イギリスの植民地時代は，「銀の国」と呼ばれたほど，鉱産資源に恵まれている。農業では農地改革によるエヒード制が有名である。世界的な観光保養地としてマイアミが知られている。

解説

No.8

A　イギリスのミッドランド地方，ドイツのルールやザール地方など，石炭の産地に工業地域が形成されることが多かった。

B　フランスのロレーヌ地方は，スウェーデンのキルナなどとともにヨーロッパ最大級の鉄鉱石の産地であった。現在は枯渇。

C　ドイツのルール炭田と，ロレーヌ鉄山，ライン川の水運が結びついて，ヨーロッパ最大の工業地域が形成されている。ライン川は国際河川である。よって**3**が正しい。

正答 **3**

ヨーロッパの工業地域

フランスのロレーヌでも鉄鋼業が盛んである。
ライン川の河口に位置するオランダのロッテルダムにはEUの共同港であるユーロポートがある。

No.9

1　アルゼンチンに関する記述である。パンパはラプラタ川南部に広がっている。アルゼンチンでは食肉牛，小麦，とうもろこし，大豆などのほかにぶどう酒の生産も盛んである。ブエノスアイレスはアルゼンチンの首都である。

2　ブラジルの公用語はポルトガル語で，農業の多角化も進んでいる。豊富な鉱山資源を利用して工業も発展している。ブラジリアはブラジル高原東部に計画建設された首都である。

3　アルゼンチンではなくベネズエラに関する記述である。ベネズエラは南米大陸の北部に位置し，OPEC（石油輸出国機構）に加盟する石油産出国である。代表的な油田がマラカイボ湖油田である。リャノはオリノコ川流域の熱帯草原のこと。

4　正しい。ペルーには，インカ帝国の都市遺跡であるマチュピチュの遺跡があり，世界遺産に登録されている。

5　マイアミはメキシコではなく，アメリカ合衆国のフロリダ半島に位置する保養都市である。

正答 **4**

中南米の地理

ブラジルの日系人は約150万人。日系人らの日本への出稼ぎが増加している。
原油のほか，オリノコ川南部でとれる鉄鉱石もベネズエラ経済の中心となっている。
メキシコの銀の生産量は，世界第1位。

No.10 次のグラフは，すず鉱石，ボーキサイト，銅鉱，銀鉱の主要生産国とその割合（％）を示したものである（2020年，銅鉱のみ2019年）。ア～エに当てはまる鉱産資源の組合せとして妥当なものはどれか。

ア	メキシコ 23.4	中国 14.3	ペルー 11.7	その他 50.6

イ	チリ 28.4	ペルー 12.0	中国 8.3	コンゴ 6.3	その他 38.9

アメリカ 6.1

ウ	オーストラリア 26.7	中国 23.7	ギニア 22.0	ブラジル 7.9	その他 19.7

ペルー 7.8

エ	中国 31.8	インドネシア 20.0	ミャンマー 11.0	その他 29.4

	ア	イ	ウ	エ
1	すず鉱石	銀鉱	銅鉱	ボーキサイト
2	銀鉱	銅鉱	ボーキサイト	すず鉱石
3	銅鉱	銀鉱	すず鉱石	ボーキサイト
4	ボーキサイト	すず鉱石	銀鉱	銅鉱
5	すず鉱石	ボーキサイト	銅鉱	銀鉱

No.11 各国の工業を中心とする産業に関する記述として，正しいものはどれか。

1 ドイツ：西ヨーロッパ最大の重化学工業地域を形成しているが，近年では南部の工業地域で先端技術産業も盛んである。

2 インドネシア：豊富な石油資源をもとに，沿岸部には石油化学コンビナートをはじめとする重化学工業地域が広がっている。

3 ロシア：ソビエト連邦崩壊後，資本主義経済に移行し，電気製品や自動車などさまざまな工業製品を輸出するようになった。

4 アメリカ：南部のサンベルトと呼ばれる地域には，シリコンバレー，シリコンコーストなどが含まれ，北部の工業地域にかわって重化学工業の中心地となっている。

5 中国：シェンチェンに代表される経済特区を設置して，改革の進んだ国営企業を中心に，産業・経済の発展をめざしている。

114

解説

No.10

ア メキシコが最大の生産国なので「銀」である。近年は中国の生産量も増えている。

イ チリが最大の生産国なので「銅」である。

ウ ボーキサイトは主に熱帯・亜熱帯地域で産出される。

エ 中国が最大の生産国だが，インドネシア，ミャンマーが入っていることから「すず」と判断できる。

正答 **2**

No.11

1 正しい。南部の工業地域にはミュンヘンなどがある。

2 インドネシアは石油資源は豊富であるが，石油化学コンビナートをはじめとする重化学工業地域は発展していない。

3 ソ連の解体後，国営工場の多くは民営となり，個人や会社による事業も自由となったが，計画経済から市場経済へ急激に転換したため，経済の混乱が起こり，工業生産は停滞している。

4 アメリカの南部は，かつてアパラチア山脈の南の綿工業のほかは工業の遅れた地域だった。現在では，バーミングハムの鉄鋼業のほか，ダラス，ヒューストンや，太平洋岸のロサンゼルスなどに航空機や宇宙産業，電子機器など，先端技術の産業が発達している。この地域は寒い北部（フロストベルト）に対してサンベルトと呼ばれている。

5 シェンチェン（深圳）は香港の新界地区に隣接し，1980年に経済特区となってから香港経由の外資が入って目覚ましい発展を遂げた。一方の国営企業は既得権益を持つ保守層の抵抗で改革が進んでいない。

正答 **1**

アメリカの工業地域

大西洋岸のニューイングランド地方…綿織物，毛織物，精密工業。

ニューヨーク，フィラデルフィア，ボルティモア…総合的な大工業地域。

五大湖周辺…重工業地域。

メキシコ湾岸…石油化学

太平洋岸…航空機・先端産業

シャンハイ（上海）

東部沿岸に位置するシャンハイは中国最大の都市であり，さまざまな工業がそろった総合的工業都市である。

No.12 アメリカ合衆国の農業に関する記述として正しいものは，次のうちどれか。

1 カリフォルニア州では，果樹や穀物の栽培を中心とする地中海式農業が行われている。

2 五大湖周辺地域では，プランテーションによる小麦，綿花などを栽培している。

3 温暖なフロリダ半島では，天然ゴムや油やしなどの単一栽培を行うオアシス農業が見られる。

4 中央平原では，穀物と飼料作物を組み合わせた園芸農業が盛んである。

5 西部の乾燥地帯では，カナートなどを利用してなつめやし，小麦，綿花などを栽培している。

No.13 オーストラリアに関する記述として，最も妥当なのはどれか。

1 北部は温暖湿潤気候，南部はステップ気候・砂漠気候など乾燥帯である。

2 平均標高は，他の大陸の平均高度よりかなり高い。

3 小麦，牛肉の世界的生産国で，いずれも日本への輸出量が多い。

4 近年，鉄鉱石・石炭は埋蔵資源の枯渇により産出量が減少している。

5 イギリスの植民地であったので，イギリス以外の移民を排斥している。

No.14 次の**A～C**は，日本の人口ピラミッドの変化を示している。これらの図に関する記述として正しいものはどれか。

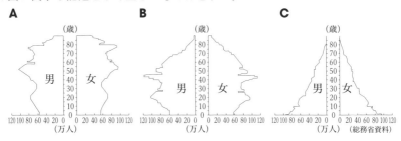

1 **A**は富士山型で，少産多死の人口減少型である。

2 **A**は日本の将来を予想したもので，典型的な高齢社会を表している。

3 **B**はひょうたん型で，典型的な都市型を表している。

4 **C**はつりがね型で，多産少死の人口爆発型である。

5 人口ピラミッドは，一般的には**A**→**B**→**C**の順に変化する。

解 説

地理

No.12

1　正しい。地中海性気候は，夏に雨が少ないため，灌漑を行い，耐乾性作物を栽培。

2　五大湖周辺では酪農や園芸農業が行われている。

3　フロリダ半島では果樹栽培や園芸農業が行われている。オアシス農業は，河川の流域や地下水路などを利用して，なつめやし，小麦，綿花などを栽培する農業で，乾燥気候で行われている。

4　中央平原では飼料作物と豚や肉牛の飼育を組み合わせた混合農業が盛ん。

5　イランで見られるオアシス農業の説明である。

正答 **1**

地中海式農業
地中海式農業：地中海沿岸のスペイン，イタリアなどではブドウ，オリーブなどの栽培が盛んである。

プランテーション
プランテーション：東南アジアやアフリカなどで欧米資本などが運営する大規模の商業的農園農業。商品作物を単一栽培する。

No.13

1　北部は熱帯気候で，東部，南東部，南西部は温帯気候となる。大陸内陸部を中心に乾燥気候が分布する。乾燥気候の割合は約60％。

2　安定陸塊と古期造山帯からなるオーストラリアはヨーロッパと並んで平均高度は低い。

3　正しい。

4　現在も鉄鉱石・石炭の産出量は豊富である。

5　白豪主義は1970年代に廃止となった。最近はアジア系移民が多くなっている。

正答 **3**

先住民
オーストラリアはアボリジニーニュージーランドはマオリ

No.14

1　富士山型は **C** である。

2　正しい。2050年ごろの予想図である。

3　**B** は紡錘（つぼ）型で，少産少死型から少産多死型へ移行中で，人口減少型になる。

4　**C** は富士山型で，多産多死から多産少死に移行する型で，人口急増型である。

5　人口ピラミッドは，**C → B → A** の順に変化する。

正答 **2**

世界の人口
世界の人口…約80億人
中国→約14億2589万人
インド→約14億1717万人
アメリカ→約3億3829万人
（2022年）

国語

出題の特徴と傾向

中級程度のレベル，読み書き中心

　読み書き，四字熟語，故事成語など漢字関係の出題が半分以上。熟語（四字熟語も含めて）の書き取りと読み方が中心。読めない漢字，書けない漢字はもちろんだが，漢字の読み書きは，正しいと思い込んでいる漢字にこそ間違いが多いことを肝に銘じておく。勘違いしがちな熟語は特に頻出。

四字熟語は，空欄補充問題も多い

　表現全体の，漢字，読み方や言い回しまで覚える。意味や使い方の出題も多い。故事成語の意味は読み流しでいいから，たくさん読んでおく。

ことわざ・慣用句は意味を正確に理解しているかが問われる

　ことわざ・慣用句は，文章の中で正しく使われているかどうかを問う問題が多い。また，空欄補充問題としての出題も多い。

効果的な学習方法・対策

　問題練習の中で，出てくる漢字は全部書いてみる。読みは自分で読めると思って誤読していることが多いので，解説等で読み方を確認し，読み仮名を1文字ずつ指で押さえながら，声を出して読んでみる。四字熟語等の熟語問題も同様に，読み書きを手で覚えていく。ことわざ・慣用句も文章の中でどのように用いられているのかを確認しながら覚えよう。時間がかかってもひとつずつの確認の積み重ねが大切である。

　文法は，概説を理解したら，問題練習で見分け方の練習を積もう。

漢字の書き取り

最重要
テーマ

ココがポイント 字形の似ている字は，熟語ごとに正確に覚えよう。
同音異義語は，文中での使われ方が見分けのポイント。

①字形の似ている字

貨幣／弊害 撤回／徹底 侮辱／後悔 待遇／偶然 観光／歓迎 象徴／軽微
効果／郊外 漫画／我慢 平衡／衝突 一致／到達 成績／蓄積 家畜／貯蓄

②同音の誤字をしやすいもの

推薦（×選） 徐（×除）行 浸（×侵）透 専門（×問） 適（×的）格

③同音異義語

イドウ　　　移動（移動中）　異動（人事異動）
カイホウ　　解放（人質の解放）　開放（開放感）　快方（快方に向かう）
カンキ　　　喚起（注意を喚起する）　換気（部屋の換気）
カンショウ　鑑賞（芸術の鑑賞）　観賞（名月を観賞）
コウセイ　　厚生（福利厚生）　更生（悪い道からの更生）
ホショウ　　保証（品質保証）　保障（生命の保障）　補償（災害への補償）

漢字の読み

最重要
テーマ

ココがポイント 熟語の読みは，音読みが中心。
慣用句の読みは，特別なので1語1語覚えよう。

①変わった音読みの熟語

体裁（ていさい）　遊説（ゆうぜい）　成就（じょうじゅ）　出納（すいとう）
相殺（そうさい）　凡例（はんれい）　建立（こんりゅう）　会得（えとく）

②同じ漢字で音読みの違う漢字

執　執念（しゅうねん）　執務（しつむ）
率　軽率（けいそつ）　能率（のうりつ）
請　普請（ふしん）　請求（せいきゅう）

③読み間違えやすい熟語

委嘱（いしょく）　順応（じゅんのう）　遂行（すいこう）　因縁（いんねん）
境内（けいだい）　頒布（はんぷ）　曖昧（あいまい）　押印（おういん）
精進（しょうじん）　断食（だんじき）　知己（ちき）　荘重（そうちょう）

④特別な読みをする熟語

時雨（しぐれ）　木綿（もめん）　雑魚（ざこ）　猛者（もさ）　砂利（じゃり）
五月雨（さみだれ）　扇子（せんす）　為替（かわせ）　秋刀魚（さんま）

⑤訓読み

潔（いさぎよ）い　携（たずさ）える　脅（おびや）かす　潤（うるお）う
煩（わずら）わしい　佇（たたず）む　和（なご）む　催（もよお）す

出題率
20%

出題率
20%

国語

119

四字熟語など

最重要テーマ

出題率 20%

ココがポイント 書き取り，読み方での出題もある。
数字・対義の漢字を含むものなどは，重点的に覚える。

①数字を含むもの

一期一会　一日千秋　一網打尽　一攫千金　一喜一憂　一騎当千　一刻千金
一衣帯水　一朝一夕　二者択一　二束三文　三寒四温　四分五裂　七転八倒
十年一日　百年一日　千載一遇　千変万化　千差万別　千客万来

②対義の漢字を含むもの

起死回生　喜怒哀楽　大同小異　利害得失　竜頭蛇尾　生者必滅　縦横無尽
針小棒大　晴耕雨読　神出鬼没　日進月歩　生殺与奪　勧善懲悪　栄枯盛衰

③誤字をしがちなもの

五里霧（×夢）中　無（×夢）我夢中　異口（×句）同音　危機一髪（×発）
付（×不）和雷同　責任転嫁（×化）　絶体（×対）絶命　自業自得（×徳）
意味深長（×慎重）　心機（×気）一転　用意周到（×倒）　暗中模（×漠）索
意気（×記）投合　適（×敵）材適所　一意専（×千）心　単（×短）刀直入
自暴（×爆）自棄　以（×意）心伝心　前（×全）人未到　徹（×撤）頭徹尾

④特に意味に注意する熟語

温故知新…古いことを研究して，その中から新しいことを見つけだすこと。
呉越同舟…仲の悪い者どうしが乗り合わせること。
我田引水…自分の都合のいいようにものごとを運ぶこと。
朝三暮四…目先の差にとらわれ，結果的には同じであることに気づかないこと。表面的なごまかしのこと。

ことわざ・慣用句

最重要テーマ

出題率 20%

ココがポイント ことわざ・慣用句は文中での用法を覚える。
似たような表現との違いに注意する。

①ことわざ

青天の霹靂…晴れ渡った空に突然起こる雷の意味で，突然の変動や大事件のこと。
人事を尽くして天命を待つ…人としてできる最善の努力をしたら，あとは運を天に委ねること。
枯れ木も山の賑わい…つまらないものでもないよりましであるという意味。

②慣用句

鼻にかける…得意がって自慢すること。
目に余る…あまりにひどくて黙って見逃すわけにはいかないこと。
火の車…経済状態が非常に苦しいこと。

類義語・対義語

出題率 15%

ココがポイント 類義語は，使い方の違いにも注意。
類義語や対義語からなる熟語の構成に注意。

①類義語

得手・得意 (えて・とくい)	温和・温厚 (おんわ・おんこう)	起工・着工 (きこう・ちゃっこう)	帰省・帰郷 (きせい・ききょう)
欠点・短所 (けってん・たんしょ)	恒例・定例 (こうれい・ていれい)		
失望・落胆 (しつぼう・らくたん)	質問・質疑 (しつもん・しつぎ)	使命・任務 (しめい・にんむ)	長所・美点 (ちょうしょ・びてん)
動機・原因 (どうき・げんいん)	風習・慣習 (ふうしゅう・かんしゅう)		
方法・手段 (ほうほう・しゅだん)	用途・使途 (ようと・しと)	容易・平易 (ようい・へいい)	所持・所有 (しょじ・しょゆう)
安価・廉価 (あんか・れんか)	委任・委託 (いにん・いたく)		

②同義の漢字の組合せによる熟語

基本 (きほん)	孤独 (こどく)	収集 (しゅうしゅう)	終末 (しゅうまつ)	比較 (ひかく)	分割 (ぶんかつ)	利益 (りえき)	計測 (けいそく)	守護 (しゅご)	暴露 (ばくろ)	容認 (ようにん)	省略 (しょうりゃく)

③対義語

可決―否決 (かけつ―ひけつ)	有益―無益 (ゆうえき―むえき)	有限―無限 (ゆうげん―むげん)	必然―偶然 (ひつぜん―ぐうぜん)	乱雑―整然 (らんざつ―せいぜん)	起工―竣工 (きこう―しゅんこう)
絶対―相対 (ぜったい―そうたい)	安心―心配 (あんしん―しんぱい)	危険―安全 (きけん―あんぜん)	人工―自然 (じんこう―しぜん)	真実―虚偽 (しんじつ―きょぎ)	普通―特殊 (ふつう―とくしゅ)
生産―消費 (せいさん―しょうひ)	現実―理想 (げんじつ―りそう)	延長―短縮 (えんちょう―たんしゅく)	許可―禁止 (きょか―きんし)	創造―模倣 (そうぞう―もほう)	遺失―拾得 (いしつ―しゅうとく)
希薄―濃厚 (きはく―のうこう)	簡潔―詳細 (かんけつ―しょうさい)	節約―浪費 (せつやく―ろうひ)	過失―故意 (かしつ―こい)	強制―自発 (きょうせい―じはつ)	集中―分散 (しゅうちゅう―ぶんさん)
建設―破壊 (けんせつ―はかい)	勤勉―怠惰 (きんべん―たいだ)	繁栄―衰微 (はんえい―すいび)	精密―粗雑 (せいみつ―そざつ)	放任―統制 (ほうにん―とうせい)	優雅―粗野 (ゆうが―そや)

④対義の漢字の組合せによる熟語

大小 (だいしょう)	得失 (とくしつ)	利害 (りがい)	粗密 (そみつ)	賛否 (さんぴ)	公私 (こうし)	取捨 (しゅしゃ)	有無 (うむ)	存亡 (そんぼう)	是非 (ぜひ)

文　法

出題率 15%

ココがポイント 文法は，識別が頻出。
複数の意味を持つ助動詞や助詞，形容詞の見分け方。

①助動詞「れる」「られる」

意味…受身，可能，自発，尊敬の4つ。

②「ない」の識別

形容詞「ない」(自立語)，打ち消しの助動詞「ない」(付属語)

・「ある」(存在)の反対の意味を表す「ない」は形容詞。「ここにない本」
・形容詞・形容動詞を打ち消す「ない」は，形容詞。「赤くない」
・「ない」の前に「は」を入れても意味が通じるときは形容詞。「怖く(は)ない」
・動詞を打ち消す「ない」は助動詞。「走らない」

③「らしい」の識別

推定の助動詞「らしい」，形容詞を作る接尾語「〜らしい」

・「〜らしい」の前に「大変」「とても」などがつけられれば形容詞。「とても子供らしい」
・名詞の後に「である」を入れて意味が通じるときは助動詞。「彼は医者(である)らしい」
・動詞，形容詞，助動詞の終止形についていれば助動詞。

国語

基礎問題 最重要テーマをチェック!

No.1 下線部の漢字が正しいものは,次のうちどれか。 ☞漢字の書き取り

1 私にも彼のような<u>処生術</u>があったらと思う。
2 発見が早かったので,火事の被害は<u>最小限</u>で済んだ。
3 父は強い薬を飲み,<u>服作用</u>で熱を出した。
4 彼は遅刻の<u>常囚犯</u>だ。
5 今年に入って,彼女の人気は<u>最高調</u>に達した。

No.2 下線部を漢字に直したとき,同じ漢字となるのはどれか。 ☞漢字の書き取り

1 <u>キン</u>迫した雰囲気の中,<u>キン</u>慎処分が言い渡された。
2 私たちの主将は屈<u>シ</u>の強豪チームから<u>シ</u>名を受けた。
3 犯人の逃<u>ボウ</u>計画は,あまりに無<u>ボウ</u>なものであった。
4 試行<u>サク</u>誤を重ねた結果,予算を<u>サク</u>減することができた。
5 彼は最終審<u>サ</u>の補<u>サ</u>を頼まれた。

No.3 文中の下線部の漢字の読み方が誤っているものは,次のうちどれか。 ☞漢字の読み

1 <u>軽率</u> (けいそつ) な行動。
2 軽く<u>会釈</u> (えしゃく) する。
3 業務を民間に<u>委嘱</u> (いたく) する。
4 人の<u>気配</u> (けはい) がする。
5 念願が<u>成就</u> (じょうじゅ) する。

No.4 次の四字熟語のうち,漢字が誤っているものはどれか。 ☞四字熟語など

1 喜怒哀楽
2 用意周到
3 無我夢中
4 自業自得
5 意味慎重

122

No.5 次の A ～ D の四字熟語の空欄に当てはまる漢字の組合せとして正しいものはどれか。

四字熟語など

- **A** 一言半（　　）
- **B** 一日千（　　）
- **C** 一（　　）当千
- **D** 一（　　）一会

	A	B	C	D
1	分	里	気	日
2	言	歩	機	後
3	秋	日	期	騎
4	句	秋	騎	期
5	日	句	季	期

No.6 次の熟語の組合せのうち，反対の意味になっているものとして，妥当なのはどれか。

類義語・対義語

- **1** 介入──関与
- **2** 創造──模倣
- **3** 会得──理解
- **4** 音信──消息
- **5** 和解──妥協

No.7 次の文のうち，自発の「れる」「られる」の用法として妥当なのはどれか。

文法

- **1** 小学校時代が昨日のことのように感じられる。
- **2** 逃亡者がパトカーに追いかけられる。
- **3** 校長先生が講堂でお話しされた。
- **4** 何度か挑戦して，やっと嫌いなにんじんが食べられた。
- **5** だれでもその問題にはすぐに答えられる。

正答 No.1：**2**　No.2：**2**　No.3：**3**　No.4：**5**　No.5：**4**　No.6：**2**　No.7：**1**

国語

123

実戦問題

No.1 下線部の漢字の読み方が同じものの組合せは，次のうちどれか。

1 懸念，懸命
2 黙殺，相殺
3 排除，掃除
4 感慨，憤慨
5 会得，会心

No.2 文中のカタカナ部分の漢字が正しいものは，次のうちどれか。

1 フキュウ（普乃）した家電製品。
2 海外へのハケン（派遣）事業。
3 テンカ（添化）物のない食品。
4 気持ちのドウヨウ（動揺）を隠す。
5 水中のビショウ（微少）な生物。

No.3 次のうち，下線部の読みが同じ組合せはどれか。

1 小田原評定——勤務評定
2 知己を得る——自己紹介する
3 光明を見いだす——克明に描く
4 一目散に逃げる——一目置かれる
5 相対性理論——相対する

No.4 文中の下線部の漢字が両方とも正しいものは，次のうちどれか。

1 関心に堪えない事件が続く。
　寒心な心がけの持ち主が少なくなっている。
2 この絵は後世に受け継がれる。
　試合が攻勢に向かう。
3 電車が慣行しながら進む。
　雨にもかかわらず，試合は刊行された。
4 経営不審に陥る。
　お金の工面に腐心する。
5 国と国との干渉地帯に入る。
　鑑賞用の花を買う。

解説

No.1

1 懸念（けねん），懸命（けんめい）。
2 黙殺（もくさつ），相殺（そうさい）。
3 排除（はいじょ），掃除（そうじ）。
4 感慨（かんがい），憤慨（ふんがい）。
5 会得（えとく），会心（かいしん）。

正答 **4**

熟語の意味

「懸念」…気にかかって不安に思うこと。
「黙殺」…問題にせず無視すること。
「相殺」…互いに差し引いて損得なしにすること。

国語

No.2

1 「普乃」は「普及」の誤り。
2 「派遺」は「派遣」の誤り。
3 「添化」は「添加」の誤り。
4 正しい。
5 「微少」は「微小」の誤り。

正答 **4**

間違えやすい熟語

「普及」…広く一般にゆきわたること。
「微少」…非常に少ないこと。
「微小」…非常に小さいこと。

No.3

1 「小田原評定」は「おだわらひょうじょう」。
2 「知己」は「ちき」と読む。
3 「光明」は「こうみょう」，「克明」は「こくめい」と読む。
4 正しい。どちらも「一目」は「いちもく」と読む。
5 「相対する」は「あいたいする」と読む。

正答 **4**

語句の意味

「小田原評定」…長引いて容易に結論の出ない会議のこと。
「知己」…自分の心をよく知ってくれる人。
「克明」…細かいところまで念を入れてはっきりさせること。
「相対性理論」…アインシュタインが確立した物理学の理論のこと。

No.4

1 「関心」（心を引かれること）や「寒心」（恐ろしく思うこと）ではなく「感心」がそれぞれ正しい。
2 両方とも正しい。「後世」は後の世のこと，「攻勢」は積極的に攻める態勢のこと。
3 「慣行」は「緩行」，「刊行」は「敢行」が正しい。
4 「不審」ではなく「不振」。「腐心」は正しい。
5 「干渉」ではなく「緩衝」（衝突を和らげること），「鑑賞」ではなく「観賞」がそれぞれ正しい。

正答 **2**

熟語の意味

「感心」…立派なものや行動に対して，深く心を動かされること。
「不審」…疑わしく思うこと。
「不振」…勢いや活動などが振るわないこと。
「腐心」…あれこれと心を悩ますこと。
「干渉」…介入すること。
「鑑賞」は芸術などを，「観賞」は植物などを見ること。

No.5 次のうち，文中の下線部の漢字の使い方が正しいものはどれか。
1 <u>検案</u>事項を解決する。　　　　2 義務教育の<u>過程</u>を終える。
3 事態の<u>収束</u>をはかる。　　　　4 福利<u>更生</u>を充実させる。
5 メダカを研究の<u>対称</u>とする。

No.6 下線部の漢字が A，B とも正しいものはどれか。

	A	**B**
1	消息を<u>絶</u>つ	<u>強情</u>な性格
2	時間を<u>図</u>る	<u>専問</u>家の意見
3	<u>率先</u>して行動する	説明を<u>捕足</u>する
4	誤りを<u>治</u>す	家を<u>手離</u>す
5	<u>不朽</u>の名作を読む	国際<u>粉争</u>が起こる

No.7 下線部の漢字が正しいものはどれか。
1 転校してきた小学生は新しい環境への<u>準応性</u>が高かったので，すぐに慣れた。
2 環境問題を解決するため，日本はアメリカ合衆国と新しい条約を<u>締決</u>した。
3 二泊三日の京都旅行では，銀閣寺を見学し，さらに哲学の道を<u>散柵</u>した。
4 中学時代の恩師からいただいた手紙に大変<u>感名</u>を受けた。
5 今年の目標は，<u>既成</u>の概念にとらわれずに，新しいことにチャレンジすることだ。

No.8 次の A ～ C の下線部に当てはまる漢字の組合せとして，最も妥当なものはどれか。
　A 亡くなった父の<u>いぎょう</u>を継いだ。
　B <u>さじ</u>にはこだわらない。
　C 生活を<u>ほしょう</u>する。

	A	**B**	**C**
1	偉業	匙	保証
2	異形	匙	保証
3	遺業	瑣事	保障
4	偉業	些事	保障
5	遺業	差時	補償

解説

No.5

1 「検案（けんあん）」ではなく「懸案（けんあん）」。
2 「過程」ではなく「課程」が正しい。
3 正しい。「収束」とはおさまりがつくこと。
4 「更生」ではなく「厚生」が正しい。
5 「対称」ではなく「対象」が正しい。

正答 **3**

> **熟語の意味**
>
> 「検案」…状況などを調べ，考えること。
> 「懸案」…解決されずにある問題。
> 「更生」…立ち直ること。
> 「対称」は「左右対称」などと使う。

No.6

1 正しい。
2 **A**は「図る」ではなく「計る」，**B**は「専問家」ではなく「専門家」。
3 **A**は正しいが，**B**は「捕足」ではなく「補足」。
4 **A**は「治す」ではなく「直す」，**B**は「手離す」ではなく「手放す」。
5 **A**は正しいが，**B**は「粉争」ではなく「紛争」。

正答 **1**

> **間違えやすい漢字**
>
> 「計る」は時間や重さなどを「はかる」ときに使う。
> 「治す」は「病気を治す」などと使う。

No.7

1 「準応性」ではなく，「順応性（じゅんのうせい）」が正しい。
2 「締決」ではなく，「締結（ていけつ）」が正しい。
3 「散柵」ではなく，「散策（さんさく）」が正しい。
4 「感名」ではなく，「感銘（かんめい）」が正しい。
5 正しい。

正答 **5**

> **熟語の意味**
>
> 「締結」…条約・約束などを取り結ぶこと。
> 「散策」…目的もなくぶらぶら歩くこと。
> 「感銘」…深く感動して忘れないこと。
> 「既成」…すでに出来上がって，世の中に存在していること。

No.8

A 「遺業」（故人が生前に完成，またはやりかけて後に残した事業のこと）が当てはまる。
B 「瑣事」（本質にかかわりのないつまらないこと）が当てはまる。
C 「保障」（地位や状態などを保護する手段を講じること）が当てはまる。

正答 **3**

> **同音異義語**
>
> 「異形」…普通とは違った姿。あやしい姿。
> 「偉業」…偉大な事業のこと。

実戦問題

No.9 カタカナ部分に当てはまる漢字が2語とも正しいものは，次のうちどれか。

1 ヨダン（予断）をゆるさない事態なのに，注意力がサンマン（散漫）だ。
2 ゴウジョウ（剛情）な人で，ジロン（自論）を曲げない。
3 リチギ（律儀）な人で，よくシンボウ（辛棒）する。
4 生徒をインソツ（引卒）して，駅のカイサツ（改札）口を通った。
5 イシ（意思）薄弱な人で，キョウラク（享楽）にふけってばかりいる。

No.10 次のA～Eの空欄に入る漢字の組合せとして正しいものは，次のうちどれか。

A （へん）狭な考えに陥らないよう自戒している。
B 両親は長い間，哀（かん）を共にしてきた。
C 昔の学説を（えん）用する。
D 彼は（きん）差で生徒会長に当選した。
E 彼女は（せん）烈な印象を残して去っていった。

	A	B	C	D	E
1	変	観	縁	近	尖
2	変	感	縁	近	鮮
3	変	感	援	均	閃
4	偏	歓	延	僅	尖
5	偏	歓	援	僅	鮮

No.11 次の熟語の組合せのうち，類義語となっているものはどれか。

1 簡潔——緩慢
2 軽視——軽率
3 実在——実体
4 拾得——遺失
5 委託——委任

解　説

No.9

1　ヨダン（予断），サンマン（散漫）ともに正しい。
2　ゴウジョウは「剛情」ではなく，「強情」が，ジロンは「自論」ではなく，「持論」が正しい。
3　リチギ（律儀）は正しいが，シンボウは「辛棒」ではなく「辛抱」が正しい。
4　インソツは「引卒」ではなく，「引率」が正しい。カイサツ（改札）は正しい。
5　イシ薄弱は「意思」ではなく，「意志薄弱」が正しい。キョウラク（享楽）は正しい。

正答 **1**

熟語の意味

「予断」…前もって判断すること。
「持論」…常に持っている意見。
「律儀」…義理堅いこと。実直。
「意志薄弱」…意志の力が微弱で，忍耐・決行などをなしえないこと。
「享楽」…快楽にふけり楽しむこと。

国語

No.10

A　偏狭な考え（偏って狭い）。
B　哀歓（悲しみと喜び）を共にする。
C　援用する（自己の主張の助けとして，他の文献，事実，学説などを引用すること）。
D　僅差（わずかな差）。
E　鮮烈（強烈ではっきりしている様子）な印象。
よって**5**が正しい。

正答 **5**

No.11

1　「簡潔」は簡略でまとまっていること，「緩慢」はゆっくりで遅いことなので類義語ではない。
2　「軽視」と「軽率」は類義語ではない。
3　「実在」は本当に存在していること，「実体」は事物の質そのものなので類義語ではない。
4　「拾得」と「遺失」は対義語である。
5　正しい。

正答 **5**

類義語

「軽視」…物事を重視せずに軽く見ること。
「軽率」…よく考えずに行動したりする。軽はずみなこと。
「委託」…業務をほかの機関に託すこと。
「委任」…仕事を任せる。

No.12 次の四字熟語の意味についての説明が正しいものはどれか。

1 「一騎当千」とは,ちょっとしたことで一度に大金を手に入れることである。
2 「雲散霧消」とは,世の中は常に移り変わり,とどまることがないことである。
3 「急転直下」とは,自分の都合のよいようにはからうことである。
4 「切歯扼腕」とは,互いに励まし合って向上することである。
5 「南船北馬」とは,絶えずあちこち旅行することである。

No.13 次のA〜Eの四字熟語の空欄に当てはまる数字の合計として,正しいものはどれか。

A □寒□温
B □人□色
C □分□裂
D □転□倒
E □位□体

1 24
2 37
3 55
4 64
5 77

No.14 次のA〜Fのうち,四字熟語の意味が妥当なものをすべて挙げているものはどれか。

A 大器晩成——大人物は時間をかけて才能を磨き上げ大成すること。
B 疑心暗鬼——何でもないことが不安になり信じられなくなること。
C 東奔西走——着想が自由奔放で既成概念にとらわれないこと。
D 五十歩百歩——小さなことにこだわって本質を見誤ること。
E 先憂後楽——努力を怠らなければ必ずよい結果につながること。
F 天地無用——上下を逆さにしてはいけないこと。

1 A,B,F
2 A,D,F
3 B,C,E
4 B,D,F
5 C,D,E

解説

No.12

1 「一騎当千（いっきとうせん）」とは，一騎で千人を相手にできるほど人並外れて強いという意味。

2 「雲散霧消（うんさんむしょう）」とは，物事が一度に消えてなくなるという意味。

3 「急転直下（きゅうてんちょっか）」とは，様子が急に変わり，物事が解決するという意味。

4 「切歯扼腕（せっしゃくわん）」とは，はなはだしく怒り，非常に悔しく思うこと。

5 正しい。「南船北馬（なんせんほくば）」とほぼ同じ意味の四字熟語として「東奔西走」がある。

正答 **5**

四字熟語の意味

「一攫千金」…ちょっとしたことで一度に大金を手に入れること。

「有為転変」…世の中は常に移り変わり，とどまることがないこと。

「我田引水」…自分の都合のいいようにはからうこと。

「切磋琢磨」…互いに励ましあって向上するという意味。

No.13

A 三寒四温（さんかんしおん）で7。

B 十人十色（じゅうにんといろ）で20。

C 四分五裂（しぶんごれつ）で9。

D 七転八倒（しちてんばっとう）で15。

E 三位一体（さんみいったい）で4。これらを足していくと，7＋20＋9＋15＋4＝55になる。

正答 **3**

「三寒四温」…気温が三日ほど寒い日が続いた後に，四日ほど暖かい日が続くのを交互に繰り返す現象のこと。

No.14

A 正しい。

B 正しい。

C 東奔西走（とうほんせいそう）は，あちらこちらと忙しく走り回ること。

D 五十歩百歩（ごじっぽひゃっぽ）は，本質的にほとんど同じであるということ。

E 先憂後楽（せんゆうこうらく）は，人の上に立つ者は，下の者より先に憂い，後から楽しむべきだとする戒め。

F 正しい。

正答 **1**

「大器晩成（たいきばんせい）」…大きな器は簡単には出来上がらないことからきている。

「疑心暗鬼（ぎしんあんき）」…疑いの心を持つと，存在しないはずの鬼の姿まで見えるようになるという意味。

「天地無用（てんちむよう）」…荷物の運搬の際，使われる言葉である。

国語

No.15 下線部の漢字が正しいものはどれか。

1 彼は会長の職についたが実権はなく，彼の肩書きは<u>勇名無実</u>となっている。
2 ボランティア活動で出会った仲間と<u>意気統合</u>して夜遅くまで語り合った。
3 通信技術の<u>日新月歩</u>の発達は暮らしに大きな変化を与えている。
4 積年のうらみをはらすことができ，<u>感慨無料</u>である。
5 人生経験の豊富な大先輩の話には<u>意味深長</u>な内容が多く含まれている。

No.16 次の四字熟語の組合せのうち，同じような意味を持つ組合せはどれか。

1 独立独歩――率先垂範
2 天真爛漫――天衣無縫
3 百家争鳴――自由奔放
4 千差万別――海千山千
5 前後不覚――前代未聞

No.17 次のうち，四字熟語の読みが正しいものはどれか。

1 半死半生―はんしはんせい
2 栄枯盛衰―えいこじょうすい
3 青息吐息―せいそくといき
4 無間地獄―むかんじごく
5 手練手管―てれんてくだ

No.18 文中のa，bのうち，両方が正しい表現であるものはどれか。

1 必要に（a.せがまれる。　b.かられる。）
2 汚名（a.返上。　b.挽回。）
3 かたずを（a.飲む。　b.こらす。）
4 手塩に（a.もむ。　b.かける。）
5 手を（a.焼く。　b.切る。）

解 説

No.15

1 「勇名無実」は「有名無実」が正しい。
2 「意気統合」は「意気投合」が正しい。
3 「日新月歩」は「日進月歩」が正しい。
4 「感慨無料」は「感慨無量」が正しい。
5 正しい。奥に深い意味があるということ。

正答 **5**

No.16

1 「独立独歩」は，独立して思うとおりに行うこと。「率先垂範」は，先に立って模範を示すこと。
2 正しい。
3 「百家争鳴」は，多くの学者や論客が何の遠慮もなく自由に論争しあうこと。
4 「海千山千」は，長年生きて経験を積んで，ずる賢くなっていること（人）。
5 「前後不覚」は，前後の事柄がわからなくなるほど正気をなくすこと。

正答 **2**

No.17

1 「半死半生」は「はんしはんしょう」と読む。
2 「栄枯盛衰」は「えいこせいすい」と読む。
3 「青息吐息」は「あおいきといき」と読む。
4 「無間地獄」は「むげんじごく」と読む。
5 正しい。人を操りだます方法や技術のこと。

正答 **5**

No.18

1 aもbも誤り。「必要に迫られる」が正しい。
2 aだけが正しい。
3 aだけが正しい。
4 bだけが正しい。
5 aもbも正しい。

正答 **5**

四字熟語の意味

「有名無実」…名ばかりで実質がともなわないこと。
「意気投合」…お互いに気が合うこと。
「感慨無量」…身にしみて感ずること。

「天真爛漫」…こだわりも悪気もないようす。
「天衣無縫」…自然で美しく作られていること，飾り気がなくありのままのようす。
「自由奔放」…自由勝手に振る舞うこと。
「千差万別」…多くのものがそれぞれ違っていること。
「前代未聞」…今まで聞いたこともない変わったこと。

「半死半生」…今にも死にそうな様子。
「栄枯盛衰」…栄えたりと衰えたりすること。
「青息吐息」…非常に困ったときに弱り切って吐くため息。
「無間地獄」…大悪を犯した者が死後に落ちる最も過酷な地獄のこと。
「かたずを飲む」…緊張している様子のこと。
「汚名返上」…新たな成果をあげて，不名誉な評判をしりぞけること。
「汚名挽回」では不名誉な評判を取り返すことになり誤り。
「手塩にかける」…いろいろ世話をして大切に育てること。
「手を焼く」…うまく処理できなくて困ること。
「手を切る」…関係を断ち，縁を切ること。

No.19 下線部のことわざ等の使い方が最も妥当なのはどれか。

1 困ったときに助けてあげたのに，石の上にも三年で，彼女はそのことをすっかり忘れている。

2 教授が発表した論文は，学界に一石を投じるものであり，大きな反響を呼んだ。

3 彼は反論をすることなく，大人しく石に漱ぎ流れに枕した。

4 友人は石橋を叩いて渡る性格なので，準備を怠ることが多い。

5 今回の応募作品は，玉石混淆で，いずれも素晴らしい出来栄えだ。

No.20 下線部の言葉の使い方が最も妥当なのはどれか。

1 彼は，最後の試合で実力を遺憾なく発揮した。

2 私は，休みを取りたかったが，心を鬼にして仕事をした。

3 訪問先では下にも置かない扱いを受け，つらい思いをした。

4 僭越ではございますが，部長から開会の御挨拶を頂きます。

5 彼の無責任な言動に私はあきれてしまい，二の矢が継げなかった。

No.21 次のA〜Eのうち，反対の意味を持つ語の対として，妥当なものの組合せはどれか。

    A 収縮——増大，遺失——拾得

    B 親密——疎遠，寡黙——多弁

    C 拙劣——巧妙，粗野——優雅

    D 故意——過失，柔弱——強情

    E 横柄——慎重，繁栄——衰微

1 **A**と**B**

2 **A**と**D**

3 **B**と**C**

4 **C**と**D**

5 **D**と**E**

解説

No.19

1 「石の上にも三年」とは，我慢強く辛抱すれば必ず成功するということ。
2 正しい。
3 「石に漱ぎ流れに枕する」とは，まちがいを認めず言い逃れ，負け惜しみが強いこと。
4 「石橋を叩いて渡る」とは，用心の上にも用心を重ねること。
5 「玉石混淆」とは，優れたものとそうでないものが区別なく入り混じっていること。

正答 **2**

ことわざ
「一石を投じる」…ある事柄について問題を投げかけ，世間の反響を呼ぶこと。

No.20

1 正しい。
2 「心を鬼にして」とは，相手をかわいそうだと思ないながら厳しい態度をとるという意味。
3 「下にも置かない」とは，丁寧にもてなして下座に置かないという意味。
4 「僭越」とは，自分の地位や立場を超えて，出過ぎた行為をするという意味。
5 「二の矢が継げなかった」とは，続けて行うことができなかったという意味。

正答 **1**

慣用句
「遺憾なく」…後悔しないほど十分にという意味。

あきれた状況に用いられる慣用句としては，「二の句（続く言葉）が継げない」がある。

No.21

A 「収縮」は引き締まって縮まることで，反対語は「膨張」。「遺失」の反対語は「拾得」。
B 「親密」と「疎遠」，「寡黙」と「多弁」は反対語。
C 「拙劣」と「巧妙」，「粗野」と「優雅」は反対語。
D 「故意」と「過失」は反対語だが，「柔弱」（意志や体が弱々しいこと）の反対は「剛健」である。
E 「横柄」（いばって相手を見下す様子）の反対語は「謙虚」である。「繁栄」と「衰微」は反対語。

正答 **3**

熟語の意味
「増大」の反対語は「減少」。
「寡黙」（かもく）…口数が少ない様子。
「拙劣」…ひどく下手な様子。
「粗野」…下品なこと。
「故意」…わざとすること。
「衰微」…盛んであったものが衰えること。

実戦問題

No.22
次の熟語の組合せのうち，2つとも前の漢字の意味と後の漢字の意味が反対になっているものはどれか。

1　孤独——基本
2　需給——収支
3　比較——容認
4　分割——終末
5　利益——収集

No.23
反対の意味を持つ語の対として，すべて妥当なものはどれか。

1　楽観——悲観　　詳細——概略　　主体的——客観的
2　内在——潜在　　象徴——具現　　異端——正統
3　平易——難解　　簡潔——冗長　　穏健——過激
4　難渋——円熟　　廉潔——貪欲　　酷評——絶賛
5　率直——曲折　　鈍重——軽快　　弾力的——硬直的

No.24
それぞれの熟語の類義語をつくるとき，空欄の中に入る適切な漢字があとの語群中に存在しないものは，次のうちどれか。

1　質問——質（　）
2　温和——温（　）
3　用途——（　）途
4　順調——（　）調
5　容易——（　）易

語群：実　賞　便　疑　使　好　復　知　辛　平

No.25
次の例文中の下線部「ない」と同じ用法を含むものはどれか。

例文：彼に代わる人間はい<u>ない</u>。

1　妹はおさ<u>ない</u>。
2　暗くて見え<u>ない</u>。
3　私の消しゴムが<u>ない</u>。
4　今は，人が少<u>ない</u>。
5　その言葉は，美しく<u>ない</u>。

No.22

1 「孤独」も「基本」も同義の漢字の組合せ。
2 正しい。
3 「比較」も「容認」も同義の漢字の組合せ。
4 「分割」も「終末」も同義の漢字の組合せ。
5 「利益」も「収集」も同義の漢字の組合せ。

正答 **2**

漢字の意味

「孤」「独」…ひとり。
「基」「本」…根本，もと。
「比」「較」…くらべる。
「容」「認」…受け入れる。
「利」「益」…もうけ。
「収」「集」…集める。

No.23

1 「楽観」と「悲観」，「詳細」と「概略」は反対の意味。「主体的」の反対は「客体的」。
2 「内在」と「潜在」，「象徴」と「具現」は同じ意味。「異端」と「正統」は反対の意味。
3 正しい。
4 「酷評」と「絶賛」だけが反対の意味。ほかは反対の意味ではない。
5 「鈍重」と「軽快」，「弾力的」と「硬直的」は反対の意味。

正答 **3**

熟語の意味

「難渋」…すらすらとはかどらず困ること。
「廉潔」…私欲がなく心が清らかで行いが正しいこと。
「貪欲」…非常に欲が深いこと。
「率直」…飾りけがないこと。
「曲折」…折れまがること。

No.24

1 質問——質疑，　2 温和——温厚
3 用途——使途，　4 順調——好調
5 容易——平易

正答 **2**

「温好」ではないので注意。
「用途」「使途」は，使い道のこと。

No.25

例文は動詞「いる」についた否定の助動詞「ない」。
1 「おさない（幼い）」という形容詞の一部。
2 動詞「見える」についた助動詞「ない」で例文と同じ。
3 「ない」は形容詞。
4 「少ない」という形容詞の一部。
5 形容詞の「ない」である。

正答 **2**

「ない」の用法

「消しゴムがない」＝「消しゴムはない」。
「美しくない」＝「美しくはない」。

No.26 次の例文中の下線部の「れる」と同じような意味で使われているものはどれか。

例文：外の寒さに直接さら<u>れる</u>。

1 先生が教科書を読ま<u>れる</u>。
2 幼い頃が思い出さ<u>れる</u>。
3 だれかに足を踏ま<u>れる</u>。
4 きっと来ないと思わ<u>れる</u>。
5 あそこまでなら30分で行か<u>れる</u>。

No.27 次の例文中の下線部の「た」と同じような意味で使われているものはどれか。

例文：昨日さんまを食べ<u>た</u>。

1 その書類はどこでし<u>た</u>かね。
2 以前お会いし<u>た</u>取引先と話す。
3 明日その作品が完成し<u>た</u>ら出かけよう。
4 ただいま帰りまし<u>た</u>。
5 壁にかかっ<u>た</u>絵を見る。

No.28 下線部の助動詞の意味が同じものの組合せとして妥当なのはどれか。

1 a 昨日のご飯はまだ食べ<u>られる</u>かな。　　b 今日，先生が来<u>られる</u>。
2 a 今日は雨の<u>ようだ</u>。　　b 雨が滝の<u>ようだ</u>。
3 a 明日は晴れる<u>そうだ</u>。　　b 君は音楽が好きだ<u>そうだ</u>ね。
4 a 明日はきっと晴れ<u>よう</u>。　　b 今日の夕方までに片付け<u>よう</u>。
5 a 明日は雪にはなる<u>まい</u>。　　b 不注意な行動は二度とし<u>まい</u>。

No.29 次の例文の「そうだ」と同じ用法の組み合わせとなるものはどれか。

例文：きみはとても元気<u>そうだ</u>。

ア 今日の予定は運動だ<u>そうだ</u>。
イ きみが見た<u>そうだ</u>から，窓は開いていたのだろう。
ウ B組が優勝した<u>そうだ</u>から，嬉しいだろう。
エ 空が青いから，天気がよくなり<u>そうだ</u>。
オ きちんと仕事をしないと，叱られ<u>そうだ</u>。

1 ア，イ　　**2** イ，エ　　**3** イ，オ　　**4** ウ，エ　　**5** エ，オ

解説

No.26

例文は受身の「れる」。
1 「読まれる」は尊敬の「れる」。
2 「思い出される」は自発の「れる」。
3 「踏まれる」は受身の「れる」で例文と同じ用法。
4 「思われる」は自発の「れる」。
5 「行かれる」は可能の「れる」。

正答 **3**

「れる」の用法
「尊敬の「れる」」…「読まれる」
＝「お読みになる」。

No.27

例文は過去の助動詞「た」の用法である。
1 「どこでしたかね」は，確認の助動詞「た」。
2 「お会いした」は，過去の助動詞「た」。
3 「完成したら」は，完了の助動詞「た」の用法であるが，仮定形「たら」の一部である。
4 「帰りました」は，完了の助動詞「た」。
5 「壁にかかった絵」は，存続の助動詞「た」。

正答 **2**

「た」の用法
「壁にかかった絵」＝壁に「ずっとかかっている絵」。

No.28

1 aの「食べられる」は可能の意味，bの「来られる」は尊敬の意味。
2 aの「雨のようだ」は推定の意味，bの「滝のようだ」はたとえ（比況）の意味である。
3 正しい。いずれも伝聞の意味である。
4 a「晴れよう」は推量の意味，b「片付けよう」は自分の意思を意味する。
5 a「なるまい」は否定の推量，b「しまい」は否定の意思を表す。

正答 **3**

No.29

例文の「そうだ」は，「現在そういう様子である」という「様態」を表す。同じ意味を持つのは，エの「よくなりそうだ」，オの「叱られそうだ」。

正答 **5**

「そうだ」の用法
ア，イ，ウで用いられている「そうだ」は，人から伝え聞いたことを表す「伝聞」である。

文学・芸術

出題の特徴と傾向

出題する受験先が限定されている

　文学芸術は受験先によっては出題されないこともある。近年では国家一般職や東京都の試験では出題されておらず、県庁や政令指定都市の試験でも倫理と交互に出題されており出題の確率は二分の一だ。一方で警視庁警察官試験やその他警察官、東京特別区ではほぼ毎年出題されている。

警察の試験では文学の出題が多い！

　警視庁警察官やその他警察官試験では絵画・音楽よりも文学の方が出題されやすい。有名な作品の冒頭部分が出題される場合もある！

文学以外では絵画・音楽からも出題される

　県庁・政令指定都市や東京特別区では音楽・美術などからの出題もある。特に東京特別区では文学よりも美術や音楽を扱った問題が出題されやすい。

効果的な学習方法・対策

　日本文学史の出題頻度が非常に高く、また、出題形式は文学史・美術史など分野にかかわらず著者名とその作品の組合せを選ぶ問題が主流。文学作品や美術作品など、時代ごとに有名作品をまとめる学習をやっておきたい。

最重要 テーマ 平安〜室町時代の文学

出題率 **20%**

 （ココがポイント）・作品名と作者の対応が重要。
・成立した時代の把握が重要。

①平安時代の文学

『土佐日記』——紀貫之

『蜻蛉日記』——右大将（藤原）道綱の母
（かげろう）

『更級日記』——菅原孝標の女
（さらしな）　　　　　　（すがわらのたかすえ　むすめ）

『伊勢物語』——作者不詳（在原業平を主人公とす
　　　　　　　　　　　　（ありわらのなりひら）
　　　　　　　　る最古の歌物語）

『源氏物語』——紫式部（「もののあはれ」が作品
　　　　　　　　の理念）

『枕草子』——清少納言（「をかし」が美の理念）

②鎌倉時代の文学

『平家物語』——作者不詳（軍記物語の代表作）

『方丈記』——鴨長明

『徒然草』——兼好法師（吉田兼好）

③室町時代の文学

『太平記』——作者不詳（軍記物語）

『風姿花伝（花伝書）』——世阿弥（能の理論書）

御伽草子——『ものくさ太郎』『浦島太郎』など。

●冒頭文

『土佐日記』
　　男もすなる日記というふも
　　のを、女もしてみむとてす
　　るなり

『枕草子』
　　春は曙。やうやう白くなり
　　ゆく山際

『平家物語』
　　祇園精舎の鐘の声、諸行無
　　常の響きあり。

『方丈記』
　　ゆく河の流れは絶えずし
　　て、しかも、もとの水にあ
　　らず。

文学・芸術

最重要 テーマ 江戸時代の文学

出題率 **10%**

 （ココがポイント）・作品名と作者の対応が重要。
・元禄文化・化政文化の特色が重要。

①元禄文化

浮世草子——写実的な小説。井原西鶴『好色一代
　　　　　　男』『日本永代蔵』『世間胸算用』など。

浄瑠璃——近松門左衛門『国姓爺合戦』など。
　　　　　　　　　　　（こくせんや）

俳諧——松尾芭蕉『奥の細道』（紀行文）など。

②化政文化

読本——文章を読むことが主体。上田秋成『雨月
　　　　物語』，曲亭馬琴『南総里見八犬伝』など。

研究書——本居宣長『古事記伝』

滑稽本——式亭三馬『浮世風呂』，十返舎一九『東
　　　　　海道中膝栗毛』など。

●『雨月物語』は中国や日本
の怪談などを描いた短編集。

●滑稽本とは滑稽を中心とす
る小説。『東海道中膝栗毛』は
弥次郎兵衛と喜多八が主人
公。

●随筆として本居宣長の『玉
　　　　　　　　　　　（たま）
勝間』，俳句集として小林一
（かつま）
茶の『おらが春』などがある。

最重要テーマ 近現代の文学

ココがポイント
・各時代の代表作が重要。
・作品名と作者の対応が重要。

出題率 **40%**

①明治時代の文学

写実主義——坪内逍遥『小説神髄』，二葉亭四迷
『浮雲』

擬古典主義——樋口一葉『たけくらべ』『にごりえ』

浪漫主義——森鷗外『舞姫』

自然主義——島崎藤村『破戒』『夜明け前』

反自然主義——夏目漱石『草枕』『それから』『こころ』

耽美派——谷崎潤一郎『刺青』，永井荷風『すみだ川』

俳人・歌人——正岡子規『歌よみに与ふる書』，
与謝野晶子『みだれ髪』

●『小説神髄』は日本近代文学に関する最初の理論書。

●夏目漱石の前期三部作は『三四郎』『それから』『門』，後期三部作は『彼岸過迄』『行人』『こころ』。

②大正時代の文学

白樺派——武者小路実篤『友情』，志賀直哉『暗夜
行路』など。

新思潮派——芥川龍之介『鼻』『羅生門』など。

●武者小路実篤，志賀直哉，有島武郎らが明治43年から大正12年にかけて雑誌『白樺』を刊行した。

③昭和〜現代の文学

川端康成『伊豆の踊子』『雪国』，三島由紀夫『仮面
の告白』『金閣寺』，遠藤周作『白い人』『沈黙』，
大江健三郎『飼育』『ヒロシマ・ノート』など。

●川端康成と大江健三郎はノーベル文学賞を受賞した。

最重要テーマ 美術史

ココがポイント
・さまざまな主義の時代と特徴が重要。
・作家と作品名の対応が重要。

出題率 **20%**

①ルネサンス（14世紀にイタリアで始まる）

ダ＝ヴィンチ（「モナ＝リザ」「最後の晩餐」），ミケラ
ンジェロ（「最後の審判」「ダヴィデ（彫刻）」）など。

②バロック（16世紀後半〜18世紀初め，豪壮で華麗）

ルーベンス（「パリスの審判」），レンブラント（「夜
警」），ベラスケスなど。

③印象派（19世紀後半フランスに起こる）

マネ（「草上の昼食」），モネ（「睡蓮」），ルノワー
ル（「浴女たち」）など。

④立体派（キュビズム）

ピカソなど。

●ルネサンス期の他の代表的画家にラファエロ（「カルデリーノの聖母」），ボッティチェルリ（「ヴィーナスの誕生」）がいる。

●ピカソの作品として「ゲルニカ」「アヴィニョンの娘たち」などがある。

建築史

ココがポイント ・西洋建築の様式と時代が重要。
・日本の建築様式の推移が重要。

①**ビザンティン建築** (4 〜 13 世紀)
　セントソフィア大聖堂 (トルコのイスタンブール)
②**ロマネスク建築** (10 〜 12 世紀)
　ピサ大聖堂 (イタリアのピサ)
③**ゴシック建築** (13 〜 14 世紀)
　ノートルダム大聖堂 (パリ), ミラノ大聖堂 (イタ
　リアのミラノ)
④**ルネサンス様式** (15 〜 16 世紀)
　サン＝ピエトロ大聖堂 (バチカン市国)
⑤**バロック・ロココ建築** (16 〜 18 世紀)
　ヴェルサイユ宮殿 (パリ)
⑥**日本の建築様式の推移**
　寝殿造 (平安時代) →武家造 (鎌倉時代) →書院造
　(室町時代) →数寄屋造 (安土桃山・江戸時代)

●ビザンティン建築は, ギリ
シャ美術と融合しながら, モ
ザイクとイコン (聖像) が特
徴である。

●ゴシック建築は, 高い尖塔
とステンドグラスの教会が特
徴である。
●ルネサンス様式は, ドーム
と列柱が特徴。
●バロック・ロココ建築は荘
厳で豪華で室内装飾が特徴。

 音楽史

ココがポイント ・作曲家と作品名の対応が重要。
・音楽の様式と特徴が重要。

①**バロック音楽** (17 〜 18 世紀, 豪華で華麗)
　バッハ (ドイツ), ヘンデル (ドイツ, 「メサイア」)
②**古典音楽** (18 世紀中頃〜 19 世紀初め, 均整のと
　れた形式美)
　ハイドン (オーストリア, 「交響曲の父」と呼ばれる)
　モーツァルト (オーストリア, 「フィガロの結婚」)
　ベートーベン (ドイツ, 「英雄」「運命」)
③**ロマン派** (19 世紀初め〜 20 世紀初め, 個性・意志・
　感情を強烈に表現)
　シューベルト (オーストリア, 近代歌曲の創始者)
　リスト (ハンガリー, 「ハンガリー狂詩曲」)
　ショパン (ポーランド, ピアニストとしても有名)
④**印象派**
　ドビュッシー (フランス)

●バッハは教会音楽・管弦楽
曲を多作した。

●その他の作曲家
ロッシーニ (イタリア)
チャイコフスキー (ロシア)
ドヴォルザーク (チェコ)
プッチーニ (イタリア)
シベリウス (フィンランド)
ストラビンスキー (ロシア)

文学・芸術

No.1 文学作品とその成立した時代の組合せとして正しいものは，次のうちどれか。　☞平安～室町時代の文学

	作品	時代
1	『徒然草』	鎌倉時代
2	『万葉集』	平安時代
3	『古今和歌集』	奈良時代
4	『源氏物語』	鎌倉時代
5	『平家物語』	室町時代

No.2 わが国の近代文学作家に関する記述のうち，正しいものは，次のうちどれか。　☞近現代の文学

1　夏目漱石は私小説という分野をつくった作家である。
2　芥川龍之介，川端康成は白樺派の作家である。
3　武者小路実篤，志賀直哉は自然主義の作家である。
4　二葉亭四迷，尾崎紅葉は浪漫主義の作家である。
5　永井荷風，谷崎潤一郎は耽美派の作家である。

No.3 次の文学作品とその作者との組合せとして正しいものは，次のうちどれか。　☞近現代の文学

	作者	作品
1	太宰治	『蒲団』
2	有吉佐和子	『斜陽』
3	佐藤春夫	『田園の憂鬱』
4	樋口一葉	『華岡青洲の妻』
5	田山花袋	『にごりえ』

No.4 イタリアのルネサンスを代表する芸術家レオナルド＝ダ＝ヴィンチ，ラファエロ，ミケランジェロのそれぞれが描いた著名な絵画の組合せとして正しいものは，次のうちどれか。　☞美術史

	レオナルド＝ダ＝ヴィンチ	ラファエロ	ミケランジェロ
1	「モナ＝リザ」	「最後の審判」	「天地創造」
2	「モナ＝リザ」	「アテネの学堂」	「最後の晩餐」
3	「最後の晩餐」	「聖母像」	「アテネの学堂」
4	「最後の晩餐」	「聖母像」	「最後の審判」
5	「最後の審判」	「モナ＝リザ」	「アテネの学堂」

No.5 次の建築様式と建物の組合せとして正しいものは，次のうちどれか。　☞建築史

1 バロック様式――――――ヴェルサイユ宮殿
2 ロココ様式――――――ピサ大聖堂
3 ロココ様式――――――ケルン大聖堂
4 ゴシック様式――――――サン＝ピエトロ大聖堂
5 ゴシック様式――――――セントソフィア聖堂

No.6 ロマン派の音楽家に関する記述として正しいものは，次のうちどれか。　☞音楽史

1 ブラームスはイギリスの作曲家であり，その音楽は新古典主義とも呼ばれ，代表的な作品に「ドイツレクイエム」や「バイオリン協奏曲ニ長調」がある。
2 リストは，天才的なピアニストとして知られたハンガリーの作曲家であり，代表的な作品に「ハンガリー狂詩曲」がある。
3 スメタナはピアノの詩人といわれたポーランドの作曲家であり，代表的な作品に「幻想ポロネーズ」や「マズルカ」がある。
4 ショパンは，標題音楽の創始者といわれるフランスの作曲家であり，代表的な作品に「幻想交響曲」や「ローマの謝肉祭」がある。
5 ベルリオーズは，チェコ国民楽派の創始者といわれる作曲家であり，代表的な作品に連作交響詩「わが祖国」がある。

正 答　No.1：**1**　No.2：**5**　No.3：**3**　No.4：**4**　No.5：**1**　No.6：**2**

文学・芸術

No.1 著名な古典文学の冒頭部分とその作品名の組合せとして正しいものは，次のうちどれか。

1 「ゆく河の流れは絶えずして，しかも，もとの水にあらず。」── 土佐日記
2 「月日は百代の過客にして，行きかふ年もまた旅人なり。」── 奥の細道
3 「春は曙。やうやう白くなりゆく山際，少しあかりて…」── 源氏物語
4 「いづれの御時にか，女御，更衣あまたさぶらひ給ひけるなかに…」── 枕草子
5 「祇園精舎の鐘の声，諸行無常の響きあり。」── 徒然草

No.2 次の江戸時代の文学作品とその作者の組合せとして正しいものは，次のうちどれか。

	作品	作者
1	『浮世風呂』	式亭三馬
2	『世間胸算用』	近松門左衛門
3	『南総里見八犬伝』	十返舎一九
4	『東海道中膝栗毛』	上田秋成
5	『花月草紙』	小林一茶

No.3 次のA～Cの記述に当てはまる歌人名の組合せとして正しいものは，次のうちどれか。

A 病床にありながら，客観的に詠む写生俳句を追究し，さらに，明治31年に『歌よみに与ふる書』を発表し，万葉調の写生短歌を唱えた。根岸短歌会を設立し，短歌革新運動を推進した。

B 詩歌雑誌『明星』に多くの短歌を発表するなど，明治30年代を代表する浪漫主義の歌人である。第一歌集『みだれ髪』では，自らの恋愛体験を情熱的に詠んだ。

C 万葉調と写生を基調とする短歌雑誌『アララギ』の代表的な歌人であり，大正2年に第一歌集『赤光』を発表し，生への愛惜と悲哀を詠い上げた。他の歌集には『あらたま』『白き山』がある。

	A	B	C
1	斎藤茂吉	若山牧水	島崎藤村
2	斎藤茂吉	与謝野晶子	若山牧水
3	与謝野晶子	若山牧水	島崎藤村
4	正岡子規	与謝野晶子	斎藤茂吉
5	正岡子規	島崎藤村	石川啄木

解 説

No.1

1 『方丈記』の冒頭。鎌倉初期に鴨長明によって書かれた随筆で，天変地異を描いた前半と出家後の閑居生活を描いた後半からなる。
2 正しい。『奥の細道』の冒頭。江戸前期の俳人松尾芭蕉によって書かれた俳諧紀行文である。
3 『枕草子』の冒頭。平安中期に清少納言によって書かれた随筆である。
4 『源氏物語』の冒頭。『枕草子』と同じ頃，紫式部によって書かれた長編小説である。
5 『平家物語』の冒頭。作者は未詳であるが，軍記物語の代表的作品で，琵琶法師によって語られ広まった。

正答 **2**

琵琶法師
琵琶を弾奏する盲目僧形の芸人。平安時代中期にはすでに現れ，鎌倉時代に『平家物語』を語りながら全国を回り，人々に広めていった。

文 学 ・ 芸 術

No.2

1 正しい。『浮世風呂』は滑稽本といわれる。
2 『世間胸算用』は井原西鶴の作品。近松門左衛門の代表作は『国姓爺合戦』『曾根崎心中』など。
3 『南総里見八犬伝』は曲亭（滝沢）馬琴の作品。十返舎一九の代表作は『東海道中膝栗毛』である。
4 上田秋成の代表作は『雨月物語』である。
5 『花月草紙』は松平定信による随筆である。小林一茶は俳人で，代表作として『おらが春』がある。

正答 **1**

南総里見八犬伝
作者が28年の歳月をかけ，中国の『水滸伝』を翻案した長編小説。勧善懲悪の思想で貫かれ，好評を博した。

No.3

A 正岡子規が当てはまる。「写生」による近代俳句を追究し，短歌革新運動を展開した。
B 与謝野晶子が当てはまる。夫である与謝野鉄幹が創刊した『明星』で同人として活躍し，『みだれ髪』を刊行した。
C 斎藤茂吉が当てはまる。伊藤左千夫に師事し，短歌雑誌『アララギ』の同人として活躍した。

正答 **4**

若山牧水
明治40年代に活躍した自然主義歌人で，作品には第一歌集『海の声』や『別離』などがある。

島崎藤村
北村透谷らと文芸雑誌『文学界』を創刊し，第一詩集に『若菜集』がある。また，小説家としても知られる。

No.4 戦後，日本の文壇で活躍した次の**A〜C**の作家名の組合せとして正しいものはどれか。

A 新世代の文学的旗手としての地位を確立し，個人的苦悩と「核の時代」に対する苦悩の救済をめざす新たな文学的展開に向かった。代表作に『飼育』『個人的な体験』『万延元年のフットボール』『洪水はわが魂に及び』などがある。

B ジャーナリスト時代に発表した『闘牛』で芥川賞を受賞し，その後，歴史小説，現代小説，随筆など多分野の作品を発表した。代表作に『氷壁』『天平の甍』『敦煌』『風林火山』などがある。

C 金融界，医学界，商社などを丹念な調査と広い視野に立って描き，話題を巻き起こした。代表作に『花のれん』『白い巨塔』『不毛地帯』『大地の子』などがある。

	A	B	C
1	三島由紀夫	司馬遼太郎	田辺聖子
2	松本清張	司馬遼太郎	曽野綾子
3	松本清張	井上靖	田辺聖子
4	三島由紀夫	開高健	山崎豊子
5	大江健三郎	井上靖	山崎豊子

No.5 19世紀から20世紀の世界の芸術家に関する**A〜C**の記述に該当する芸術家名の組合せとして妥当なのはどれか。

A ルネサンス以来の西洋絵画の伝統的な技術であった遠近法や明暗法を排除して，物の形を幾何学的に三次元から二次元で再構築するキュビスムを創始した。

B 第一次世界大戦後に起こった，論理や秩序を廃し，無意識による想像力や夢，幻覚などを重視して表現するシュルレアリスムの画家として知られている。

C 第二次世界大戦後に起こったポップ＝アートと呼ばれる前衛的な美術を代表する画家で，肖像写真をシルクスクリーンで複製化するなど，「アート」の枠を超えた活動を行った。

	A	B	C
1	ウォーホル	ピカソ	ダリ
2	ウォーホル	ダリ	ピカソ
3	ピカソ	ウォーホル	ダリ
4	ピカソ	ダリ	ウォーホル
5	ダリ	ウォーホル	ピカソ

解説

No.4

A 大江健三郎に関する記述である。『飼育』で芥川賞を受賞した。1994年にノーベル文学賞を受賞している。

B 井上靖に関する記述である。ジャーナリストとして活動していたが，1949年に『闘牛』で芥川賞を受賞した。さまざまな分野の作品を発表したが，特に歴史小説は記録でもあるような密度と硬度で重量感を持った文体によって描かれており，彼の文名を高めた。

C 山崎豊子に関する記述である。昭和期の資本主義の変動を背景に，商魂に徹して生きた大阪商人の典型像を描いた『花のれん』で1958年に直木賞を受賞した。その後，『白い巨塔』『不毛地帯』『大地の子』などで話題を巻き起こした。

よって**5**が正しい。

正答 **5**

No.5

A キュビズムというキーワードからピカソだとわかる。ピカソはスペイン出身の画家で，代表作は「アビニョンの娘たち」やスペイン内戦中の悲劇を描いた「ゲルニカ」などがある。

B シュルレアリスムというキーワードからダリだとわかる。ダリはスペイン出身の画家で代表作は「記憶の固執」など。

C ポップ＝アートというキーワードおよび，肖像写真をシルクスクリーンで複製化したなどの説明からウォーホルとわかる。ウォーホルは第二次世界大戦後のアメリカで活躍した。

よって**4**が正しい。

正答 **4**

戦後の作家

太宰治『走れメロス』『人間失格』『斜陽』
大岡昇平『俘虜記』『野火』
安部公房『砂の女』
三島由紀夫『金閣寺』『仮面の告白』

現代の作家

北杜夫『楡家の人々』
井上ひさし『手鎖心中』『吉里吉里人』
曽野綾子『二十一歳の父』

芥川賞作家

石川達三『蒼氓』
三浦哲郎『忍ぶ川』
田辺聖子『感傷旅行』
松本清張『或る「小倉日記」伝』
開高健『裸の王様』

直木賞作家

井伏鱒二『ジョン万次郎漂流記』
水上勉『雁の寺』
宮尾登美子『一絃の琴』
司馬遼太郎『梟の城』

文学・芸術

No.6 わが国の住宅の建築様式に関する **A ～ D** の記述に当てはまる様式名の組合せとして，正しいものはどれか。

A 鎌倉時代の武士が住んでいた家の造りで物見やぐら，塀を備え，母屋や馬場などが設けられていた。

B 平安時代に造られた貴族の住宅で，築地塀で囲まれていた。南側は池，中島を含む庭となっていた。

C 室町時代に成立した建築様式で，玄関，床，棚，書院を持つ点を特徴とし，障子などで仕切られていた。

D 安土桃山時代から江戸時代初期にかけて，茶の湯の流行から造られた茶室風の建築様式で，邸宅として用いられた。

	A	B	C	D
1	数寄屋造	武家造	寝殿造	書院造
2	数寄屋造	寝殿造	書院造	武家造
3	武家造	寝殿造	書院造	数寄屋造
4	武家造	数奇屋造	寝殿造	書院造
5	武家造	書院造	数奇屋造	寝殿造

No.7 次の **A ～ C** の記述に当てはまる音楽家の名前の組合せとして，正しいものはどれか。

A ロシアの作曲家でロマン派を代表する音楽家の一人である。ロシア的な素材を取り入れながらも，ヨーロッパの伝統に根ざした作品を書いた。代表作に，舞踏組曲「白鳥の湖」や「くるみ割り人形」などがある。

B フランスの作曲家で象徴派の文学運動や印象主義の絵画運動の影響を受け，音楽における印象主義という新しい作風を完成させた。代表作に，歌劇「ペレアスとメリザンド」，管弦楽曲「牧神の午後への前奏曲」などがある。

C ドイツの作曲家で古典派を代表する音楽家の一人である。難聴に苦しみ，やがて完全に聴力を失うが，その後も多くの傑作を生み出した。代表作に，交響曲第3番「英雄」，ピアノ協奏曲「皇帝」などがある。

	A	B	C
1	ドビュッシー	ベートーベン	モーツァルト
2	ストラビンスキー	モーツァルト	ハイドン
3	ドビュッシー	モーツァルト	チャイコフスキー
4	ストラビンスキー	チャイコフスキー	ビゼー
5	チャイコフスキー	ドビュッシー	ベートーベン

解 説

No.6

A 武家造の説明である。寝殿造を簡略化したもので，鎌倉時代の地頭の館がこの形式で造られた。

B 寝殿造の説明である。母屋を「寝殿」と呼ぶことから，寝殿造といわれるようになった。

C 書院造の説明である。室町時代の8代将軍足利義政が東山の別荘に建てた東求堂同仁斎が，代表的な書院造として知られている。書院造は禅宗の影響を受けて発達し，近代の和風住宅の出発点となっている。

D 数寄屋造の説明である。茶室風の様式が取り入れられ，装飾を取り除いた簡潔な様式である。
よって**3**が正しい。

正答 **3**

茶室
茶の湯を行うための部屋のことで，数寄屋ともいう。

文学・芸術

No.7

A チャイコフスキーに関する記述である。ロシアのロマン派の音楽家で，舞踏組曲第6番以外の作品に交響曲「悲愴」などがある。

B ドビュッシーに関する記述である。印象主義をとり入れたフランスの作曲家で，管弦楽曲「牧神の午後への前奏曲」が有名である。他の作品に「子供の領分」「亜麻色の髪の乙女」などがある。

C ベートーベンに関する記述である。古典派音楽の完成者で，楽聖と呼ばれている。9つの交響曲のほかに，協奏曲やピアノソナタなどを作曲した。
よって**5**が正しい。
なお，モーツァルトはオーストリアの古典派の作曲家で，代表作は歌劇「フィガロの結婚」など。ストラビンスキーはロシア出身の作曲家で，代表作に「火の鳥」「春の祭典」などがある。ハイドンはオーストリアの古典派の作曲家で，交響曲の父といわれている。ビゼーはフランスのロマン派の作曲家で，歌劇「カルメン」を作曲した。

正答 **5**

ロマン派
19世紀初めから20世紀初めに自由な思想や詩的感情を表現しようとした。この派に属する作曲家は，ほかにシューベルト（オーストリア），ショパン（ポーランド），リスト（ハンガリー），ワーグナー（ドイツ）である。

数学

出題の特徴と傾向

基本的な問題が多い！

　難易度の高い問題が出題されることもまれにあるが，ほとんどは基本的な問題が出題される。しかも，数的推理と重複する分野（図形，場合の数，確率など）もあり，基本問題の習得のみで意外に得点しやすいと言える。

出題範囲は広いが、出題分野には偏りがある！

　高校数学までの出題が全般的に確認できるが，主に出題されている分野は限定的であり，数学Ⅰ・数学Aまでの内容がほとんどである。「図形」「数と式の計算」「2次関数」だけで出題の約60%を占めている。他には，「三角比」「1次関数」「2次方程式」「不等式」をおさえておけばよい。

効果的な学習方法・対策

　数的推理と同様に，多くの受験生が苦手としている科目である。よって，数的推理と同じような考え方で対策していくとよい。

①最重要テーマを出題率の高いものから取り組むが，そこにこだわらずに理解できる範囲から取り組む。出題率の高い分野は勉強効率が高いため，理解よりも先に丸暗記してみることも一つの方法である。すぐには習得できなくても，反復練習・積み重ねにより少しずつ理解できるようになってくる。

②公式などを覚えたら，実際に問題を繰り返し解くのみ。パターン化された問題がほとんどなので，一気に時間を掛けて取り組むよりも，毎日僅かな時間を割いて取り組む方が適している。また，中学数学〜高校数学Ⅰ・Aの範囲がほとんどなので，学校の教材で基本〜標準問題（応用はやらなくてよい）を復習していけば対策としては十分である。

最重要テーマ **図　形**

出題率 **20%**

　ココがポイント　数的推理と出題内容が重複しているので、重要度が高い。三角形、円に関係する出題が多く、相似にも注意が必要。

① **n 角形の内角の和**　$180° \times (n-2)$

② **平行線と線分の比**　$l \,/\!/\, m \,/\!/\, n$ のとき，$\dfrac{a}{b} = \dfrac{c}{d}$

③ **中点連結定理**　AM＝MB，AN＝NC のとき，

　　$MN = \dfrac{1}{2}BC$，MN$/\!/$BC

④ **円周角の定理**　同じ弧に対する円周角は等しく，

　　中心角の $\dfrac{1}{2}$ に等しい。

　　$\angle APB = \angle AP'B$，$\angle APB = \dfrac{1}{2}\angle AOB$

⑤ **接弦定理**　接線と弦のつくる角は，その角の内部にある弧に対する円周角と等しい。$\angle BAT = \angle APB$

⑥ **相似比と面積比**　相似な図形の面積比は，相似比の２乗に等しい。

　　右の図において，BE：BC＝1：(1＋2)＝1：3

　　よって，△BDE：△BAC＝1^2：3^2＝1：9

⑦ **三平方の定理**　直角三角形において次の式が成り立つ。

　　$a^2 + b^2 = c^2$

　　逆に，$a^2 + b^2 = c^2$ が成り立てば，

　　△ABC は，∠C＝90° の直角三角形である。

②の図　③の図

④の図　⑤の図

⑥の図

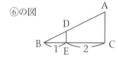

●重要な直角三角形

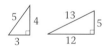

最重要テーマ **数と式の計算**

出題率 **20%**

　ココがポイント　因数分解，剰余の定理は自由に使えるようにしておく。平方根の計算は頻出だが平易なため確実に得点する。

① **展開と因数分解**　乗法公式を利用する。

　1.　$(a+b)^2 = a^2 + 2ab + b^2$

　2.　$(a-b)^2 = a^2 - 2ab + b^2$

　3.　$(a+b)(a-b) = a^2 - b^2$

　4.　$(x+a)(x+b) = x^2 + (a+b)x + ab$

●「たすきがけ」で因数分解
$(ax+b)(cx+d) =$
　　$acx^2 + (ad+bc)x + bd$
●置き換えによる簡略化
例）$(x+y)^2 + 3(x+y) + 2$
　　$x+y = A$ とおくと，
　　$A^2 + 3A + 2$ となる。

数学

② **平方根の計算**　頻出問題。分母は有理化する。

③ **絶対値**　$a \geqq 0$ のとき，$|a| = a$
　　　　　　$a < 0$ のとき，$|a| = -a$

④ **剰余の定理**　x についての整式 $f(x)$ を 1 次式 $x - a$ で割ったときの余りは $f(a)$ である。特に，$f(a) = 0$ ならば $f(x)$ は $x - a$ を因数に持つ（因数定理）。

● 指数の計算
（ⅰ）$a^m a^n = a^{m+n}$
（ⅱ）$(a^m)^n = a^{mn}$
（ⅲ）$(ab)^n = a^n b^n$
（ⅳ）$a^{-n} = \dfrac{1}{a^n}$，$a^0 = 1$

 2次関数

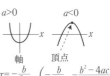
出題率
20%

（ココがポイント）グラフの軸と頂点を求めることが重要。最大値・最小値問題では，区間内の両端と軸で比較する。

① **グラフの平行移動**　$y = ax^2 + bx + c$ のグラフを x 軸方向に p，y 軸方向に q 平行移動させる。
（ⅰ）平方完成して頂点を求め，頂点を移動させる。
（ⅱ）x を $(x - p)$ に，y を $(y - q)$ に置き換える。

● 平方完成から頂点を求める
$$y = ax^2 + bx + c$$
$$= a\left(x + \frac{b}{2a}\right)^2 - \frac{b^2 - 4ac}{4a}$$

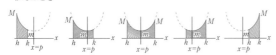

$$x = -\frac{b}{2a} \quad \left(-\frac{b}{2a}, \ -\frac{b^2 - 4ac}{4a}\right)$$

② **最大値・最小値**　$y = a(x - p)^2 + q$ の区間 $h \leqq x \leqq k$ における最大値 (M) と最小値 (m) は，グラフの軸の位置によって決まる。

$a > 0$ のとき

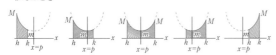

 三角比

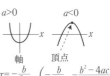
出題率
10%

（ココがポイント）有名角の sin, cos, tan の値は必須なので，完璧に覚える。定理・公式は覚えてしまえば平易な問題が多い。

① **三角比の相互関係：**

$$\sin\theta = \frac{b}{c}, \ \cos\theta = \frac{a}{c}, \ \tan\theta = \frac{b}{a}$$

$$\sin^2\theta + \cos^2\theta = 1$$

② **正弦定理**　$\dfrac{a}{\sin A} = \dfrac{b}{\sin B} = \dfrac{c}{\sin C} = 2R$

（$R = $ 外接円の半径）

③ **余弦定理**　$a^2 = b^2 + c^2 - 2bc\cos A$
　　　　　　$b^2 = c^2 + a^2 - 2ca\cos B$
　　　　　　$c^2 = a^2 + b^2 - 2ab\cos C$

※このうち 1 つだけ覚えればよく，他の 2 つは文字を入れ替えただけ。

④ **面積公式**　$S = \dfrac{1}{2}ab\sin C = \dfrac{1}{2}bc\sin A = \dfrac{1}{2}ca\sin B$

● 重要な直角三角形

● 余弦定理の変形
$$\cos A = \frac{b^2 + c^2 - a^2}{2bc}$$
$$\cos B = \frac{c^2 + a^2 - b^2}{2ca}$$
$$\cos C = \frac{a^2 + b^2 - c^2}{2ab}$$

※角を求める場合に使うが，無理に覚えなくても余弦定理から導くことができる。

● ヘロンの公式
$s = \dfrac{a + b + c}{2}$ とすると，
$$S = \sqrt{s(s - a)(s - b)(s - c)}$$

最重要テーマ 1次関数

出題率 **10%**

ココがポイント 軸との交点や直線どうしの交点を求める計算が重要。逆に，交点から直線を求める計算にも要注意。

① **傾きと切片，交点** $y=ax+b$ のグラフにおいて，a を傾き，b を切片といい，これらがグラフの形を決定する。

② **直線で囲まれた面積** 交点を求め，必要に応じて交点から補助線を引き，面積を分割して求めたり不要な部分を除いたりして面積を求める。

- $x=0$ のとき $y=b$ となるので，b は y 切片とも呼ぶ。
- 垂直に交わる2直線の傾きの積は -1 となる。
- 2点 (x_1, y_1), (x_2, y_2) を通る直線の方程式は，
$$y-y_1=\frac{y_2-y_1}{x_2-x_1}(x-x_1)$$
で求められる。

最重要テーマ 2次方程式とその解

出題率 **10%**

ココがポイント 解と係数の関係から，式の値を求めさせる問題が重要。判別式 D は，2次関数や2次不等式などにも使われる。

① **解の公式** 2次方程式 $ax^2+bx+c=0$ の解は，
$$x=\frac{-b\pm\sqrt{b^2-4ac}}{2a}$$ で表される。

② **判別式** 2次方程式 $ax^2+bx+c=0$ がどんな解をもつのかを調べるときの計算式 b^2-4ac を判別式といい，D で表す。

③ **解と係数の関係** 2次方程式 $ax^2+bx+c=0$ の2つの解を α, β とすると，$\alpha+\beta=-\dfrac{b}{a}$, $\alpha\beta=\dfrac{c}{a}$

- $D>0$ →異なる2つの解
  $D=0$ →1つの解（重解）
  $D<0$ →解をもたない
- α と β の対称式（文字を入れ替えても変わらない多項式）は，$\alpha+\beta$ と $\alpha\beta$ のみで表すことができる。
$\alpha^2+\beta^2=(\alpha+\beta)^2-2\alpha\beta$
$\alpha^3+\beta^3=(\alpha+\beta)^3-3\alpha\beta(\alpha+\beta)$

数学

最重要テーマ 不等式の解

出題率 **10%**

ココがポイント 2次不等式の解は，グラフが x 軸と交わるかどうかが重要。xy 平面上の領域とからめた出題が多いので要注意。

① **2次不等式の解** 2次方程式の2つの解を α, β $(\alpha<\beta)$ とすると，$(x-\alpha)(x-\beta)=0$ より，
（i） $(x-\alpha)(x-\beta)\geqq0$ の解は，$x\leqq\alpha$, $\beta\leqq x$
（ii） $(x-\alpha)(x-\beta)<0$ の解は，$\alpha<x<\beta$

② **連立不等式の解** それぞれの与えられた不等式を解き，それらに共通する範囲を解とする。

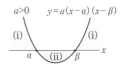

- **不等式の表す領域**
[例] 直線 $y=ax+b$ に対し，
$y>ax+b$ は直線の上側，
$y<ax+b$ は直線の下側
を表す。

基礎問題 最重要テーマをチェック！

No.1 円周上の弧 $\overset{\frown}{BC}$ の長さが円周の $\dfrac{1}{3}$ であるとする。弧 $\overset{\frown}{BC}$ 上に点 A を図のようにとるとき，∠BAC は何度か。 〔🌸図形〕

1 110°
2 120°
3 130°
4 140°
5 150°

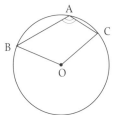

No.2 図のように，半径 9cm の円と半径 4cm の円がある。CD の長さとして正しいものはどれか。ただし，直線 CD は共通接線である。 〔🌸図形〕

1 8cm
2 9cm
3 10cm
4 11cm
5 12cm

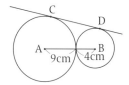

No.3 $A=\dfrac{2\sqrt{3}-3}{2\sqrt{3}+3}$，$B=\dfrac{2\sqrt{3}+3}{2\sqrt{3}-3}$ であるとき，A＋B の値として，正しいのはどれか。 〔🌸数と式の計算〕

1 1 　　**2** $\sqrt{3}$ 　　**3** $7\sqrt{3}$ 　　**4** 14 　　**5** $14\sqrt{3}$

No.4 $9x^2+12xy+4y^2-16$ を因数分解した式として，正しいものはどれか。 〔🌸数と式の計算〕

1 $(3x+2y-4)^2$ 　　　　　　**2** $(3x-2y+4)^2$
3 $(3x+2y+4)(3x+2y-4)$ 　　**4** $(9x+y-8)(x+4y+2)$
5 $(9x+4y+8)(x+y-2)$

No.5 2 次関数 $y=x^2+ax+b$（a，b は定数）のグラフは，x 軸と 2 つの点（－1，0）と（5，0）で交わっている。このとき，a の値はいくらか。 〔🌸2次関数〕

1 －4 　　**2** －2 　　**3** 0 　　**4** 2 　　**5** 4

No.6 2次関数 $y=-x^2+2x$ のグラフはどれか。 ☞2次関数

1　　　　**2**　　　　**3**　　　　**4**　　　　**5**

No.7 $\cos A=\dfrac{1}{2}$ のとき，$\sin A$ の値として正しいものはどれか。ただし，$0°<A<90°$ とする。 ☞三角比

1　$\dfrac{1}{2}$　　**2**　$\dfrac{\sqrt{2}}{2}$　　**3**　$\dfrac{\sqrt{3}}{2}$

4　$\dfrac{2\sqrt{2}}{3}$　　**5**　$\sqrt{3}$

No.8 次のうち，1次関数 $y=2x+3$ のグラフと垂直な直線の方程式はどれか。 ☞1次関数

1　$y=-2x$　　**2**　$y=-\dfrac{1}{2}x$　　**3**　$y=3x$

4　$y=-\dfrac{1}{3}x$　　**5**　$y=-\dfrac{3}{2}x$

No.9 x についての2次方程式 $x^2-kx+1=0$ が重解をもつときの，k の値の範囲はどれか。 ☞2次方程式とその解

1　$k<-2$　　**2**　$-2\leqq k\leqq 2$　　**3**　$k\geqq 1$

4　$k=0$　　**5**　$k=2,\ -2$

No.10 2つの不等式 $x^2+11x+24\leqq 0$，$x^2+8x+12\geqq 0$ を満たす x の範囲を求めよ。 ☞不等式の解

1　$x\leqq -3,\ x\geqq -2$
2　$x\leqq -8,\ x\geqq -2$
3　$-6\leqq x\leqq -3$
4　$-8\leqq x\leqq -2$
5　$-8\leqq x\leqq -6$

正答	No.1：**2** No.2：**5** No.3：**4** No.4：**3** No.5：**1** No.6：**3** No.7：**3** No.8：**2** No.9：**5** No.10：**5**

数学

No.1 図のような AB＝AC＝$1+\sqrt{5}$ の二等辺三角形 ABC があり，∠ACB の二等分線と辺 AB の交点を D とするとき，CD の長さを求めよ。

1 1

2 $\dfrac{3}{2}$

3 2

4 $1+\sqrt{2}$

5 $1+\sqrt{3}$

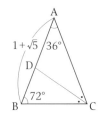

No.2 図のような，正方形内の斜線部分の面積として正しいものはどれか。

1 $1-\dfrac{\sqrt{3}}{8}-\dfrac{\pi}{12}$

2 $1+\dfrac{\sqrt{3}}{8}-\dfrac{\pi}{6}$

3 $1-\dfrac{\sqrt{3}}{4}-\dfrac{\pi}{12}$

4 $1-\dfrac{\sqrt{3}}{4}-\dfrac{\pi}{6}$

5 $1-\dfrac{\sqrt{3}}{2}-\dfrac{\pi}{3}$

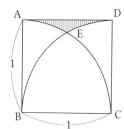

No.3 $f(x)=x^2+ax+b$ と $g(x)=x^2+2bx+a$ がともに $x-1$ を因数にもつときの，a, b の値を求めよ。

1 $a=-2,\ b=-1$

2 $a=-1,\ b=0$

3 $a=0,\ b=1$

4 $a=1,\ b=2$

5 $a=2,\ b=3$

解説

No.1

∠ACB=180°−36°−72°=72° より, ∠ACD=∠DCB =36°, さらに∠BDC=72° となる。CD=AD=BC=x とおくと, △ABC∽△CDB より, AB:BC=CD:DB であり, $(1+\sqrt{5}):x=x:(1+\sqrt{5}-x)$ となる。$A=1+\sqrt{5}$ とすると, $A:x=x:(A-x)$ より$x^2=A(A-x)$, よって, $x^2+Ax-A^2=0$。解の公式より $x=\dfrac{-A\pm\sqrt{A^2+4A^2}}{2}$

$=\dfrac{-1\pm\sqrt{5}}{2}A$ で, $x>0$ より$x=\dfrac{-1+\sqrt{5}}{2}A=\dfrac{-1+\sqrt{5}}{2}$

$\times(1+\sqrt{5})=\dfrac{(\sqrt{5}-1)(\sqrt{5}+1)}{2}=\dfrac{5-1}{2}=2$ となる。

正答 **3**

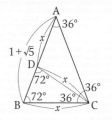

図形（三角形）

No.2

右の図のように補助線を引く。△BCE は 1 辺の長 さが 1 の正三角形だから,

$EH=\dfrac{\sqrt{3}}{2}$ より, $\triangle BCE=\dfrac{1}{2}\cdot1\cdot\dfrac{\sqrt{3}}{2}=\dfrac{\sqrt{3}}{4}$

（扇形 BAE）＝（扇形 CDE）＝$1^2\times\pi\times\dfrac{30}{360}=\dfrac{\pi}{12}$ よって, 求める面積 S は,

$S=$（正方形 ABCD）$-$（△BCE）-2（扇形 BAE）

$=1-\dfrac{\sqrt{3}}{4}-2\times\dfrac{\pi}{12}=1-\dfrac{\sqrt{3}}{4}-\dfrac{\pi}{6}$

正答 **4**

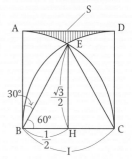

図形（面積）

No.3

$f(x)$ が $x-1$ を因数にもつから, $f(1)=0$ となる。

$1+a+b=0$ より, $a+b=-1$……①

$g(x)$ が $x-1$ を因数にもつから, $g(1)=0$ となる。

$1+2b+a=0$ より, $a+2b=-1$……②

②−①より, $b=0$　　このとき, $a=-1$

正答 **2**

数と式の計算

因数定理を用いる。

実戦問題

No.4 次の絶対値を含む方程式の解の和として妥当なのはどれか。

$|2x-1|=x+7$

1 3

2 4

3 6

4 8

5 9

No.5 2次関数 $y=x^2-x+2$ のグラフを x 軸方向に -2, y 軸方向に -2 だけ平行移動して得られる放物線が, 直線 $y=x+a$ と接するとき, a の値はいくらか。

1 -1

2 1

3 3

4 5

5 7

No.6 a を定数とする2次関数 $y=x^2-2x+a$ の定義域が $-1≦x≦4$ のとき, その最小値は3であるという。このとき, この2次関数の最大値はいくらか。

1 8

2 9

3 10

4 11

5 12

No.7 A工場は, 商品Bを製造しており, その商品Bを1日 m 個製造するのに $(m^2+200m+500)$ 円かかる。また, 製造した商品Bを m 個その日のうちに売り切るには, 1個当たりの値段を $(800-m)$ 円にすればよいことがわかっている。この商品Bを売り切ったときの1日当たりの利益を最大にするには, 1日に何個製造すればよいか。

1 50個   **2** 100個   **3** 150個

4 200個   **5** 250個

解説

No.4

$2x-1\geqq0$，つまり $x\geqq\dfrac{1}{2}$ のとき，$2x-1=x+7$ となり，$x=8$。$2x-1<0$，つまり $x<\dfrac{1}{2}$ のとき，$-(2x-1)=x+7$ となり，$x=-2$。解の和は $8+(-2)=6$。

正答 **3**

絶対値
絶対値記号の中の値が負の値の時，「－」を付けて絶対値記号をはずす。
$a<0$ のとき、$|a|=-a$

No.5

$y=x^2-x+2=\left(x-\dfrac{1}{2}\right)^2+\dfrac{7}{4}$ より，頂点は $\left(\dfrac{1}{2},\ \dfrac{7}{4}\right)$。平行移動後の頂点は $\left(\dfrac{1}{2}-2,\ \dfrac{7}{4}-2\right)=\left(-\dfrac{3}{2},\ -\dfrac{1}{4}\right)$ となり，その放物線は $y=\left(x+\dfrac{3}{2}\right)^2-\dfrac{1}{4}=x^2+3x+2$ となる。これが $y=x+a$ と接するとき，$x^2+3x+2=x+a$ より $x^2+2x+2-a=0$ となり，これが重解を持つ。$D=2^2-4\times1\times(2-a)=0$ より，$a=1$ となる。

正答 **2**

2次関数の平行移動
x を $(x+2)$、y を $(y+2)$ に置き換えて計算してもよい。
$y+2=(x+2)^2-(x+2)+2$
より、$y=x^2+3x+2$ となる。

No.6

$y=x^2-2x+a=(x-1)^2+a-1$　頂点 $(1,\ a-1)$
頂点の x 座標は1で，これは定義域 $-1\leqq x\leqq4$ の範囲内だから，最小値は $x=1$ のときで $y=a-1$ となる。$a-1=3$ より $a=4$ だから，$y=(x-1)^2+3$ となる。最大値は $x=4$ のときで，$y=12$ となる。

正答 **5**

2次関数の最大値
放物線は下に凸の形で、定義域 $-1\leqq x\leqq4$ において軸の $x=1$ から最も離れているのは $x=4$ であり、こここの y 座標の位置が最も高い。

No.7

1個当たり $(800-m)$ 円で，m 個売ったときの売上げは，$m(800-m)$ 円である。これを製造するのにかかる費用は，$(m^2+200m+500)$ 円だから，利益は，
$$m(800-m)-(m^2+200m+500)$$
$$=-2m^2+600m-500$$
$$=-2(m-150)^2+44500$$
$m=150$ ［個］のとき，44500 円で最大となる。

正答 **3**

2次関数の最大値
利益＝売上げ－原価

$a>0$ で $-a(x-p)^2+q$ の値が最大になるのは、
$-a(x-p)^2=0$ のとき、すなわち、$x=p$ のときである。

No.8 図のような各辺の長さが13, 14, 15の三角形 ABC がある。このとき，$\cos B$ の値はいくらか。

1 $\dfrac{4}{13}$

2 $\dfrac{5}{14}$

3 $\dfrac{5}{13}$

4 $\dfrac{3}{7}$

5 $\dfrac{6}{13}$

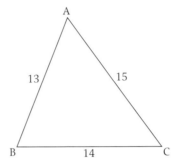

No.9 右の図のように，A $(3, 5)$，B $(8, 4)$ とする。点 A を通り，$\triangle$AOB の面積を2等分する直線を $l : y = ax + b$ とするとき，切片 b の値は次のどれか。

1 10

2 11

3 12

4 13

5 14

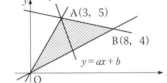

No.10 2次方程式 $2x^2 - 5x + 4 = 0$ の2つの解を α，β とするとき，$\dfrac{1}{\alpha + 1} + \dfrac{1}{\beta + 1}$ の値を求めよ。

1 $\dfrac{7}{11}$ **2** $\dfrac{8}{11}$ **3** $\dfrac{9}{11}$ **4** $\dfrac{10}{11}$ **5** 1

No.11 $y \leqq x + 1$，$y \geqq 2x - 3$，$y \geqq -3x - 3$ を満たす xy 平面上の領域の面積は，次のうちどれか。ただし，座標軸の長さの単位を1cmとする。

1 4cm^2

2 6cm^2

3 8cm^2

4 10cm^2

5 12cm^2

解説

No.8

余弦定理より，$\cos B = \dfrac{13^2+14^2-15^2}{2\times13\times14} =$

$\dfrac{169+196-225}{2\times13\times14} = \dfrac{140}{2\times13\times14} = \dfrac{5}{13}$ となる。

正答 **3**

三角比

この三角形の面積を求める場合，

$\sin B = \sqrt{1-\left(\dfrac{5}{13}\right)^2} = \dfrac{12}{13}$ より，

$S = \dfrac{1}{2}\times13\times14\times\dfrac{12}{13} = 84$

※ヘロンの公式を使うなら，

$s = \dfrac{13+14+15}{2} = 21$ より，

$S = \sqrt{21\times8\times7\times6} = 84$

No.9

直線 l は，A $(3, 5)$ と辺OBの中点 $(4, 2)$ を通る。

直線 l は $y-5 = \dfrac{2-5}{4-3}(x-3)$ より，$\boldsymbol{y=-3x+14}$ と

なるから，$b=14$

正答 **5**

1次関数

2点 (x_1, y_1)，(x_2, y_2) を通る
直線の方程式は，

$$y-y_1 = \dfrac{y_2-y_1}{x_2-x_1}(x-x_1)$$

No.10

解と係数の関係から，$\alpha+\beta = \dfrac{5}{2}$，$\alpha\beta = \dfrac{4}{2} = 2$

$\dfrac{1}{\alpha+1} + \dfrac{1}{\beta+1} = \dfrac{(\beta+1)+(\alpha+1)}{(\alpha+1)(\beta+1)}$

$= \dfrac{(\alpha+\beta)+2}{\alpha\beta+(\alpha+\beta)+1} = \dfrac{\dfrac{5}{2}+2}{2+\dfrac{5}{2}+1} = \dfrac{\dfrac{9}{2}}{\dfrac{11}{2}} = \dfrac{9}{11}$

正答 **3**

解と係数の関係

$\dfrac{\dfrac{9}{2}}{\dfrac{11}{2}} = \dfrac{\dfrac{9}{2}\times2}{\dfrac{11}{2}\times2} = \dfrac{9}{11}$

No.11

$y=x+1$ …… ①，$y=2x-3$…… ②，$y=-3x-3$
……③ の3直線で囲まれた面積を求める。(右図)

交点の座標は，①，②を連立させて，C $(4, 5)$，①，
③を連立させて，D $(-1, 0)$，②，③を連立させて，
B $(0, -3)$。①は，y 軸上の点A $(0, 1)$ を通る。

よって，△DBCの面積＝△DAB＋△CAB だから，

$\dfrac{1}{2}\times4\times1 + \dfrac{1}{2}\times4\times4 = 2+8 = 10$ [cm²]

正答 **4**

不等式の表す領域

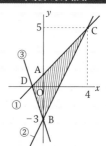

数学

物理

出題の特徴と傾向

基本的なレベルの問題がほとんど！

いずれも基礎的な知識を問うもので，中学・高校の教科書レベルの出題である。計算問題も，複雑なものではなく，基本公式をそのまま当てはめればよいような問題が多い。

頻出分野は力学と電気

過去の出題のうち，ほとんどが「力学」分野からの出題で，残りは「波」や「原子」，「熱」からの出題である。頻出内容もはっきりしており，力学分野では「等速直線運動」，「等加速度直線運動」に関する問題がよく出題されている。

計算問題の確率は50％程度

計算問題でも，選択肢から正解を選ぶ形式であるが，きちんと計算して結果を導かないと正解はできない。計算問題の練習を積んでおこう。

効果的な学習方法・対策

まず本書に載っているような，基本法則や公式をしっかり理解しておくことが必要である。教科書を最初から学ぶのではなく，本書の問題を解きながら，該当する教科書のページを学習していくと効果的であろう。範囲はあまり広くはないので，一つ一つのことがらを確実に身につけていくようにしよう。また，計算問題は自分できちんと解いてみることが大切である。

力 学

最重要
テーマ

ココがポイント 力のつり合い，等加速度運動，運動の法則，力学的エネルギー保存の法則，運動量保存の法則などが重要。

① **力のつり合い**　2力がつり合う条件は，その力が1つの物体にはたらき，力の大きさが等しく，向きが反対で，一直線上にあることである（合力＝0）。力 $\vec{F_1}$ と $\vec{F_2}$ の合力が $\vec{F_3}$ と反対向きで，大きさが等しくなるような3力はつり合う。

② **等加速度運動**　加速度 a が一定で同じ向きに直線運動。

t 秒後の速度 $v = v_0 + at$

t 秒後の位置 $x = v_0 t + \dfrac{1}{2} at^2$

$v^2 - v_0^2 = 2ax$

③ **運動の3法則**　慣性の法則，運動の法則 $F = ma$，作用反作用の法則

④ **力学的エネルギー**

・運動エネルギー　運動している物体のもっているエネルギーをいう。

$K\,[\mathrm{J}] = \dfrac{1}{2} mv^2$

・位置エネルギー　物体はある高さに位置することで重力による位置エネルギーをもつ。

$U\,[\mathrm{J}] = mgh$

・力学的エネルギー保存の法則　運動エネルギーと位置エネルギーの和を力学的エネルギーという。物体に重力のみがはたらくとき，力学的エネルギーは保存される。

$\dfrac{1}{2} mv^2 + mgh = $ 一定

⑤ **運動量と力積**

・運動量　物体の質量 m と速度 v の積は運動の勢いを表す。これを運動量という。

・力積　力 F と作用時間 t の積をいう。

・運動量と力積の関係　運動量の変化は加えられた力積に等しい。

$mv - mv_0 = Ft$

[現在の運動量] － [はじめの運動量] ＝ [力積]

・運動量保存の法則

$m_1 v_1 + m_2 v_2 = m_1 v_1' + m_2 v_2'$

[衝突前の運動量の和] ＝ [衝突後の運動量の和]

● **力の3要素**　大きさ，向き，作用点を力の3要素という。

● **力の合成と分解**
平行四辺形の法則

力 $\vec{F_1}$, $\vec{F_2}$ の合力 $\vec{F}$
$\vec{F} = \vec{F_1} + \vec{F_2}$

力 $\vec{F}$ の x 成分，y 成分
$F_x = F\cos\theta$, $F_y = F\sin\theta$
$F = \sqrt{F_x^2 + F_y^2}$

● **慣性の法則**
物体に他から力が加わらないか，または加わっている力がつり合っている場合には，初め静止している物体は静止を続け，運動している物体は等速直線運動を続ける。

● **運動の法則**
物体に加速度が生じている場合は，力がはたらいており，その力の大きさは物体の質量×加速度の値に等しい。

● **作用反作用の法則**
2つの物体が互いに及ぼし合う作用と反作用は，同一直線上にあり，大きさは等しく，逆向きである。

● **力の絶対単位**
質量1kgの物体に，1m/s² の加速度を与える力の大きさを，1N（ニュートン）という。

物理

電流と電子

ココがポイント オームの法則, 電気抵抗, コンデンサー, 磁界, 原子の構造, 放射線の種類と性質などが重要。

①**オームの法則**　回路を流れる電流の強さ [I] は, 電圧 [E] に比例し, 抵抗 [R] に反比例する。

$$E\,[\text{V}] = I\,[\text{A}] \times R\,[\Omega]$$

②**電気抵抗**

・直列回路　合成抵抗 R は, $R = R_1 + R_2 + \cdots$
各抵抗を流れる電流は一定である。

・並列回路　合成抵抗 R は,

$$\frac{1}{R} = \frac{1}{R_1} + \frac{1}{R_2} + \cdots$$

各抵抗にかかる電圧は一定である。

③**コンデンサー**

・直列接続　合成容量 C は,

$$\frac{1}{C} = \frac{1}{C_1} + \frac{1}{C_2} + \cdots$$

各極板の電荷の絶対値 Q は一定。全電位差 V は各コンデンサーの電位差の和。

・並列接続　合成容量 C は, $C = C_1 + C_2 + \cdots$
各極板の電位差は一定。全電荷 Q は各コンデンサーの電荷の和。

④**磁界**　右ねじの法則 (電流がつくる磁界), フレミングの左手の法則 (電流が磁界から受ける力), レンツの法則 (電流の変化や磁石の運動によって回路に流れる誘導電流の向きは, その原因となる変化や作用を妨げる向きに流れる)。

⑤**原子の構造**

・質量数と原子番号
質量数＝陽子数＋中性子数
原子番号＝陽子数 (＝電子数)

⑥**放射線の種類と性質**

放射線	本　体	電荷	電離作用	物質透過力
α 線	^{4}He の原子核	＋2e	大	小
β 線	電子	－e	中	中
γ 線	電磁波	0	小	大

●直列回路

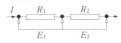

●並列回路

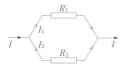

●コンデンサーの直列接続

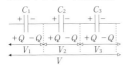

●コンデンサーの並列接続

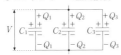

●右ねじの法則

●フレミングの左手の法則

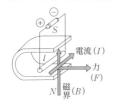

最重要 テーマ 波　動

（ココがポイント）波の基本的な性質，反射と屈折，音波（特にドップラー効果）などが重要。

① **波の基本的な性質**　周期（媒質が 1 回振動する時間）を T，振動数（媒質が 1 秒間に繰り返す振動の回数）を f，波の進む速さを v，波長を λ とすると，

波の速さ　　振動数　　波長
$$v \ = \ f \ \times \ \lambda \ = \frac{\lambda}{T} \ \frac{[\mathrm{m}]}{[\mathrm{s}]}$$
[m/s]　　　[Hz]　　　[m]

● 波形

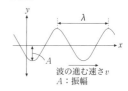

波の進む速さ v
A：振幅

② **波の反射と屈折**

・反射の法則　　入射角＝反射角

・屈折の法則　　$\dfrac{\sin\theta_1}{\sin\theta_2} = \dfrac{v_1}{v_2} = \dfrac{\lambda_1}{\lambda_2} = \dfrac{n_2}{n_1} = n_{12}$

● 反射と屈折

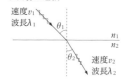

速度 v_1
波長 λ_1

速度 v_2
波長 λ_2

③ **音波**　音の大小は振幅に比例し，音の高低は振動数に比例する。

・音速　　温度 t [℃] のときの速さ v は，
$$v = 331.5 + 0.6t \ [\mathrm{m/s}]$$

④ **うなり**　振動数 f_1 と振動数 f_2 の音を同時に聞いたときに聞こえる 1 秒間当たりのうなりの回数 n は，
$$n = |\,f_1 - f_2\,| \ [\mathrm{Hz}]$$

⑤ **ドップラー効果**　音源と観測者が相対的に近づくとき音が高く聞こえ，遠ざかるときには低く聞こえる現象。音源から観測者に向う方向を正とすると，

$$f = \frac{V - v_0}{V - v_s} f_0 \begin{array}{l} \cdots\cdots（音速－観測者の速さ）[\mathrm{m/s}] \\ \cdots\cdots（音速－音源の速さ）[\mathrm{m/s}] \end{array}$$
[Hz]

聞こえる振動数　　f_0：音源の振動数

● ドップラー効果は音だけではなく，光でも起こる。

最重要 テーマ 熱

（ココがポイント）比熱の意味と求め方，熱量の基本式，熱と仕事（特に熱の仕事当量）が重要。

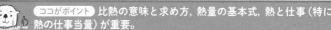

① **比熱**　物質 1 g を 1℃（1K）上げるのに必要な熱量　単位は cal/g・℃（J/g・K）。水の比熱は最大。

② **熱量**　熱量＝質量×比熱×温度変化で求められる。
$$Q \ = \ m \ \times \ C \ \times \ t$$
[cal]　　[g]　　[cal/g・℃]　　[℃]
[J]　　　[g]　　[J/g・K]　　　[K]

③ **熱容量**　物体の温度を 1K 上げるのに必要な熱量。

● 1J の熱量とは 1J の仕事が全部熱に変わったときに発生する熱量であり，1cal＝4.19J という関係がある。この換算の値 4.19J/cal を仕事当量という。

物理

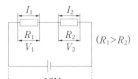

No.1

図Iのように，糸の長さ l，おもりの質量 m の振り子があり，同じ材質の糸および同じ材質のおもりを用いて図IIのア〜カのような6種類の振り子を作ったとき，図Iの振り子と周期が等しい振り子の組合せとして，正しいのはどれか。ただし，糸の質量およびおもりの大きさは無視し，糸は伸縮しない。

力学

図I

l

m

図II　ア　イ　ウ　エ　オ　カ

$\frac{1}{2}l$ $\frac{1}{2}m$

$\frac{1}{2}l$ $2m$

l $\frac{1}{2}m$

l $2m$

$2l$

$\frac{1}{2}m$

$2l$

$2m$

1　ア，カ
2　イ，オ
3　ウ，エ
4　ア，ウ，オ
5　イ，エ，カ

No.2

次の回路に12Vの電圧をかけた場合の電流 (I_1, I_2) と電圧 (V_1, V_2) の関係が正しいものは，次のうちどれか。

電流と電子

1　$I_1 = I_2$, $V_1 = V_2$
2　$I_1 = I_2$, $V_1 < V_2$
3　$I_1 = I_2$, $V_1 > V_2$
4　$I_1 < I_2$, $V_1 = V_2$
5　$I_1 > I_2$, $V_1 = V_2$

I_1　I_2

R_1　R_2　$(R_1 > R_2)$
V_1　V_2

12V

No.3

次の文の空欄A〜Cに当てはまる語句の組合せとして，妥当なものはどれか。

電流と電子

　下図のように，コイルに棒磁石を近づけたり遠ざけたりすると，コイルを貫く　**A**　が変化することによって，回路に電流が流れる。コイルに棒磁石のN極を近づけたとき，電流は，　**A**　の変化を妨げる　**B**　の方向に流れる。この現象を　**C**　という。

	A	B	C
1	磁束	X	電磁誘導
2	磁束	X	静電誘導
3	磁束	Y	電磁誘導
4	電圧	X	静電誘導
5	電圧	Y	電磁誘導

S
N

X

G 検流計

Y

No.4 光と音の性質に関する記述として，妥当なのはどれか。 ☞波動

1 虹が複数の色に見えるのは光の干渉によるものであり，太陽光に含まれる様々な波長の光のうち干渉して強め合った波長の光が見えるために起こる現象である。

2 夕日が赤く見えるのは光の分散によるものであり，太陽光に含まれる赤色の光が大きく分散し，大気中の長い距離を通過するために起こる現象である。

3 水を張ったプールの底に置いた物体が実際の位置よりも浅い位置に見えるのは光の反射によるものであり，水深が深いほど光の反射率が高くなるため物体の位置はより浅く見える。

4 壁の後ろ側にいる人の話し声が話す人の姿が見えなくても聞こえる現象はうなりとよばれ，音声が高いほどうなりは大きくなり，声はよく聞こえる。

5 近づいてくる緊急車両のサイレンの音が音源の音に比べて高く聞こえる現象はドップラー効果とよばれ，緊急車両の近づく速さが速いほど音はより高く聞こえる。

No.5 音速に関する記述として，正しいものはどれか。 ☞波動

1 理想気体中の音速は温度および圧力によって変化することなく，真空中の音速とほぼ同一の速度である。

2 一般気体中の音速は気体の密度に比例し，気体の圧力に反比例する。

3 一般気体中の音速は気体の圧力の2乗に比例し，気体の密度に反比例する。

4 空気中の音速は温度が低いほど速く，湿った空気と乾燥した空気とでは，乾燥した空気中のほうが速い。

5 空気中の音速は温度が高いほど速く，湿った空気と乾燥した空気とでは，湿った空気中のほうが速い。

No.6 比熱に関する記述として，正しいものはどれか。 ☞熱

1 0℃において氷の比熱は銅より大きいが鉄より小さい。

2 0℃において氷の比熱は銅よりも鉄よりも小さい。

3 0℃において氷の比熱は鉄より大きいが金より小さい。

4 20℃において水の比熱は鉛より大きいが銅より小さい。

5 20℃において水の比熱は鉄よりも銅よりも大きい。

物理

正答 No.1：**3**　No.2：**3**　No.3：**1**　No.4：**5**　No.5：**5**　No.6：**5**

No. 1 水中の物体が水から受ける力に関する次の記述中の空欄ア, イに当て
はまるものの組合せとして妥当なのはどれか。

　図のように, 立方体の形をした金属製のおもりを糸でつるし, おもりの上面
が水平になるように支えながら, 水中に沈めた。このとき, おもりが受ける水
圧による力の向きと大きさを矢印で表した図として, 最も妥当なものは次の**A**
～**C**のうち（　**ア**　）である。ただし, 矢印の長さは水圧による力の大きさに比
例しているとし, 糸の体積と質量は無視できるとする。

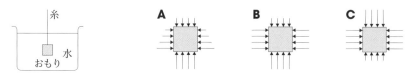

　次におもりを, 同じ体積の立方体で質量が2倍のものに替えたとき, おもり
が水から受ける浮力の大きさは, 初めのおもりが受ける浮力の大きさと比べて
（　**イ**　）。

	ア	イ
1	**A**	2倍になる
2	**A**	等しい
3	**B**	2倍になる
4	**B**	等しい
5	**C**	2倍になる

No. 2 次の文の（　**A**　）,（　**B**　）に入る数字の組合せとして正しいもの
はどれか。

　各階が2.5mの高さの33階建てのマンションがある。今, 太郎君は33階に
住む花子さんに会うため1階からエレベーターで33階までノンストップで昇
った。このエレベーターは最初の4秒間は一定の加速度（　**A**　）m/s^{2}で上昇
し, 次の12秒間は一定の速さで上昇し29階の高さ70mまで達し, 後は一定の
加速度（　**B**　）m/s^{2}で減速しながら上昇して33階に到達した。

	A	**B**
1	1	1
2	1.25	1
3	1	1.25
4	1.25	1.25
5	5	4

解説

No.1

水圧は鉛直方向には変化する一方, 水平方向には変化しない。鉛直方向の水圧は, 下に行く (深くなる) ほど大きくなる。水圧に面積をかけると, その面に働く力の大きさになる。

浮力の大きさは, 物体が押しのけた水の重さそのものなので, 物体の質量が変化しても物体の体積が同じであれば, 水の重さは変化しない。

よって, **2** が正解である。

正答 **2**

アルキメデスの原理

液体中に働く浮力
=
物体が押しのけた液体の重さ

No.2

速さと時間の関係を表した $v-t$ グラフをかいて考えるのが最もわかりやすい。

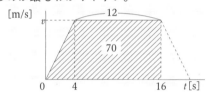

$v-t$ グラフではグラフと横軸で囲まれた面積が動いた距離を表している。4秒後の速度を v とすると,

$(12+16) \times v \times \dfrac{1}{2} = 70$ となり,

$$14v = 70 \qquad v = 5 \, [\text{m/s}]$$

加速度を a とすると,

$$a = \frac{5}{4} = 1.25 \, [\text{m/s}^2] \text{ となる。}$$

29階から33階までの高さは, $(33-29) \times 2.5 = 10 \, [\text{m}]$ だから, 減速している時間は, $v-t$ グラフの三角形の面積であるから,

$$\frac{1}{2} \times t \times 5 = 10 \quad \text{が成り立つ。}$$

$$2.5t = 10 \qquad t = 4 \, [\text{s}]$$

$$\therefore \quad a = -\frac{5}{4} = -1.25 \, [\text{m/s}^2]$$

正答 **4**

別解

加速度を a として, 上昇した高さを a を使って表し, 計算で求める。

$$\frac{1}{2} a \times 4^2 + a \times 4 \times 12 = 70$$

これを解くと,
$$\therefore a = 1.25 \, [\text{m/s}^2]$$
減速しているときの加速度は,
$$0^2 - 5^2 = 2a \times 10$$
$$-25 = 20a$$
$$\therefore a = -1.25 \, [\text{m/s}^2]$$

物理

No.3 次の図のように天井から60gの金属球が細い糸でぶらさげられている。この金属球に40gの粘土を水平方向から投げつけたところ、粘土は金属球にくっついて一体となって振り子運動を始めた。粘土が金属球に衝突する直前の速度が10m/sであるとき、衝突直後の速度はいくらになるか。ただし、糸の質量は無視できるものとする。

1 1 m/s **2** 2 m/s
3 3 m/s **4** 4 m/s
5 5 m/s

No.4 原子核は、いくつかの陽子と中性子で構成されている。陽子は正（＋）の電荷をもつため、核内では互いに反発しあっているが、この反発力を弱め核を安定な状態に保つために、中性子が重要な役割を果たしている。しかし、原子番号が増えるにしたがって陽子の反発力が強くなり、安定な核は存在しなくなる。今、タリウム（$^{206}_{81}$Tl）の原子核が、ある粒子を放出して鉛（$^{206}_{82}$Pb）の原子核に変化した。このとき放出された粒子の透過力に関する記述として妥当なものはどれか。

1 数枚の紙で安全に遮断される。
2 厚さ数mmのアルミニウム板で完全に遮断される。
3 厚さ数cmの空気の層で完全に遮断される。
4 完全に遮断するためには、厚さ数cmの鉛板が必要である。
5 完全に遮断するためには、厚さ数mのコンクリート壁が必要である。

No.5 ボールを鉛直上向きに、初速度 v_0 で投げ上げた。ボールは T 秒後に最高点に達した後、鉛直下向きに方向を変え、速度を増しながら落下してきた。投げ上げた位置に戻ったのは、$2T$ 秒後であった。

この一連の動きを、縦軸を速度（上向きを正とする）、横軸を時間としてグラフに表した場合、その概形として最も妥当なのはどれか。

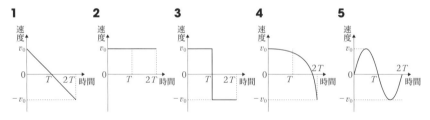

解説

No.3

衝突後, 粘土と金属球は合体して動き出している。

運動量保存の法則

$m_1v_1 + m_2v_2 = m_1v_1' + m_2v_2'$ より,

衝突後の速度を v とすると,

$$60 \times 0 + 40 \times 10 = 60v + 40v$$
$$400 = 100v$$
$$\therefore \quad v = 4 \ [\text{m/s}]$$

正答 **4**

運動量の求めかた

運動の激しさを表すもので,
運動量＝質量×速度
で求められる。

No.4

この問題における原子核反応式を書いてみると,

$$^{206}_{81}\text{Tl} \quad \rightarrow \quad ^{206}_{82}\text{Pb} \quad + \quad ^{0}_{-1}\text{X} \ (放出された粒子)$$

この放出された粒子は電子であり, β 線であることがわかる。β 線の透過力は中であるから厚さ数 mm のアルミニウムの板で完全に遮断される。

正答 **2**

放射線

自然界に存在する多数の原子核は極めて安定しているが, 一部不安定な原子核は, 安定しようと余分なエネルギーを放出する。この過程で放射線と呼ばれるものを放出する。

No.5

物体の速度 v は, 物体の初速度を v_0, 重力加速度を g, 時間を t 秒とすると $v = v_0 - gt$ となる。この式は横軸を時間 t, 縦軸を速度 v とすると, 切片が v_0, 傾きが $-g$ の一次関数の直線グラフとなる。T 秒までは速度の値は小さくなって右下がりの直線になり, T 秒で速度は 0 となる。T 秒から $2T$ 秒までの速度も負の数で更に小さくなり, 右下がりの直線となる。

正答 **1**

投げ上げ運動の解きかた

等加速度直線運動の式を覚えるとともに, 距離・速度・加速度にはそれぞれ大きさだけでなく, 方向があるので, 正の値・負の値が存在することを理解しよう。例えば鉛直上向きの速度を正の値とすると, 鉛直下向きの速度は負の値となる。

物理

No.6 磁界に関する次の図Ⅰ，Ⅱ，Ⅲについての説明**A**，**B**，**C**のうち，妥当なもののみをすべて挙げているものはどれか。

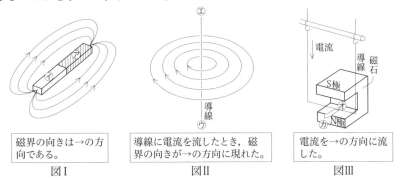

磁界の向きは→の方向である。	導線に電流を流したとき，磁界の向きが→の方向に現れた。	電流を→の方向に流した。
図Ⅰ	図Ⅱ	図Ⅲ

A 図Ⅰにおいて，棒磁石のN極は⑦，S極は⑦である。

B 図Ⅱにおいて，電流の向きは⑦⇒①の方向である。

C 図Ⅲにおいて，ブランコのようにつり下げられた導線は⑦⇒⑦の方向に動く。

1 **A**

2 **B**

3 **C**

4 **A**, **B**

5 **B**, **C**

No.7 音に関する記述として，正しいものはどれか。

1 同じ高さの音であっても，それを発する楽器によって異なって聞こえるのは，楽器ごとに振動数が異なるためである。

2 おんさはそれ自体では大きな音は出ないが，共鳴箱に取り付けると大きな音が発生する。これは，おんさの振動数と共鳴箱の中の気柱の振動数が一致するためである。

3 音は，空気の振動が伝わる波であるが，光と異なり，障害物で反射したり屈折したりする現象は生じない。

4 夜になると，昼間聞こえないような遠くの音が聞こえることがあるが，これは夜には騒音が少ないことに加えて，気温が低いほど音の速さが大きくなることによる。

5 超音波は，その振動数はヒトの感じる音の範囲内にあるが，水中に入ったときに振幅が極めて大きくなる性質があり，魚群探知機などに利用されている。

解説

No.6

A N極からS極に向かう矢印で磁力線を描く。したがって，⑦がS極，⑦がN極となる。

B 導線に電流を流したときにできる磁界は，電流の向きに向かって右回りになる。したがって，電流の向きは⑨から⑨の向きになる。

C 磁界中を流れる電流は力を受ける。フレミングの左手の法則より左手の中指を電流の向き，人差し指を磁界の向きにすると親指の向きが力の向きになる。よって，力の向きは⑦から⑨の向きになるから正しい。

正答 **3**

磁力線

接線の向きが磁界の向きになるように描いた線のこと。

No.7

1 同じ高さの音は同じ振動数である。楽器によってその音色が異なるのは，波形が違うからである。

2 正しい。おんさの振動は箱の板に伝わり，板の振動は箱の中の気柱に伝わる。気柱の振動数がおんさの振動数に等しいとき，共鳴の度合が大きくなり，大きな音が出る。

3 遠くの壁に向って手をたたけば，しばらくして反射音を聞くことができる。4は音の屈折の例である。よって，音は，反射も屈折もする。さらに，回折や干渉もする。

4 空気中を伝わる音の速さは，気温が高いほど速くなる。夜になると音がよく聞こえるのは，夜になると地表近くの温度が下がり音の速さが遅くなり，上空では気温が高いため音の速さは速くなる。この音の速さの違いによって，音波が屈折し，遠くの音が聞こえるのである。

5 超音波はヒトの耳には聞こえない。魚群探知機などに利用されている。

正答 **2**

音の大小

音の大きい小さいは，振幅によって決まる。

干渉

2つ以上の波が重なり，振動を強めあったり弱めあったりする現象。

超音波

20,000Hz以上の振動数の音をいう。ヒトの耳が聞くことのできる範囲の振動数は，20〜20,000Hzである。

物理

化学

出題の特徴と傾向

教科書レベルの出題

　問題レベルは，中学校の第1分野で学習した内容や，高校の化学基礎の教科書で触れられている代表的な事柄がほとんどである。

出題される分野がほぼ決まっている！

　過去の出題内容を分析すると，「物質の変化」，「物質の構造」，「物質の状態変化」の3分野からほとんど出題されている。出題形式は，計算問題が所々で出題されており，記述の誤りを見つける問題や用語の穴埋めの問題も出題されている。化学反応に関しては，中学校や高校の教科書に出てくる代表的な化学反応ばかりで，特殊な化学反応はあまり出題されていない。

　また，最近話題になっている「環境問題（大気汚染，産業廃棄物など）」や有機化学関係は一部基礎的な出題はあるが，化学の専門知識を問われる問題はほとんど出題されていない。

効果的な学習方法・対策

　中学校や高校で学習する基礎的内容が出題されるが，かえって情報が簡素な中から判断するので難しい場合がある。決してあなどってはいけない。中学校や高校の教科書準拠の定期テスト対策用の問題集がよいテキストとなろう。要点が簡潔にまとめられているし，問題も同じような傾向の問題を難易度を段階的に上げながら掲載している。問題数もそれほど多くなく，解説もわかりやすくなっているので，内容を整理するうえからも有効である。

物質の構造

化学

ココがポイント 物質の分類について把握し，化学の基本法則をまとめよう。
原子の構造と質量数，原子番号や電子配置について理解しておこう。

①純物質と混合物

・純物質　1種類の元素からなる単体と，2種類以上の元素からなる化合物に分けられる。

・混合物　2種類以上の純物質が混じり合う物質。

・元素と単体　元素は物質の構成成分，単体は元素からできている実際の物質。

・同素体　構成元素は同じで性質の異なる単体。

・混合物の分離　ろ過，蒸留，分留，再結晶，抽出，昇華などがある。

②化学の基本法則

・質量保存の法則，定比例の法則，倍数比例の法則，気体反応の法則，アボガドロの法則など。

・物質の表し方　元素記号を用いて原子の種類と数を表しているのが化学式，基本粒子が分子の場合は分子式，成分の割合を表す場合は組成式という。

③原子の構造

・原子　原子は，原子核と，それを取り巻く負の電気をもつ電子からできている。原子核は，正の電気をもつ陽子と，電気的には中性で，陽子とほぼ同じ質量の中性子からできている。

・原子番号　原子核内の陽子の数（＝電子数）。

・質量数　原子核内の陽子の数と中性子の数の和をいう。

・同位体（アイソトープ）　同じ元素で中性子の数の異なる原子。化学的性質はほぼ同じである。

④原子の電子配置とイオン

・電子殻　電子は，原子核の周りをいくつかの電子殻に分かれて運動している。

・電子配置　電子は内側の電子殻から順に配置。

・閉殻　希ガス元素の原子の電子配置をもつ電子殻。

・価電子　最外殻電子で，原子の性質に関与。

・イオンの生成　原子が電子を失い，または得て，希ガス型の電子配置になる。

●単体
酸素，オゾン，鉄，銅，銀など。
●化合物
水，二酸化炭素など。
●混合物
空気，海水，石油など。
●同素体
例：ダイヤモンドと黒鉛（C），酸素とオゾン（O）。
●分留
沸点の違いを利用して，液体の混合物を蒸留を利用して分離する。
●化学式の例

分子式	組成式
H_2	NaCl
O_2	$NaCl_2$
CO_2	NaOH

●Heの原子構造

質量数→4
原子番号→2 He

●水素の同位体　$^1_1H, ^2_1H$
　酸素の同位体　$^{16}_8O, ^{17}_8O$
●電子配置

電子殻	K殻	L殻	M殻	N殻	…
電子の最大数	2個	8個	18個	32個	…

…n番目の殻
…$2n^2$個

●陽イオン　電子を失う。
●陰イオン　電子をもらう。

177

物質の状態変化

出題率 20%

ココがポイント ボイル・シャルルの法則や状態方程式を使えるようにしておこう。コロイド溶液の性質をしっかり理解しておこう。

①**物質の三態と状態変化** 物質に熱エネルギーを加えると，熱運動が激しくなり粒子の集合状態が，固体→液体→気体と変化する。
- 融解熱 固体が融点で液体になるとき吸収。
- 蒸発熱 液体が沸点で気体になるとき吸収。

②**気体の性質**
- ボイル・シャルルの法則 一定の物質量の体積 V は，圧力 P に反比例し，絶対温度 T に比例する。
- ドルトンの分圧の法則 混合気体の全圧は，成分気体の分圧の和に等しい。

③**コロイド** 直径が $10^{-7} \sim 10^{-5}$ cm の粒子をコロイド粒子といい，この粒子が分散媒中に分散している状態をコロイドという。

●物質の状態変化

●ボイル・シャルルの法則
$$\frac{P_1 V_1}{T_1} = \frac{P_2 V_2}{T_2}$$

●ドルトンの分圧の法則
全圧 P = 分圧 P_1 + 分圧 P_2

●コロイド溶液の性質
チンダル現象・ブラウン運動・電気泳動・透析

物質の変化

出題率 40%

ココがポイント 物質変化の過程を化学反応式で表せるようにしよう。反応式から物質量の変化を算出できるようにしよう。

●**化学反応式の求め方**
①**メタン CH₄ が完全燃焼する場合**

酸素と結びついて二酸化炭素と水が生成される。係数を無視すると

$CH_4 + O_2 \rightarrow CO_2 + H_2O$

となる。

両辺とも炭素 C の数は等しいので C の係数はそのままにする。一方，水素 H が 4 つになるように右辺をそろえると

$CH_4 + O_2 \rightarrow CO_2 + \underline{2}H_2O$

となる。

あとは酸素 O の数をそろえればよい。すると左辺は 2 つ，右辺は 4 つあるので，左辺の係数を増やせばよい。すると

$CH_4 + \underline{2}O_2 \rightarrow CO_2 + \underline{2}H_2O$

となって，化学反応式が完成する。

●化学反応式の作成順序
①酸素と反応してできる化学反応式を書く。
②酸素 O 以外の元素について両辺の個数を合わせる。
③最後に酸素 O について，両辺の個数を合わせる。
④係数が分数になったときは分数の分母の値を各化学式の係数に掛け，整数にする。

無機物質

出題率 **10%**

ココがポイント 非金属元素と金属元素の単体と化合物について整理する。特に Na, Ca, H, O, N やハロゲンについて単体や化合物の製法, 性質, 用途をまとめよう。

●非金属元素の単体と化合物

①ハロゲンの単体と化合物

単体	F_2	Cl_2	Br_2	I_2
状態(常温)	気体	気体	液体	固体
色	淡黄色	黄緑色	赤褐色	黒紫色
酸化力	強 ←			→ 弱

・化合物　塩化水素 HCl（水溶液は塩酸）, 次亜塩素酸 $HClO$ など。

②酸素・硫黄の単体と化合物

・単体　酸素 O_2…大気の 21％ で反応性に富む。オゾン O_3…酸素の同素体, 強い酸化作用がある。硫黄 S…斜方硫黄, 単斜硫黄, ゴム状硫黄などの同素体がある。

・化合物　硫化水素 H_2S, 二酸化硫黄 SO_2, 硫酸 H_2SO_4 などがある。

③窒素・リンの単体と化合物

・単体　窒素 N_2…大気の約78％, 常温で不活性。−196℃で液化する。液体窒素は冷却剤に使われる。リン P…黄リン, 赤リンなどの同素体がある。燃焼すると P_4O_{10} になる。

・化合物　アンモニア NH_3　硝酸 HNO_3

④炭素・ケイ素の単体と化合物

・単体　炭素 C…ダイヤモンドや黒鉛などの同素体。ケイ素 Si…共有結合の結晶。

・化合物　二酸化炭素 CO_2　二酸化ケイ素 SiO_2

●金属元素の単体と化合物

①アルカリ金属　水と激しく反応して水素を発生し, 水酸化物を生じる。水酸化ナトリウム, 炭酸ナトリウムなど。

②アルカリ土類金属　Ca, Sr, Ba, Ra…単体の反応性はアルカリ金属に次いで大きい。

③アルミニウム・亜鉛の単体と化合物　アルミニウムと亜鉛の単体は, 酸にも強塩基の水溶液にも溶けて水素を発生する。両性金属といわれる。

●塩素の生成
$$4HCl + MnO_2 \rightarrow MnCl_2 + 2H_2O + Cl_2$$

●塩化水素の生成
$$NaCl + H_2SO_4 \rightarrow NaHSO_4 + HCl$$

●酸素の生成
$$2H_2O_2 \xrightarrow[MnO_2]{} 2H_2O + O_2$$

●硫化水素 H_2S
腐卵臭をもつ気体で, 弱酸で還元作用がある。

●二酸化硫黄 SO_2
硫黄の燃焼で生じる刺激臭のある気体。水に溶けて亜硫酸を生じる。

●アンモニア NH_3
$$N_2 + 3H_2 \xrightarrow[Fe]{} 2NH_3（ハーバー法）$$
実験室　$2NH_4Cl + Ca(OH)_2$
$\rightarrow 2NH_3 + CaCl_2 + 2H_2O$

●硝酸 HNO_3
強い酸性を示し, 酸化力もある。銅, 水銀, 銀を溶かす。
$$NH_3 \rightarrow NO \rightarrow NO_2$$
$\rightarrow HNO_3$（オストワルト法）

●水酸化ナトリウム $NaOH$
白色固体で潮解性があり, 水に溶けて強い塩基性を示す。

●炭酸ナトリウム Na_2CO_3
水に溶けて加水分解し塩基性を示す。アンモニアソーダ法。

●アルミニウムの化合物
アルミニウムの酸化物や水酸化物は, ともに酸にも強塩基の水溶液にも溶けるので, 両性酸化物, 両性水酸化物といわれる。

No.1 次の文中の空欄 A ～ D に該当する語句の組合せとして, 正しいもの
はどれか。 🐾物質の構造

原子核には正電荷をもつ(**A**)と, (**A**)とほぼ同じ質量で電気をも
たない(**B**)が存在する。(**A**)の数は, 原子核の周りに存在し負電荷を
もつ(**C**)の数と同じで, この数を原子番号という。原子番号が同じで
(**D**)の異なる原子を, 互いに同位体であるという。

	A	B	C	D
1	電子	陽子	中性子	アボガドロ数
2	陽子	中性子	電子	質量数
3	中性子	電子	陽子	アボガドロ数
4	電子	陽子	中性子	質量数
5	陽子	中性子	電子	アボガドロ数

No.2 マグネシウムに関する次の文中の空欄 A ～ C に当てはまる語句の組
合せとして, 妥当なのはどれか。 🐾物質の構造

マグネシウム原子が持つ(**A**)は12個であり, マグネシウム原子が電子
を2個放出すると, (**B**)の電荷を帯びた(**C**)が生成する。

	A	B	C
1	陽子の数	正	Mg^{2+}
2	陽子の数	正	$2Mg^+$
3	陽子の数	負	$2Mg^-$
4	陽子の数と中性子の数の和	正	Mg^{2+}
5	陽子の数と中性子の数の和	負	Mg^-

No.3 次の A ～ C は化学の基本法則に関する記述である。これらを唱えた
科学者の名前の組合せとして正しいものはどれか。 🐾物質の状態変化

A アとイの2種の元素からなる化合物が2種類以上あるとき, 一定量のア
と化合するイの質量は, 各化合物の間で簡単な整数比が成り立つ。

B 化学反応の前後で, 反応に関係した物質全体の質量は変わらない。

C 気体は, 同温・同圧において, 同一体積中に含まれる気体分子の数は,
その気体の種類によらずすべて等しい。

	A	**B**	**C**
1	ドルトン	ラボアジェ	ジュール
2	ドルトン	ラボアジェ	アボガドロ
3	ラボアジェ	ドルトン	アボガドロ
4	ラボアジェ	ジュール	アボガドロ
5	ジュール	ドルトン	ラボアジェ

No.4 気体の性質に関する記述として，妥当なのはどれか。

☞物質の状態変化

1 アンモニアは，分子式でCH_4と表され，比重が空気より大きく，人体に有害な気体で，アンモニアの水溶液は酸性を示す。

2 一酸化炭素は，分子式でCOと表され，炭素を含む物質が完全燃焼すると発生し，比重が空気より大きく，人体に有害な気体である。

3 塩素は，分子式でCl_2と表され，塩素系漂白剤と中性洗剤とを混合すると発生し，比重が空気より小さく，人体に有害な気体である。

4 メタンは，分子式でNH_3と表され，比重が空気より大きく，人体に有害な気体で，可燃性を有する。

5 硫化水素は，分子式でH_2Sと表され，比重が空気より大きく，人体に有害な気体で，腐卵臭を有する。

No.5 酸と塩基に関する記述として，妥当なのはどれか。 ☞物質の変化

1 酸とは水に溶けて塩素イオンを生じる物質であり，赤色リトマス紙を青色に変える性質を持つ。

2 物質がイオンに分かれることを電離といい，酢酸のように水溶液中でほぼ完全に電離している塩基を弱塩基という。

3 酸の陽イオンと塩基の陰イオンから生成する塩は，その組成によって，正塩，酸性塩，塩基性塩に分類され，正塩の水溶液は中性を示す。

4 水溶液の酸性や塩基性の強さを示すのにpHという数値が使われ，中性では$pH=5$で，酸性が強くなるほど5より大きくなる。

5 中和とは酸と塩基が互いの性質を打ち消し合う反応をいい，酸と塩基が中和すると塩ができる。

正答 No.1 : **2**　No.2 : **1**　No.3 : **2**　No.4 : **5**　No.5 : **5**

No.1 同じ元素からなる単体でも，ダイヤモンドと黒鉛のように，固さ，外電気伝導性など性質の異なる物質が存在することがある。このような単体の名称として正しいものは，次のうちどれか。

1 イオン結晶 **2** 純物質 **3** 同位体 **4** 電解質 **5** 同素体

No.2 グラフは，一定圧力の下で物質を加熱し，固体から液体を経て気体へと，状態が変化するときの温度変化を表したものである。(ア)〜(オ)に入る語句の組合せとして，最も妥当なのはどれか。

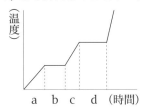

この物質は，aのときは(ア)の状態で，bのときは(イ)の状態で存在する。cでは(ウ)の状態で，dでは(エ)の状態で存在している。一般に，固体から液体へ変化するときに要する熱量は，液体から気体へ変化するときに比べて(オ)。

	ア	イ	ウ	エ	オ
1	固体	液体	液体と気体	気体	少ない
2	固体	固体と液体	液体	液体と気体	多い
3	固体と液体	液体	液体と気体	気体	少ない
4	固体と液体	液体	液体と気体	気体	多い
5	固体	固体と液体	液体	液体と気体	少ない

No.3 次のA〜Eの現象のうち，化合物を生成する反応を含んでいるもののみを挙げているものはどれか。

A 水を電気分解すると，水素と酸素を発生する。

B ドライアイスをポリエチレンの器に入れておくと二酸化炭素を生じる。

C スチールウールを長い間空気中に放置すると，さびが生じる。

D 空気のあまりないところで石油を燃やすと有害な一酸化炭素を生じる。

E 使い捨てカイロには鉄粉が入っており，それをもむと温度が上昇する。

1 A，B **2** A，C **3** A，B，C **4** B，C，D **5** C，D，E

No.1

1 イオン結晶とは，陽イオンと陰イオンが静電気的な引力で結合した結晶で，塩化ナトリウムに代表されるようにすべて化合物である。

2 純物質は単体と化合物に分類される。

3 同位体とは，原子番号が同じで質量数の異なる原子のことをいう。

4 電解質とは水に溶け，陽イオンと陰イオンに分かれ，電気を導く物質である。

5 正しい。

正答 **5**

純物質
融点，沸点および密度などが一定の物質である。

同素体のなかま
同素体をもつ元素は硫黄 (S)，炭素 (C)，酸素 (O)，リン (P) で，例としては酸素とオゾン，赤リンと黄リンなどがある。

No.2

a は固体の状態。b は固体から液体に変わる融点で，固体と液体が混在している。c は液体の状態。d は液体から気体に変わる沸点で，液体と気体が混在している。b の状態よりも d の状態が，物質を構成する原子・分子の運動が活発になるので，より多くの熱を必要とする。

よって，**5** が正しい。

正答 **5**

物質の三態
状態変化の名称 (蒸発・融解・昇華など) と現象を理解しよう。

No.3

A 発生した酸素 O_2 も水素 H_2 も化合物ではなく，単体である。

B 固体の二酸化炭素であるドライアイスが，気体の二酸化炭素になる状態変化である。

C 鉄が空気中の酸素や水分などと反応して酸化鉄 (Ⅲ) Fe_2O_3 を主成分とする赤さびを生じる化学変化である。

D 不完全燃焼により化合物の一酸化炭素を生じる化学変化である。

E 鉄の酸化による発熱を利用したもので酸化鉄 (Ⅲ) Fe_2O_3 を生じる化学変化である。

正答 **5**

昇華
ドライアイスのように固体から気体に状態変化することを昇華という。

No.4 0.10mol/L の硫酸水溶液 2L を完全に中和させるには, 水酸化ナトリウムが何 mol あればよいか。

1　0.10mol
2　0.20mol
3　0.30mol
4　0.40mol
5　0.50mol

No.5 図のような仕切板のある容器に一酸化炭素 CO と酸素 O_2 を入れ, 仕切板を取り 2 つの気体を混合した。この混合気体の圧力 (全圧) として, 正しいものはどれか。ただし, このとき温度変化はなかったものとする。

1　5000hPa
2　5500hPa
3　6000hPa
4　6500hPa
5　7000hPa

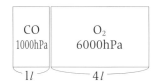

No.6 元素の周期表の 1 族に属するリチウム, ナトリウム, カリウムなどは, アルカリ金属と呼ばれ, 化学的性質が類似している。これらのアルカリ金属に関する記述として正しいものは, 次のうちどれか。

1　原子は, いずれも最外殻に 7 個の電子をもっている。
2　2 個の電子が互いに 1 個ずつ電子を出し合って共有結合による二原子分子をつくりやすい。
3　化学的に非常に安定しており, 1 原子が 1 分子となり, 化合物もつくりにくい。
4　いずれも価電子を 1 個もち, これを放出して 1 価の陽イオンになりやすい。
5　電子を放出しやすい原子や分子と化合して, イオン結合による分子をつくりやすい。

解説

No.4

この化学反応式は，

$H_2SO_4 + 2NaOH \rightarrow Na_2SO_4 + 2H_2O$

となる。ここから硫酸1molに対し，水酸化ナトリウム2molで完全中和することが解かる。硫酸水溶液の中には，0.1mol/L × 2L＝0.2molの硫酸が含まれているので，0.2mol：$x$mol＝1：2

が成立し，x＝0.4となる。よって答えは **4** となる。

中和反応の解き方

No.1で解いたように化学反応式を導き出せるようにしよう。

No.5

混合気体の全圧を求める問題である。混合後の各気体の分圧をボイルの法則で求めてから，ドルトンの分圧の法則を利用して全圧を求める。混合後のCOの分圧をa，O_2の分圧をbとすると，

CO：$1 \times 1 = a \times (1+4)$　$a＝200$ [hPa]

O_2：$6 \times 4 = b \times (1+4)$　$b＝4800$ [hPa]

混合気体の全圧は成分気体の分圧の和であるから

0.2＋4.8＝5000 [hPa] となる。

正答 **1**

ボイルの法則

一定量の気体の体積（V）は，温度が一定のとき，圧力（P）に反比例する。

No.6

1 最外殻に7個の電子をもっているのはハロゲンの特性である。

2 水素やハロゲンのように，電子1個を互いに出し合い共有結合をしてできる二原子分子はつくらず，アルカリ金属元素の単体は金属結合によってつくられている。

3 この内容は希ガスの特性を表している。アルカリ金属は化学的に非常に不安定で反応しやすい。

4 正しい。

5 電子を放出しやすい原子は陽イオンになる。アルカリ金属元素も電子を1個放出して1価の陽イオンになる。ともに陽イオンになるのでイオン結合で化合物はつくれない。

正答 **4**

ハロゲンのなかま

フッ素F，塩素Cl，臭素Brなど。

希ガスのなかま

ヘリウムHe，ネオンNe，アルゴンArなど。

アルカリ金属元素の性質

アルカリ金属元素の原子は最外殻に1個の電子をもっている。アルカリ金属元素の原子は，イオン化傾向が大きく，これらの水酸化物や炭酸塩は水によく溶け，その水溶液は加水分解して強いアルカリ性を示す。

No.7 試験管に細かく砕いた石灰石を入れ，これに塩酸を加えたところ，2つの元素の化合物である気体が発生した。次の元素の周期表のア〜オの中で，この気体を構成する2つの元素を選び出しているものはどれか。

周期＼族	1	2	3	4	5	6	7	8	9	10	11	12	13	14	15	16	17	18
1	ア																	イ
2														ウ		エ		
3																	オ	
4																		
5																		
6																		
7																		

1 ア，イ
2 ア，ウ
3 ウ，エ
4 ウ，オ
5 エ，オ

No.8 次の元素に関する記述のうち妥当なものはどれか。

1 カリウムは常温では固体，非常に固い金属で，イオンになりにくく，反応性が小さい。カリウムの化合物としては，毒性の強い青酸カリ，アンモニア製造の際に触媒として利用される塩化カリウムがある。

2 硫黄は常温では固体で，火薬やマッチの原料として利用されている。硫黄の化合物としては悪臭の気体である硫化水素があり，硫化水素は火山ガスや温泉水に含まれていることがある。

3 銅は常温では固体，赤色の金属で，加工性に富み，電気伝導率が高いため，鍋ややかんなどに利用されている。銅の酸化物としては，緑青と呼ばれ銅像などに利用される酸化銅がある。

4 銀は常温では固体，非常に硬い金属で，電気伝導率・熱伝導率とも非常に小さい。銀の化合物である水銀は，常温では液体であり，温度に対する膨張率が一定であるため，温度計に利用されている。

5 フッ素は常温では固体，黄色の金属で，他の物質とほとんど反応しない。フッ素はその安定性ゆえ，歯の表面のエナメル質を保護するために，歯磨き粉として利用されることがある。

解説

No.7

石灰石 $CaCO_3$ に塩酸 HCl を加えると二酸化炭素 CO_2 が発生する。

$$CaCO_3 + 2HCl \rightarrow CaCl_2 + H_2O + CO_2$$

したがって，二酸化炭素 CO_2 を構成する元素は炭素 C と酸素 O である。C は原子番号が 6 で 14 族に属する元素だからウに位置し，O は原子番号が 8 で 16 族に属する元素なのでエに位置している。

正答 **3**

周期表の元素の位置

アは原子番号が 1 で 1 族に属する水素 H，イは原子番号が 2 で 18 族（希ガス）に属するヘリウム He，オは原子番号が 17 で 17 族（ハロゲン）に属する塩素 Cl である。

No.8

1 単体のカリウムは金属としてはやわらかい。イオン化エネルギーが非常に小さく，イオンになりやすいため空気中でも酸素や水素とすぐに反応する。塩化カリウムはアンモニア合成の触媒にはならない。

2 正しい。硫化水素のにおいは腐卵臭で，火山ガスや温泉水に含まれていることが多い。

3 銅は金属であり，電気伝導率は銀に次いで 2 番目であり，また，熱伝導率も高い。銅の酸化物は酸化銅（Ⅱ）CuO と酸化銅（Ⅰ）Cu_2O があるが，緑青は銅の炭酸塩・硫酸塩・水酸化物からなる複雑な組成の緑色のさびである。銅像などに用いられるのは青銅で，銅とスズの合金である。

4 銀は比較的硬く，電気伝導率・熱伝導率は非常に大きい。水銀 Hg は単体であり，銀 Ag の化合物ではない。

5 フッ素は淡黄色の有毒な気体である。化合力が強く，希ガスとも反応してフッ化キセノンなどをつくる。歯磨き粉として利用されるのはフッ化ナトリウムである。

正答 **2**

イオン化エネルギー

原子から電子 1 個を取り去って 1 価の陽イオンにするのに必要なエネルギーのことである。イオン化エネルギーが小さいほど陽イオンになりやすい。

希ガス元素のなかま

ヘリウム He，ネオン Ne，アルゴン Ar，クリプトン Kr，キセノン Xe，ラドン Rn がある。

生物

出題の特徴と傾向

基本的な出題がほとんど

問題のレベルは，中学校から高校生物基礎までがほとんどである。問題の内容はある程度限られており，一般常識程度の知識があれば解けるような問題も含まれている。

範囲は他科目に比べて広い

出題範囲は広いが，おおむね3分野に絞られる。内臓・血液などの，人体に関する分野と，生態系・食物連鎖・動物や植物という，分類や生態に関する分野，併せて，細胞・生殖・遺伝に関する分野である。重要語句を中心に勉強すればよい。

話題になったものは注意！

iPS細胞などの医学最新情報の基礎知識は覚えておこう。

効果的な学習方法・対策

テレビや新聞などを有効に利用すること。テレビ番組では，動物や植物を扱ったものがよいテキストになる。また，新聞では科学の解説記事が要点を押さえるのに有効である。身近な生物が扱われるので，特徴など，目を通しておくとよい。もちろん，高校の教科書（生物基礎）を使って学習することができれば最良である。

最重要テーマ **有性・無性生殖**

出題率 **15%**

（ココがポイント）有性生殖と無性生殖の違いを理解しよう。
生殖と遺伝との関係を理解しよう。

有性生殖と無性生殖

①**有性生殖** 例えば卵と精子2つの細胞が存在する
とする。この2つの細胞を合体させて，新しい生
体をつくる。このような生殖方法を有性生殖とい
う。
卵や精子のように，合体して新しい生体をつくる
細胞を配偶子という。

②**無性生殖** 雄や雌といった性の違いの影響がない
生殖方法である。親の体細胞から新しい生体が生
じて増えていく。
例えば，植物の根や茎などの器官から新しい生体
ができ，新しい生体はすべて親と同じ遺伝子を
持っている。
それら同じ遺伝子を持つ生体をクローンという。

●有性生殖の模式図

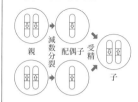

●無性生殖の模式図

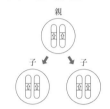

生物

 最重要テーマ **呼吸・消化・光合成（光合成）**

出題率 **10%**

（ココがポイント）光合成と呼吸がいつ行われているかを覚えておこう。
光合成と外的要因について理解しておこう。

①**光合成** 葉緑体で行われ，二酸化炭素と水からグ
ルコースなどの有機物と酸素をつくり出す。

②**光合成と外的要因** 光合成は，光の強さ，温度，
二酸化炭素などの外的要因の影響を受ける。

・光の強さ 光の強さを増すと光合成量は増加す
るが，ある強さ以上になると光合成量は一定に
なる。

・温度 温度の上昇にともなって光合成量は増加
するが，ある程度以上高温になると，光合成量
は減少する。

・二酸化炭素濃度 二酸化炭素濃度が高いときは，
光合成量は光の強さに支配され，二酸化炭素濃
度が低いときは，二酸化炭素濃度に支配される。

③**光合成と呼吸** 呼吸は1日中行われるが，光合成
は日光の当たる昼間だけ行われる。
真の光合成量＝見かけの光合成量＋呼吸量

●光合成
$6CO_2 + 12H_2O$
$\rightarrow C_6H_{12}O_6 + 6H_2O + 6O_2$

●光の強さと光合成量

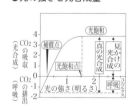

生態系・行動 1（生態系）

最重要テーマ

出題率 20%

ココがポイント 食物連鎖の各段階の代表的な生物を覚えよう。
物質の循環における生物のはたらきを押さえよう。

①**食物連鎖** 生物間に見られる捕食と被食の関係。栄養段階が上位になるほど，数量が少なくなる。

②**物質の循環** 生態系の中で，物質は循環するが，エネルギーは一方向に流れるだけである。

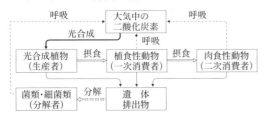

●生産者の物質収支
純生産量＝総生産量－呼吸量
成長量＝
純生産量－（被食量＋枯死量）
●消費者の物質収支
同化量＝
捕食量－不消化排出量
成長量＝同化量－
（呼吸量＋被食量＋死滅量）

生態系・行動 2（動物の行動）

最重要テーマ

出題率 10%

ココがポイント 走性や本能行動，学習による行動の代表例を覚える。
条件反射と反射の違いについて理解しよう。

①**走性** 外界からの刺激に対して，一定の方向に移動する反応。例 ミドリムシが光の方向に移動する。

②**本能行動** それぞれの種に固有で，生まれながらにそなわっている行動。例 クモが複雑な巣を張る。

③**反射** 意思とは無関係に起こる反応。反射の中枢は，脊髄・延髄・中脳である。

例 熱いものに手を触れると思わず手を引っ込める。ひざ関節のすぐ下を軽くたたくと足が上がる（右図参照）。

④**学習による行動**

・刷り込み 成長の初期に起こる学習。
  例 ガチョウなどのひなが生後初めて見た動くもののあとをついて歩く。

・試行錯誤 誤りを繰り返すことで，目的に合った行動をとれるようになる。
  例 ネズミの迷路実験

・条件反射 反射を起こす刺激と，その反射と無関係な刺激（条件刺激）を繰り返し与えると，条件刺激だけでその反射を起こすようになる。
  例 梅干しを見るとだ液が出る。

●膝蓋けん反射の反射弓

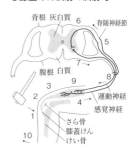

●フェロモン
同種の個体間で情報伝達を行うために，体外に分泌される物質。
例カイコがの性フェロモン，ゴキブリなどの集合フェロモン。

190

脳・神経

出題率 10%

（ココがポイント）大脳，小脳，中脳，間脳，延髄のはたらきを覚える。
自律神経系のはたらき，神経伝達物質を押さえよう。

生物

①**自律神経系**　交感神経と副交感神経の 2 種類がある。一般に，交感神経は緊張時や興奮時，副交感神経は平静時や食事時にはたらく。

	心臓の拍動	消化管の運動	瞳孔
交感神経	促進する	抑制する	拡大する
副交感神経	抑制する	促進する	縮小する

②**自律神経系の神経伝達物質**　交感神経がはたらくときには，その末端からノルアドレナリン，副交感神経がはたらくときには，その末端からアセチルコリンが分泌される。

●大脳のつくりとはたらき

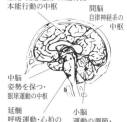

大脳
感覚・随意運動・知能行動・本能行動の中枢

間脳
自律神経系の中枢

中脳
姿勢を保つ・眼球運動の中枢

延髄
呼吸運動・心拍の中枢

小脳
運動の調節・体の平衡の中枢

 内臓・血液 1（内臓）

出題率 10%

（ココがポイント）肝臓のはたらきを押さえておこう。
腎臓のつくりとはたらきも理解しておこう。

①**肝臓のはたらき**　有毒物質の無毒化，アンモニアを尿素に変える（オルニチン回路）。
②**腎臓のはたらき**　腎動脈からの血液は糸球体でろ過され，タンパク質など以外のほとんどの血しょう成分はボーマンのうへ出される。ろ過された成分は腎細管へ送られ，グルコースやアミノ酸，無機塩類，大部分の水は再吸収される。

●腎臓のつくり

腎動脈
マルピーギ小体
毛細血管
腎静脈
腎細管
集合管

 内臓・血液 2（血液）

出題率 15%

（ココがポイント）血液の成分のはたらきを考えよう。
血液循環のようすや動脈や静脈の特徴を押さえよう。

①**赤血球**　無核で円盤状。ヘモグロビンを含み，酸素の運搬を行う。
②**白血球**　有核。細菌を捕食するものや免疫に関係するものがある。
③**血小板**　細胞片。血液凝固に関係。骨髄でつくられる。
④**血しょう**　液体成分。養分や老廃物，熱を運搬。

●肺循環
右心室→肺動脈→（肺）→肺静脈→左心房
●体循環
左心室→大動脈→（全身）→大静脈→右心房

No.1 生殖細胞形成時の減数分裂に関する記述中のア・イそれぞれの｛　｝内から妥当なものを選んだ組合せはどれか。 ☞ 有性・無性生殖

減数分裂は，ア $\begin{cases} \text{a. 受精卵} \\ \text{b. 精子や卵など} \end{cases}$ をつくるときに行われ，そのとき生じた

娘細胞の染色体の数は減数分裂前と比べて イ $\begin{cases} \text{c. 変化しない} \\ \text{d. 2分の1になる} \\ \text{e. 4分の1になる} \end{cases}$。

1 a・c　　**2** a・d　　**3** a・e　　**4** b・d　　**5** b・e

No.2 食物連鎖に関する**A～D**の記述のうち，妥当なものを選んだ組合せはどれか。 ☞ 生態系・行動1（生態系）

A 生産者は，光合成を行う植物などで，水や二酸化炭素などの無機物を取り込んで有機物を合成する。

B すべての消費者は，動植物の遺体や排出物に含まれる有機物を最終的に無機物にまで分解する。

C 生物量ピラミッドは，栄養段階ごとに生物の個体数を調べて棒グラフに表し，それを横にして栄養段階順に積み重ねたものをいう。

D 生態ピラミッドは，生産者を底辺として，生物の個体数や生物量を栄養段階順に積み重ねたものをいう。

1 A・B　　**2** A・C　　**3** A・D　　**4** B・C　　**5** B・D

No.3 ヒトの血液循環に関する記述として，妥当なのはどれか。 ☞ 内臓・血液1

1 心臓は，2心房1心室となっており，心室の中では動脈血と静脈血が混じり合うようになっている。

2 肺循環は，心臓から送り出された血液が肺でガス交換を行い心臓に戻る循環経路であり，肺静脈の血液は，肺動脈の血液に比べて酸素が多く含まれている。

3 静脈は，動脈に比べて血管壁が厚く，動脈には，血液が逆流しないように内部に弁がある。

4 心臓から肝臓へ送り出された血液は，肝門脈を経由して小腸に達し，栄養を吸収してから静脈を通って心臓に戻る。

5 リンパ管は，毛細血管からしみ出した組織液がリンパ液となって通る脈管であり，体の各部位で動脈に接続し，リンパ液は動脈血と合流する。

No.4 次の図は，物質の循環を模式的に示したものである。A ～ C の反応を
示す語句の組合せとして，正しいものはどれか。 ☞生態系・行動1

	A	**B**	**C**
1	光合成	呼吸	吸収
2	光合成	摂食	分解
3	呼吸	摂食	分解
4	呼吸	呼吸	吸収
5	呼吸	呼吸	呼吸

大気 ─── (A)
生産者
消費者 ← (B)
分解者 ← (C)

No.5 動物の行動に関する記述として妥当なものは，次のうちどれか。 ☞生態系・行動2

1 　腰かけたヒトのひざの骨の少し下をつちで軽く打つと思わず足が上がる行動は，「本能による行動」である。

2 　ヒトが熱いやかんに手を触れたとき思わず手を引っ込めたり，不意にボールが飛んできたとき目をつぶる行動は，「学習による行動」である。

3 　クモが複雑な幾何学的模様の巣を張る行動は，「知能による行動」である。

4 　ミドリムシが光を当てられるとべん毛運動を起こし，光の方向に向かって移動する行動は，「条件反射による行動」である。

5 　人工的にふ化したガチョウのひなが，生後初めて会ったもののあとをついて歩く行動は，「刷り込みによる行動」である。

No.6 環境の保全と生物に関する記述として最も妥当なのはどれか。 ☞生態系・行動2

1 　大気中の二酸化炭素濃度が上昇すると温室効果により地球が温暖化すると考えられている。一方，森林には二酸化炭素を吸収する働きがあり，森林の保全が求められている。

2 　大気中のフロン濃度が上昇するとオゾン層を破壊し地表に達する紫外線の量が増えると考えられている。一方，マメ科植物の根に共生している根粒菌にはフロンを吸収する働きがある。

3 　DDTなどの難分解性の有害物質は，自然浄化の働きにより，小エビ→マス→カモメといった食物連鎖を通して次第にその濃度が減少する。

4 　花粉症の原因となるスギの花粉は，ケイ酸化合物と結合すると雨滴の核となり酸性雨をもたらすため，花粉の少ないスギの作出が模索されている。

5 　我が国のような島国では，生態系が不安定であるので，生態系保全のためにオオクチバス（ブラックバス）などの外来種の導入を進めている。

| 正答 | No.1：4　No.2：3　No.3：2　No.4：2　No.5：5　No.6：1 |

No.1 細胞の微細構造とその構成要素, 機能の組合せとして, 正しいものは
どれか。

	微細構造	構成要素	機能
1	色素体	カロチン	呼吸
2	ゴルジ体	消化酵素	物質の運搬
3	リボソーム	RNA	タンパク質合成
4	小胞体	DNA	物質の分泌, 貯蔵
5	ミトコンドリア	クロロフィル	光合成

No.2 次は, 生態系における物質の循環等に関する記述であるが, A ～ Eに
当てはまるものの組合せとして最も妥当なのはどれか。

　生物体の有機物を構成している　A　は, もとをたどれば, 大気中や水中
に含まれる二酸化炭素に由来する。二酸化炭素は生産者の　B　によって
取り込まれ, 有機物に変えられる。有機物の一部は, 食物連鎖を通して高次の
栄養段階の消費者に移動する。最終的に有機物の一部は生産者や消費者の
　C　によって二酸化炭素に分解され, 再び大気中や水中に戻る。

　一方, 生産者が　B　によって有機物中に蓄えた　D　は, 食物連鎖
を通して各栄養段階の消費者へ移動するが, 最終的には, 生産者, 消費者の活
動により生じる　E　となって生態系外へ放出される。

	A	B	C	D	E
1	炭素	光合成	呼吸	熱エネルギー	化学エネルギー
2	炭素	光合成	呼吸	化学エネルギー	熱エネルギー
3	炭素	呼吸	光合成	化学エネルギー	熱エネルギー
4	酸素	光合成	呼吸	熱エネルギー	化学エネルギー
5	酸素	呼吸	光合成	熱エネルギー	化学エネルギー

No.3 酵素に関する次の記述のうち, 正しいものはどれか。
1 酵素は, 細胞内でつくられて, 細胞内でのみはたらく。
2 酵素は, 酸性の状態ではよくはたらかない。
3 酵素は, 温度の上昇にともなって, よくはたらくようになる。
4 酵素は, 特定の基質にしかはたらかない。
5 酵素は, 一度はたらくと, もうそのはたらきをしない。

生物

No.1

1 呼吸に関係するのは，ミトコンドリアである。

2 ゴルジ体は分泌物質の合成と貯蔵を行う。物質の運搬に関係するのは，小胞体である。

3 正しい。

4 DNA を含むのは，核である。

5 クロロフィルを含み，光合成を行うのは葉緑体である。

正答 **3**

細胞のつくり

核
核小体
葉緑体
細胞膜
ミトコンドリア
リボソーム
リソーム
細胞質基質

No.2

A 有機物は炭素，酸素，窒素などを含むが，特に炭素を主体に含む化合物のことをいう。

B 太陽の光を浴びて生産者である植物が二酸化炭素をとり込む現象は光合成である。

C 有機物を二酸化炭素に分解する現象が呼吸である。

D·E 生物の呼吸→化学エネルギー生成→熱エネルギーの順で放出される。

正答 **2**

生態刑における物質の循環
・有機物と無機物の違いを理解しよう。
・光合成と呼吸の違いを理解しよう。

No.3

1 消化液に含まれる酵素は，細胞外ではたらく。

2 強酸性を示す胃液中でのペプシンの最適pHは約2である。

3 酵素の最適温度は 30 ～ 40℃で，60 ～ 70℃で変性し，そのはたらきを失う（失活）。

4 正しい。酵素がはたらく相手の物質を基質といい，それぞれの酵素がはたらく基質は決まっている。これを基質特異性という。

5 酵素は繰り返し使えるため，微量で効果がある。

正答 **4**

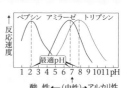

酵素の最適pH

ペプシン アミラーゼ トリプシン
反応速度
最適pH
1 2 3 4 5 6 7 8 9 1011pH
酸 性←（中性）→アルカリ性

No.4

食物連鎖の関係をピラミッド型に表したものを生態ピラミッドという。ある地域の生態ピラミッドは，①のようになっている。②のように**B**の草食動物が増えた場合，生態ピラミッドはどのように変化するか，③と④に当てはまる図をア，イ，ウから選び，正しく組み合わせたものとして妥当なのはどれか。

	③	④
1	ア	イ
2	ア	ウ
3	イ	ア
4	イ	ウ
5	ウ	ア

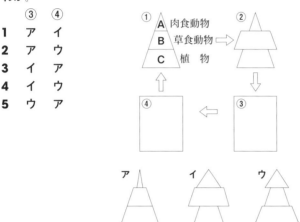

No.5

次の文は，ヒトの血糖量の調節に関する記述であるが，文中の空所**A** ～ **C**に該当するホルモンの組合せとして，妥当なものはどれか。

ヒトの血糖量は，ホルモンと自律神経系によって調節されている。食事などで血糖量が増加すると，副交感神経がはたらいて，すい臓のランゲルハンス島から　　**A**　　の分泌が促進される。　　**A**　　は，肝臓にはたらいてグルコースをグリコーゲンに変える反応を促進するとともに，細胞へのグルコースの取込みや代謝を促進して血糖量を減少させる。また，血糖量が減少すると，すい臓のランゲルハンス島からの　　**B**　　の分泌や，副腎髄質からの　　**C**　　の分泌が促進される。これらのホルモンは，グリコーゲンをグルコースに分解する反応を促進して血糖量を増加させる。

	A	**B**	**C**
1	グルカゴン	インスリン	アドレナリン
2	アドレナリン	グルカゴン	インスリン
3	グルカゴン	アドレナリン	インスリン
4	インスリン	グルカゴン	アドレナリン
5	アドレナリン	インスリン	グルカゴン

解説

No.4

②で草食動物が増えると，それが餌とする植物が減ると同時にそれを餌とする肉食動物が増え，③で**イ**の状態となる。

イの状態になると，草食動物が餌としている植物が減っているので，草食動物が餓死などにより減る。草食動物はまた，増えた肉食動物の餌食となるためさらに減り，④で**ウ**の状態となる。

正答 **4**

生態ピラミッド

問題の図①の状態が生物繁栄に不可欠な状態である。

肉食動物が草食動物を，草食動物が植物を餌とし，個体数が肉食，草食，植物の順で増える状態で食物連鎖が行われると，生命の繁栄が維持される。バランスが崩れた場合図①に戻る過程を追究しよう。

No.5

A 血糖量が増加すると副交感神経がはたらいて，すい臓のランゲルハンス島B細胞からインスリンが分泌され，肝臓や筋肉でグルコースをグリコーゲンに変える反応を促進する。また，細胞におけるグルコースの消費も促進される。

B 血糖量が減少すると，それを直接感知したすい臓のランゲルハンス島のA細胞からグルカゴンが分泌される。グルカゴンは肝臓や筋肉のグリコーゲンをグルコースに変え，血糖量を増加させる。

C 血糖量が減少すると，交感神経がはたらいて，副腎髄質からアドレナリンが分泌され，肝臓や筋肉でグリコーゲンをグルコースに変える反応を促進する。

また，アドレナリンは脳下垂体前葉に作用して，副腎皮質刺激ホルモンが分泌される。副腎皮質刺激ホルモンは副腎皮質に働いて，糖質コルチコイドを分泌させ，タンパク質の糖化を促進する。

正答 **4**

ホルモン欠乏症・過剰症

ホルモン	病　気
成長ホルモン	末端肥大症 （過剰）
バソプレシン	尿崩症 （欠乏）
チロキシン	クレチン病 （欠乏） バセドウ病 （過剰）
インスリン	糖尿病 （欠乏）

197

No.6 自律神経（交感神経と副交感神経）のはたらきに関する次の記述中の空欄ア～エに当てはまる語句の組合せとして，正しいものはどれか。

内臓には，交感神経と副交感神経の2種類の神経が分布し，互いに反対の作用をしている。たとえば，急に敵に襲われたような場合には，（　ア　）神経が作用し，心拍数は増加するが，消化管の活動は抑制される。また，（　ア　）神経は，（　イ　）を刺激し，（　ウ　）を分泌させる。環境が平和になり安心すると，（　エ　）神経が作用し，心拍数や消化管の活動はもとに戻る。

	ア	イ	ウ	エ
1	交感	副腎髄質	アドレナリン	副交感
2	交感	すい臓	アドレナリン	副交感
3	交感	すい臓	インスリン	副交感
4	副交感	すい臓	インスリン	交感
5	副交感	副腎髄質	アドレナリン	交感

No.7 ヒトの大脳に関する記述として正しいものは，次のうちどれか。

1 運動の調節中枢，体の平衡や筋肉の緊張などを正しく保つ中枢である。

2 姿勢を保つ中枢，眼球の反射運動や瞳孔を調節する反射中枢がある。

3 皮質と髄質からなり，髄質には感覚中枢や随意運動の中枢，記憶・判断・創造などの高等な精神作用の中枢などがある。

4 皮質のうち大脳辺縁系と呼ばれる部分は，古皮質・原皮質とも呼ばれ，本能行動の中枢や情動・欲求の中枢である。

5 交感神経と副交感神経からなる自律神経系の中枢で，体温や水分調節，血圧の調節などを行う中枢である。

No.8 植生遷移に関する以下の文章の正誤について，正しい組合せはどれか。

① 火山噴火による溶岩流跡などの裸地から始まる植生遷移を二次遷移という。

② 裸地に植物が侵入・進化し草原を経て形成された低木林は陰樹と呼ばれる。

③ 樹木が成長して森林が形成されると，陰樹が陽樹よりも生き残りやすい。

	①	②	③
1	正	正	正
2	正	正	誤
3	正	誤	正
4	誤	誤	正
5	誤	正	正

解説

No.6

ア 緊張時や興奮時には交感神経がはたらき，平静時や食事時には副交感神経がはたらく。

イ，ウ 交感神経は副腎髄質を刺激してアドレナリンを分泌させ，血糖量を増加させる。すい臓を刺激してインスリンを分泌させるのは副交感神経。

エ 副交感神経は，心臓の拍動を抑制し，消化液の分泌や消化管の運動を促進する。

正答 **1**

自律神経系の分布
・交感神経
　脊髄の胸髄と腰髄から出る。
・副交感神経
　中脳，延髄，脊髄の仙髄から出る。

No.7

1 筋肉運動を調節し，体の平衡を保つのは，小脳のはたらきである。

2 眼球の反射運動や瞳孔反射の中枢は，中脳にある。

3 高等な精神作用の中枢は，大脳皮質のうち新皮質と呼ばれる部分にある。大脳髄質には軸索が集まっている。

4 正しい。大脳皮質のうち，原皮質と古皮質は大脳辺縁系と呼ばれ，大脳の内部にある。

5 自律神経系の中枢は，間脳視床下部にある。

正答 **4**

脳と脊髄の構造
・脳
　灰白質（皮質）は外，白質（髄質）は内
・脊髄
　灰白質は内，白質は外

No.8

砂漠など地表面が土壌で覆われていない荒地は，地表面の栄養分が乏しく，植物の生育・遷移にはかなりの時間を要する。このような植物の遷移を一次遷移という。火山噴火した跡地などは地表面が荒地と化し，植生の遷移は一次遷移となりやすい。

低木林は草原を経て最初に形成された樹木なので先駆樹種となり，このような樹木は強い光を浴びて成長しやすく，陽樹という。

森林が成長すると，弱い光でも枯れずに成長できる陰樹が生き残りやすくなる。

よって，**3** が正しい。

正答 **3**

二次遷移とは
火事や耕作放棄などによって植物群落が消滅した後，土壌に覆われた，栄養分や水分に富んだ地表面で，植物の生育・遷移が活発な状態をいう。

地学

出題の特徴と傾向

基本的なレベルの問題がほとんど

いずれも基礎的な知識を問うもので，中学校の理科（地学）・高校の地学基礎レベルの出題である。

頻出分野は気象と天文

地学の内容は，気象・天文・地球の構造・造岩鉱物・地層・地球の歴史など幅広い分野が含まれているが，頻出分野は明確であり，50％近くが，地球の構造分野からの出題である。その中でも，特に地球の内部構造や地震のテーマが高頻度である。その他，天文分野は太陽系の惑星テーマが頻出である。

図やグラフが多く登場している！

図やグラフと絡めた出題が多いのも特徴の一つである。必要な数値をグラフから読み取ったりする出題もある。複雑なものはないが，基本的なグラフの読み方の理解が必要である。

効果的な学習方法・対策

まずは本書の内容をしっかり理解していくことである。最重要のテーマのチェックのあと，実戦問題を自分で解いてみて，理解していない部分や不足している知識について，解説を読んだり，場合によっては教科書に戻って整理していこう。そして反復練習をして知識を確実なものにしていくことである。

最重要テーマ 大気, 海洋, 気象

出題率 **25%**

ココがポイント 日本の四季の天気の特徴を整理しておこう。
大気の構造もしっかり理解しておこう。

日本の天気

①**冬の天気** 西高東低の気圧配置。北西の強風が吹き, 日本海側は雪, 太平洋側は乾燥した晴天が続く。

②**春秋の天気** 移動性の高気圧と低気圧が交互に日本上空を通過し, 天気は周期的に変化する。

③**梅雨の天気** 日本付近で東西に長くのびた停滞前線 (梅雨前線) ができ, ぐずついた天気が続く。

④**夏の天気** 太平洋上の小笠原気団 (北太平洋高気圧) が日本上空を覆う。大陸には低気圧があることが多く, 南高北低といわれる。風は南寄りで, 蒸し暑い日が続く。

●大気の構造

①対流圏 雲の発生, 降雨といった気象現象はこの部分で起こっている。高さとともに気温は低下。

②成層圏 オゾン層があり, 高さとともに気温は上昇。

③中間圏 気温は高さとともに低下。

④熱圏 気温は高さとともに上昇。電離層があり, 短波などの電波を反射する。

⑤外気圏 地上約500km以上の大気で, 極めて希薄。

地学

最重要テーマ 地震の波, 地球の内部構造

出題率 **50%**

ココがポイント 地震の波の特徴を理解しよう。
地球内部の4つの層の特徴を理解しよう。

⑴地震をもたらすP波とS波

①**P波** 観測点に最初の小さな揺れ (初期微動) をもたらす波。固体・液体いずれも伝わる。

②**S波** 観測点に初期微動の後の大きな揺れ (主要動) をもたらす波。P波よりも速度が遅い。

⑵地球内部の4つの層と特徴

①**地殻** 地球の表面を構成。深さ5〜50kmの範囲に分布。大陸を構成する大陸地殻と, 海洋を構成する海洋地殻がある。大陸地殻の岩石は花こう岩質であり, 海洋地殻の岩石は玄武岩質である。P波・S波ともに通過。

②**マントル** 深さ約2900kmの範囲に分布する固体の層で, かんらん岩質の岩石からなる。P波・S波ともに通過。

③**外核** 深さ約5100kmの範囲に分布する液体の層で, 鉄やニッケルが主成分である。液体なので地震の波はP波のみ通過。

④**内核** 中心に分布する固体の層で, 鉄やニッケルが主成分である。P波・S波ともに通過。

●地球の内部

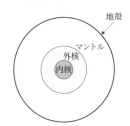

地殻
マントル
外核
内核

No.1 A～Dの説明に合う気団名の組合せとして正しいものは，次のうちどれか。
（大気，海洋，気象）

A　春と秋に見られ，大陸から東進してくる。乾燥していてよい天気をもたらすが低気圧をともなうことが多く，周期的な天候となる。

B　初夏の頃にDとの間に停滞前線をつくり，日本付近に陰鬱な天気をもたらす。

C　冬に発達し，乾燥しているが，日本海で水蒸気を補給し，日本海側に雪を降らせる。

D　夏に発達する。多量の水蒸気を含んでおり，積乱雲が発生する。

	A	B	C	D
1	シベリア気団	小笠原気団	揚子江気団	オホーツク海気団
2	シベリア気団	オホーツク海気団	小笠原気団	揚子江気団
3	小笠原気団	シベリア気団	オホーツク海気団	揚子江気団
4	揚子江気団	シベリア気団	オホーツク海気団	小笠原気団
5	揚子江気団	オホーツク海気団	シベリア気団	小笠原気団

No.2 地球の熱収支（熱平衡）に関する文中の空欄A～Eに当てはまる語句の組合せとして正しいものはどれか。
（大気，海洋，気象）

　地球に入射する太陽放射のエネルギーのうち，約30％は反射や散乱で大気圏外へ戻され，約（　**A**　）％は大気や雲に，約（　**B**　）％は地表にそれぞれ吸収される。地表や大気が太陽放射のエネルギーを吸収し続けているのにもかかわらず，それらの平均温度が安定しているのは，太陽放射のエネルギーにつり合うエネルギーを地球外に放出しているからである。これを地球放射といい，波長の長い赤外線の形で行うので赤外放射ともいわれる。このとき，大気中の（　**C**　）や（　**D**　）は赤外線を吸収するため，地球が大気圏外へ放出する熱は排出されにくくなり，地表付近の温度を高く保つことになる。これを，大気の（　**E**　）という。

	A	B	C	D	E
1	50	20	オゾン	水蒸気	赤外線効果
2	20	50	オゾン	二酸化炭素	赤外線効果
3	50	20	二酸化炭素	水蒸気	温室効果
4	20	50	水蒸気	二酸化炭素	温室効果
5	50	20	オゾン	酸素	地球温暖化

No.3 地球表面のプレートに関する **A ～ D** の記述のうち，妥当なものを選んだ組合せはどれか。 地震の波，地球の内部構造

    A 日本の位置は，ユーラシアプレートや北アメリカプレートが，太平洋プレートやフィリピン海プレートの下に沈み込むところにあたる。

    B リソスフェアの下には，流れやすくやわらかいアセノスフェアが存在する。

    C プルームとは，2 つのプレートがお互いにすれ違う境界のことであり，サンアンドレアス断層などがある。

    D ヒマラヤ山脈やヨーロッパアルプス山脈は，大陸プレートどうしが衝突してできた大山脈である。

1 A・B   **2** A・C   **3** A・D   **4** B・C   **5** B・D

No.4 地球の構造等に関する記述 **A ～ D** のうち，妥当なもののみを挙げているのはどれか。 地震の波，地球の内部構造

    A 地殻は，主に花こう岩質岩石と玄武岩質岩石からできている大陸地殻と，主に玄武岩質岩石からできている海洋地殻とに分けられる。地殻の主な構成元素は，酸素やケイ素などである。

    B 核は，主にマグネシウムでできており，ニッケルなども含まれていると考えられている。外核は固体であり，内核は金属が溶けて液体になっている。

    C 大気の成分は，高度 20km 付近までは，窒素が約 6 割，酸素が約 3 割，二酸化炭素その他が約 1 割であるが，それよりも上空の大気圏では，窒素の占める割合が大きくなる。

    D 海水には，塩化ナトリウムや塩化マグネシウムなどの塩類が含まれている。海水に含まれる塩類の組成比は場所や深さによって変わる。

1 A・C   **2** A・D   **3** B・C   **4** B・D   **5** C・D

No.5 地球が公転していることの説明として正しいものは，次のうちどれか。 宇宙，太陽系，地球

1 すい星が近づくにつれて尾をもつようになる。

2 水星や金星が太陽からある角度以上には離れない。

3 フーコーの振り子の振動面が，北半球では時計回りに回転する。

4 季節が違う同じ時刻に空を見ると，星座の位置が変わっている。

5 新月，上弦の月というように月の満ち欠けが起こる。

正答 No.1：**5** No.2：**4** No.3：**5** No.4：**2** No.5：**4**

地学

No.1 次の地質断面図から，**A**層～**F**層の成立順序として正しいのはどれか。

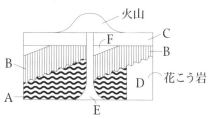

1　A→B→D→F→E→C
2　A→D→B→F→C→E
3　A→D→B→F→E→C
4　D→A→B→F→C→E
5　D→A→B→F→E→C

No.2 わが国では，季節の違いにより気温に変化があるが，夏に気温が高い理由として正しいものは，次のうちどれか。

1　海流や気流が不安定になり，赤道付近で発生した台風やハリケーン，サイクロンなどの熱帯低気圧が温度の高い空気を運ぶのが夏であるため。

2　生物の活動が活発になり，大気中の二酸化炭素の濃度が上昇して温室効果により夜間に気温が低下しにくくなり，大気中に熱がたまるのが夏であるため。

3　地球が太陽の周りをだ円軌道で公転するために，地球と太陽の距離が季節によって異なり，地球と太陽の距離が最も近くなるのが夏であるため。

4　太陽の放出する熱量が季節によって変化するために，地球に到達する熱量も季節によって異なり，地球の受ける熱量が最も多くなるのが夏であるため。

5　地軸が地球の軌道面に垂直な方向から傾いているために，地表が受ける単位面積当たりの太陽エネルギー量が季節によって異なり，それが最も多くなるのが夏であるため。

解 説

No.1

地層Aが堆積した後，花こう岩Dが貫入した。そしてAとDの表面が陸化して風化・侵食を受け，不整合面が形成される。次に水面下に没したAとDの上に，地層がB，Fの順で連続的に堆積する。そして断層がE付近に沿う形で生じ，地層A，B，Fが断層を境にずれる。その後，地層BとFの表面が陸化→風化・侵食を経て再び水面下に没し，新たに地層Cが堆積した。最後に深部に存在する高温のマグマEが，地層を貫いてかつ断層に沿う形で上昇・噴火し火山を形成した（マグマの上昇に伴い，断層は図面上では消滅した）。

よって，**2**が正しい。

正答 **2**

地層累重の法則

地層は川の水に含まれる砂や泥が川底にたまっていきながら形成される。よって，下の地層ほど古い。これを「地層累重の法則」という。

併せて，地層を貫いて全容が明らかな地層や岩石ほど新しい。逆に貫かれて全容が不明瞭な地層や岩石は古い。

地学

No.2

1 夏だけとは限らない。

2 温室効果は地球温暖化の原因と考えられているが，季節変化とは関係ない。

3 地球と太陽間の距離が最も近くなるのは1月上旬で地球全体の受熱量は多いが，その差は小さい。北半球では太陽の高度が低いので冬となる。

4 太陽が放出する熱量は年中ほぼ一定である。

5 正しい。地球の自転軸は公転軌道面に垂直な方向から23.4°傾いている。そのため夏至の頃には北緯23.4°，冬至の頃には南緯23.4°の天頂に太陽がくる。その結果，季節によって日照時間と太陽の南中高度が変化する。

台風

発生する赤道付近の海域は，太陽放射のエネルギーを十分に受けている。そのため，海水温が高く，海面からは常に大量の水蒸気が発生しており，台風はこの水蒸気を十分に吸収している。

太陽放射

地球は太陽から可視光線を中心とした波長帯の放射を受けている。

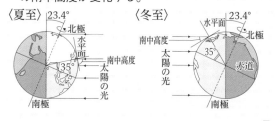

正答 **5**

表は，地球および太陽系の惑星A～Hの赤道半径と公転周期を示したものである。これらに関する次の記述のア～ウに該当するものの組合せとして，正しいものはどれか。

惑星	赤道半径 [km]	公転周期 [年]
地　球	6378	1.0000
A	6052	0.6152
B	25559	84.022
C	71492	11.862
D	2440	0.2409
E	3397	1.8809
F	60268	29.458
G	24764	164.774

　Aは（　ア　）である。この星は，二酸化炭素を主成分とする厚い大気に覆われ，強い温室効果により，表面温度は400℃以上に達する。

　Bは（　イ　）である。この星の自転軸の傾きは90°以上であり，ほとんど横倒しの状態で公転している。多数の衛星と環（リング）を有している。

　Cは（　ウ　）である。この星は水素とヘリウムを主成分とし，大赤斑と呼ばれる巨大な大気の渦をつくり出している。多数の衛星と環の存在が確認されている。

	ア	イ	ウ		ア	イ	ウ
1	水星	海王星	土星	**2**	水星	天王星	金星
3	水星	天王星	土星	**4**	金星	天王星	木星
5	金星	海王星	木星				

地球の内部構造に関する記述として，妥当なのはどれか。

1　地殻は大陸地殻と海洋地殻とに分けられ，厚さは海洋地殻の方が厚いが，岩質は同一である。

2　モホロビチッチ不連続面は，マントルと核との境の面であり，その面を境に地震波の速度は急に減少する。

3　マントルは，地殻と核との間の層であり，核に比べて密度が大きく，その主な成分は鉛である。

4　核には地下約5,100kmで地震波の速度が急に増加する不連続面があり，核はこの面を境に外側の外核と内側の内核とに分けられる。

5　地球内部の温度は，地下約2,900kmまでは1km深くなるごとに平均約3℃の割合で高くなるが，その後は地球の中心までほぼ一定である。

解説

No.3

太陽系の各惑星の特徴を理解しているかどうかがカギとなる問題である。

まず、表から赤道半径が4桁のものが地球型惑星、5桁のものが木星型惑星として目星をつけておく。各惑星の特徴を簡単に述べると、次のようになる。

- **水星**…大気がほとんどない。
- **金星**…自転周期が最大（243日）で、二酸化炭素を主成分とする厚い大気がある。
- **火星**…赤く見える。極地方には極冠と呼ばれる白い部分があり、季節により変動する。
- **木星**…太陽系最大の惑星。縞模様や大赤斑あり。
- **土星**…密度が最小で、0.7程度である。水より軽い。大きなリングが存在する。
- **天王星**…自転軸が公転面に対し、ほぼ横倒し。
- **海王星**…メタンによって青色。

したがって、表のAは金星、Bは天王星、Cは木星となり、**4**が正しい。

ちなみに、D＝水星、E＝火星、F＝土星、G＝海王星で、衛星をもたないのは、水星と金星だけである。

正答 **4**

地球型惑星

太陽の近くを回る水星・金星・地球・火星を地球型惑星という。半径が地球以下で、平均密度は大きく、主に岩石からなる。

木星型惑星

太陽から離れたところを回る木星・土星・天王星・海王星を木星型惑星という。半径が地球型に比べ1桁大きいが、平均密度は小さい。主に水素やその化合物など軽い物質からなる。

地学

No.4

1 大陸地殻は花こう岩質岩石、海洋地殻は玄武岩質岩石からなり、大陸地殻が密度が小さい分厚くなっている。

2 モホロビチッチ不連続面は地殻とマントルの境界面であり、地震波が地殻からマントルに達すると地震波速度は速くなる。

3 マントルは上部ほどかんらん岩質の岩石で、核は鉄やニッケルが主成分である。よって、マントルの密度は核に比べて小さい。

4 正しい。

5 地下の温度は100 m深くなるごとに平均3℃の割合で上昇する。

正答 **4**

地球の内部構造

地球内部では、同じ深さの所には等しい圧力がかかる。圧力＝密度×厚さ　なので密度が小さければ厚さを大きく、密度が大きければ厚さを小さくして物質は安定する。地殻も同様で大陸地殻が海洋地殻より密度が小さいので、逆に厚さが大きくなって安定している。アイソスタシーという。

No.5 地球の自転の向きと，地球を取り巻く大気の大循環の模式図として妥当なものは，次のうちどれか。

1
北極
自転の向き
赤道

2

3

4

5

No.6 地震に関する記述として妥当なものは，次のうちどれか。

1 地震波には，伝わる速度が速い初期微動の波であるS波（横波）と，それより遅れてくる第2の波であるP波（縦波）がある。

2 震度は地盤の硬さによっても違い，震源から同じ距離にある土地でも一般的に柔らかい地盤のほうが震度は大きい。

3 震源の真上の地点よりも震源から地表に対して45度の角度の延長線上にある地点のほうが一般的に震度は大きい。

4 震源からの距離によって初期微動の長さが違い，初期微動が長いほどその後からくる主要動も長く，揺れも大きいので被害は大きくなる。

5 地震の揺れ始めの時刻が同じ地点を結んだ等発震時線は，一般的に南北に長いだ円形になり，その中心である震央の真下には震源がある。

No.7 恒星の性質に関する記述として，最も妥当なのはどれか。

1 地球から見た天体の明るさを見かけの等級といい，明るい星ほど等級は大きくなる。

2 地球と太陽間の平均距離に対して恒星のなす角を年周視差といい，遠方の恒星ほど大きくなる。

3 恒星までの距離を表す単位にパーセクがあり，1パーセクは光が1年間に進む距離である。

4 すべての恒星を10パーセクの距離において見たと仮定したときの恒星の明るさの等級を絶対等級という。

5 恒星は表面温度の違いによって色が異なり，赤い恒星は青い恒星より表面温度が高い。

解説

No.5

①**気圧傾度力** 気圧の高いほうから低いほうへ向かう力で, 等圧線に垂直にはたらく。

②**転向力** 北半球では進行方向の右, 南半球では左にはたらく。

赤道付近は暖められ上昇気流があるので低圧帯となる。一方, 緯度30°付近は低緯度地方の上空から来た空気が転向力を受けてそれ以上の緯度に行けず, 下降するため高圧帯となる。そのため低緯度地方では中緯度高圧帯から赤道方向へ向かう風が右にそれて北東貿易風(南半球では左にそれて南東風)となる。一方, 中緯度高圧帯から極方向に向かう風は右にそれて偏西風となる。

正答 **1**

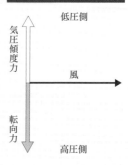

上空で吹く風にはたらく力の様子

低圧側

気圧傾度力

風

転向力

高圧側

地学

No.6

1 P波は伝わり方が速いので先に到達する。S波は伝わり方が遅く後からくる。

2 正しい。一般に柔らかい地層は地震に対して軟弱である。

3 震源の真上の地点が震源からの距離が最短であり, 震度が大きいのが普通である。

4 初期微動の長さと主要動の長さは関係ない。

5 等発震時線は地下構造によって完全な円形とならない場合が多い。

正答 **2**

地震波の記録

地震計による地震波の記録は, 次のようになる。

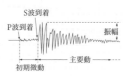

S波到着
P波到着
振幅
初期微動
主要動

No.7

1 明るい星ほど等級は小さくなる。

2 年周視差は地球・恒星・太陽のなす角なので, 遠方の星ほど小さくなる。

3 1パーセクは光が3.26年かけて進む距離なので, 1パーセク = 3.26光年となる。

4 正しい。

5 赤い恒星は青い恒星より表面温度が低い。

正答 **4**

星の明るさと等級

星の明るさと等級の数値は逆の関係にある(明るさの−logに比例)。

明るい星→等級が小さい。

暗い星→等級が大きい。

5等級の差で明るさは100倍異なる。例えば6等級の星に対する1等級の星の明るさは100倍となる。

数的推理

出題の特徴と傾向

出題数は受験先によって異なり，3 〜 10問！

　例年，国家公務員では3 〜 5問（全体の約10%），裁判所では6 〜 10問（全体の13 〜 22%），地方公務員では5 〜 8問（全体の9 〜 18%）が出題されている。

出題範囲は広いが，パターン化された問題が多い！

　判断推理と比べても，出題範囲が広く対策が大変そうに見えるが，そのほとんどがパターン化されており，問題演習によって確実に解けるようになる。主に，中学・高校数学の基礎レベルを習得すればかなりの得点力アップが期待できる。

効果的な学習方法・対策

①最重要テーマを出題率の高いものから取り組む。理解するのに苦しむような内容があれば，それに固執せずに理解できる範囲から取り組む。大事なのは，得点できる範囲を少しでも増やしていくことである。

②パターン化された問題が多いため，問題文の癖（から解法）が判別できるようになるまで徹底的に反復練習する。数字が変わるだけで同じ解法を使うことが多いため，何よりも反復練習が重要である。なお，同じ問題（本問題集にて）を何度も取り組むことを最優先とし，それがほぼ大丈夫となった場合に他の問題に挑戦していこう。

③解法の意味が理解しづらい場合，とにかく丸暗記してみる。反復練習しているうちに，その意味を理解できるようになる。考え込みすぎて時間を浪費する事の無いよう，また，貪欲に習得することを心掛ける。

最重要テーマ 図形

コココがポイント 面積・体積公式はもちろん，各種の公式・定理を確実に覚える。三角形と円・扇形が頻出。相似・展開図・回転体もよく出る。

①各種定理や基本性質

・三角形の外角の定理
$$c = a + b$$

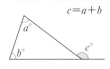

・角の二等分線の定理
AB：AC＝BM：CM
（∠BAM＝∠CAM）

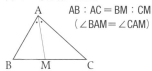

・n 角形の内角の和＝$180° × (n−2)$
　n 角形の外角の和＝$360°$

・円周角の定理
同じ弧で作られる円周角の大きさは等しく，全て中心角の半分。
∠APB＝∠AP'B
　　　＝∠AOB ÷ 2

・接弦定理
∠ABC＝∠APB

・対角の和
円に内接する四角形の対角の和は180°である。斜線部分の角度は同じ。

②三平方の定理と特別な直角三角形

・三平方の定理
$$a^2 + b^2 = c^2$$

・特別な直角三角形の辺の比

③面積・体積を求める公式
三角形・四角形・円・扇形・柱体・錐体・球など。表面積も出題される。

④相似と相似比

・よく出る相似な三角形

DE//BC のとき
(1) AD：DB＝AE：EC
(2) AD：AB＝AE：AC＝DE：BC

・面積比と体積比
相似比（辺の長さの比）が $a：b$ のとき，面積比は $a^2：b^2$ となり，体積比は $a^3：b^3$ となる。

⑤立体の切断
切り口の図形の面積や辺の長さ，切り取った立体の体積を求める。

⑥回転体の体積
円柱・円錐・球を基本の形とし，ここから不要なものを除いて求める。

◆**過去の出題例**

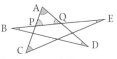

[∠A 〜∠Eの和]
∠APQ ＝∠C ＋∠E
∠AQP ＝∠B ＋∠D
よって，求める和は，
∠A ＋∠P ＋∠Q ＝180°

◆**過去の出題例**

[O_1 の半径1，O_2 の半径2のとき，AB 間の距離]

補助線を引き，△O_1O_2C にて三平方の定理
$3^2 = (O_1C)^2 + 1^2$
AB＝O_1C＝$2\sqrt{2}$

●特別な直角三角形の辺の比として，[3:4:5] や [5:12:13] もある。

●円錐の展開図は [扇形＋円] で，扇形の中心角の求め方は，
$$360° × \frac{底面の円の半径}{母線の長さ} \text{ で OK!}$$

●立体表面上の最短経路は，展開図をかいて2点を直線で結んだもの。

●加減による面積の計算例

 ＝ －
　　　　　　扇形　　　直角三角形

 ＝
扇形　　　正三角形

●立方体の切断面の形
鋭角三角形（正三角形は頻出），長方形，正方形，平行四辺形，ひし形，台形，五角形（正五角形はできない），六角形（正六角形は頻出）

数的推理

211

場合の数と確率

最重要テーマ

ココがポイント 場合の数では，順列・組合せの問題が頻出。確率の計算では，余事象や和の法則・積の法則を利用する問題が頻出。

① **場合の数を求める** (A〜Dの4人から2人を選ぶ)

・樹形図

$$A \Bigg\langle \begin{matrix} B \\ C \\ D \end{matrix} \qquad B \Bigg\langle \begin{matrix} C \\ D \end{matrix} \qquad C \!-\! D$$

（6通り）

・表

	A	B	C	D
A	╲	○	○	○
B	×	╲	○	○
C	×	×	╲	○
D	×	×	×	╲

（6通り）

● 並び順を考える必要があるかないか注意する。

〈例〉
1) 委員長と副委員長を選ぶ
   →並び順も考える（順列）
2) 2人の委員を選ぶ
   →並び順は気にしない
   （組合せ）

・順列・組合せの公式の利用

$$\left. \begin{matrix} n \text{個の異なるものから} \\ r \text{個取る順列} \end{matrix} \right) = {}_nP_r = \frac{n!}{(n-r)!}$$

$$\left. \begin{matrix} n \text{個の異なるものから} \\ r \text{個取る組合せ} \end{matrix} \right) = {}_nC_r = \frac{{}_nP_r}{r!} = \frac{n!}{(n-r)!\,r!}$$

● **$n!$ (nの階乗)**
$= n \times (n-1) \times (n-2) \times \cdots \times 1$
（n個の異なるものを並べる場合の数）

② **確率の意味** 事柄Aの起こる場合の数がa通りのとき，Aの起こる確率 $P(A) = \dfrac{a}{n}$ $\left(\begin{matrix} \text{ただし，} n \text{はすべての} \\ \text{起こりうる場合の数} \end{matrix} \right)$

③ **余事象** 事象Aに対し，Aが起こらない事象。

④ **確率の計算** 2つの事柄A，Bがあって，

 ⅰ）A，Bが同時に起こらないとき，

  $P(\text{AまたはB}) = P(A) + P(B)$　　[和の法則]

 ⅱ）Aが起こっても，その結果がBに影響しないとき，

  $P(\text{AかつB}) = P(A) \cdot P(B)$　　　[積の法則]

● **Aの起こらない確率**
Aが起こることに対して，Aが起こらないことを$\overline{A}$で表すと，
$P(\overline{A}) = 1 - P(A)$

整数問題

最重要テーマ

ココがポイント 約数・倍数についての出題が頻出。分数や小数は基本的に扱わないため計算しやすいが，様々な解法の習得が必要。

① **(最小)公倍数・(最大)公約数** 2つ以上の整数の共通の倍数を公倍数，その最小のものを最小公倍数という。また，共通の約数を公約数，その最大のものを最大公約数という。

② **素因数分解** ある整数は素数の積で表すことができる。素数とは，1と自身の数しか約数を持たない2以上の自然数のことである。

③ **桁の入れ替え** 2桁の自然数は$10a+b$，3桁の自然数は$100a+10b+c$のようにおいて計算する。

◆ **過去の出題例**
［5で割ると2余り，9で割ると6余る3桁の自然数で最小の数］
求める数をxとすると，$x+3$は5でも9でも割り切れ，5と9の公倍数のうち3桁で最小の135$=x+3$。よって$x=132$。

● **素因数分解の例**…119個の飴を2人以上に同数ずつ配るとき，$119=7\times17$より「7人に17個ずつ配る」か「17人に7個ずつ配る」しかない。

④**N進法** N種類の数字を用いて数を表す方法で, 日常生活ではほぼ10進法が用いられている。

⑤**魔方陣** 縦・横・斜めのどの列の和も等しくなるのが基本。全マスに入る数の和を列数で割ると1列あたりの和を求められる。

⑥**覆面算・虫食い算** 計算式の数字部分が文字や空欄で置き換えられていて, それらがどの数字に対応しているか予想する。筆算の形が多い。

●10進法からN進法へ変換
例）100を3進法へ変換

```
3) 100
  3)  33…1
    3)  11…0
      3)   3…2
           1…0
```
→10201

3で割った商と余りを書き出し続け, 矢印の順に並べる。

●N進法から10進法へ変換
例）3進法の1201を10進法へ
$1 \times 3^3 + 2 \times 3^2 + 0 \times 3^1 + 1 \times 3^0$
$= 46$（右の位から順にN^0, N^1, N^2, N^3, …を掛けて合計）

最重要テーマ 距離・速さ・時間

出題率 **10%**

ココがポイント （距離）＝（速さ）×（時間）を駆使して解く。通過算や流水算など, テーマ別に解法を身につける。

①**公式** 自在に使えるようにする。
・（距離）＝（速さ）×（時間）→基本的にこれを使う
・（速さ）＝（距離）÷（時間）
・（時間）＝（距離）÷（速さ）

②**旅人算（2人が同時に進む問題）** 単位時間あたりに2人が近づく（離れる）距離は（速さ：A＞B），
（i）逆方向（＝出会い算）の場合
　　　（Aの速さ＋Bの速さ）×（時間）
（ii）同方向（＝追いかけ算）の場合
　　　（Aの速さ－Bの速さ）×（時間）

③**通過算（電車・列車が様々なものを通過する問題）**
（先頭が進んだ距離）＝（電車の速さ）×（時間）
トンネル, 鉄橋, 柱, 電車, 人, 自転車, 自動車など通過の対象となるものはさまざまである。

④**流水算（川の流れが影響する上り下り問題）**
（船の移動距離）＝（上り／下りの速さ）×（時間）
（i）上りの速さ＝（静水中の船の速さ）
　　　　　　　　　－（川の速さ）
（ii）下りの速さ＝（静水中の船の速さ）
　　　　　　　　　＋（川の速さ）

⑤**時計算（長針と短針の追いかけ算）**
1分間で長針は6°, 短針は0.5°進むので,
（近づく／離れる角度）＝（6－0.5）×（時間）

⑥**区間毎に速さが変わる問題** 区間毎に公式を用いる。連立方程式になることが多い。

●a（m／秒）＝$60a$（m／分）
＝$3600a$（m／時）
＝$3.6a$（km／時）
●2人の周回問題では,
・反対方向に進めば出会い算
・同方向に進めば追いかけ算

◆過去の出題例
［1周500mの池を同じ地点からAは3m／秒, Bは7m／秒で同時に逆向きに出発するとき, 3分間ですれ違う回数］
1回すれ違うのにx秒かかるとき, $500 = (3+7) \times x$より, $x = 50$（秒）。3分＝180秒間では$180 \div 50 = 3.6$より3回。
●電車を通過する問題では, 出会い算・追いかけ算で考える。なお, 電車の長さは考慮するが, 同じ動くものでも人・自転車・自動車などは長さを考慮しないのが普通である。
●流水算では, 川の他にも流れのあるものが題材となる。（動く歩道, エスカレーター, 上空の気流, など）
●時計算では, 距離の代わりに角度が用いられる。
●平均の速さ…全区間を均一の速さで進んだ場合の速さ
（合計距離）＝（平均の速さ）
　　　×（かかった合計時間）

数的推理

最重要テーマ # 割合・濃度・仕事算

出題率
10%

ココがポイント 百分率（％）・歩合（〜割〜分）の計算をスムーズに。濃度・仕事算など、特徴の強い問題の得点力を高める。

①**割合の表し方** 少数，分数，百分率（％），歩合（〜割〜分），比，など様々な表し方がある。

②**比の性質と計算** A：Bに対し，同じ数を掛けても同じ数で割っても，比は等しい。また，次が成り立つ。

$$a : b = c : d \quad \Leftrightarrow \quad ad = bc$$

③**濃度** 濃度 ＝ $\dfrac{\text{溶質（溶けているもの）の重さ}}{\text{溶液（液体と溶けているものの合計）の重さ}}$

（％表記にしたい場合は，計算結果を100倍する）濃度の異なる複数の溶液を混ぜる場合，（溶質の合計の重さ）÷（溶液の合計の重さ）で濃度を求める。

④**仕事算** （全体の仕事量）＝1として，単位時間あたりの仕事量を計算してから求めていく。

⑤**ニュートン算** ある量について増加と減少が同時に発生している状況を考える問題。仕事算では仕事を片付ける（減らす）方のみ考えるので混同しないように。

●1分 ＝ 1％ ＝ 0.01 ＝ $\dfrac{1}{100}$
　1割 ＝ 10％ ＝ 0.1 ＝ $\dfrac{1}{10}$

●**濃度問題の出題傾向**
食塩水の濃度が代表的で，他にも砂糖，アルコールなど溶けているものは様々である。濃度の異なる溶液どうしの混合，水の注入，蒸発，3種類の溶液の混合，などの出題パターンがある。

●**仕事算の出題傾向**
他にも，1人で1日かかる仕事量を1として計算する「延べ算」もある。

●**ニュートン算の出題傾向**
水槽における水の注入と排出，販売窓口における行列人数，草原等において牛が食べる草の量，等の題材がある。

 最重要テーマ # 複数の値の関係

出題率
10%

ココがポイント 方程式を使うことで容易に解ける問題も多い。特徴のあるテーマは反復練習にてパターンを覚えこむ。

①**年齢算** 複数の登場人物について，現在・過去・未来の年齢を表などでまとめてから計算する。x年前，y年後のように時間を文字で置いたり，現在の誰かの年齢をa歳と文字で置いたりして計算式を立てる。

②**売買問題** 原価（仕入れ値）に利益を加えたものが定価となる。原価と定価の関係について求めたり，複数個の仕入れや売上げについて計算したりするが，その中で割引価格がよく登場する。

③**平均** 値の合計を人数（個数）で割って求める。全体の平均と各人・各グループの平均の関係性から式を立てることが多い。

④**さまざまな数量問題** 定番のパターン問題と言えるものがほぼ無いため，その場で考えて解く。

●複数人数の年齢の和で計算するとき，経過年数を人数分含めることを忘れずに。

●**割合計算**
（定価）＝（原価）×（1＋利益率）
（割引後の価格）＝（割引前の価格）×（1－割引率）

●平均の問題では，実際には合計を求める計算式…（平均）×（人数または個数）をよく使う。

214

最重要テーマ 方程式と不等式

出題率 **10%**

ココがポイント 素早く正確に計算できるよう練習を積んでおく。他テーマで方程式をよく利用するため数的推理全体の学習が必要。

① **一次方程式** 文字を１つ使えば計算式を立てられる。比較的解き易い問題が多い。

② **連立方程式** 複数の文字を使って計算式を立てる。計算式の数が文字数以上であれば値を求められる。出題テーマは多岐にわたり，よく出題される。

③ **不定方程式** 連立方程式と同様に計算式を立てるが，計算式の数が文字数未満であれば通常は値を求めることができない。しかし，選択肢を使用する，整数限定であることを利用するなどして求めることができる。

④ **二次方程式** 二次式の中でも文字が１つの方程式問題が出題されるが，数的推理よりも数学として出題される場合が多い。

⑤ **一次不等式** 一次方程式の計算式の立て方と基本的に大きく変わらないが，「以上」「以下」「未満」などの言葉に関わる部分を不等号で置く。

● **一次方程式の出題例**
相当算：全体（x と置くことが多い）に対する割合の問題。

● **不定方程式の例**
［飴15個を男子 x 人に３個ずつ，女子 y 人に２個ずつ配りきる。男子の数は？（$x<y$）］
$3x+2y=15$ より，$2y=15-3x$ $=3(5-x)$ となり，y は３の倍数となる。$y=3$ のとき，$x=3$ で不適。$y=6$ のとき，$x=1$ となり，男子は１人。

● **二次方程式の解**
$ax^2+bx+c=0 (a\neq0)$
（ⅰ）因数分解で
$a(x-\alpha)(x-\beta)=0$
と変形し，$x=\alpha,\beta$
（ⅱ）解の公式
$$x=\frac{-b\pm\sqrt{b^2-4ac}}{2a}$$

数的推理

最重要テーマ 数列と規則性

出題率 **5%**

ココがポイント 数列の規則は，隣どうしの差や比を調べて発見する。和の公式も含め，等差数列が極めて重要である。

① **等差数列** 隣どうしの差が一定の数列で，初項（第１項）を a，公差（二項間の差）を d，末項（最後の項）を l とすると，第 n 項は $a+(n-1)d$，初項から第 n 項までの和は $\frac{n}{2}(a+l)$ となる。

② **階差数列** 二項間の差からなる数列。元の数列に規則性が無い場合，階差数列を利用することがある。

③ **いろいろな数列**
（ⅰ）等比数列：隣どうしの比が一定の数列
（ⅱ）群数列：数項ずつ群（グループ）に分けた数列
（ⅲ）フィボナッチ数列：初項＝０，第２項＝１で，第３項以降は，前の２項の和となる。

④ **いろいろな規則** 最初から具体的に書き出すことで規則を見つけ出す。

◆ **過去の出題例** ［数列1, 2, 5, 10, 17, …の第20項］
階差数列は 1, 3, 5, 7, …で第19項は $1+18\times2=37$。元の数列の第20項は $1+(1+3+5+\cdots+37)=1+(1+37)$ $\times\frac{19}{2}=362$。

● **いろいろな数列の例**
（ⅰ）1, 2, 4, 8, 16, 32, 64, …
（ⅱ）(1), (2,3), (4,5,6),…
（ⅲ）0, 1, 1, 2, 3, 5, 8, 13,…

◆ **過去の出題例**
［平面を直線で分割した時の交点の数や面の数］
［マス目に自然数を１から順に埋めたときの○行目の□列目の数（並び順は様々ある）］

実戦問題

No.1 1辺が18cmの正方形ABCDがある。図のように, 頂点Bが辺AD上にくるように折り, 折り目をEFとするとき, AE＝8cm, AB′＝6cm, C′F＝4cmであった。四角形B′EFGの面積は次のうちどれか。

1 116cm²
2 120cm²
3 126cm²
4 132cm²
5 136cm²

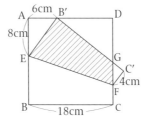

No.2 次の図中の一番小さい正三角形とA, B, Cを結ぶ正三角形の面積比はいくらか。

1 1：11
2 1：12
3 1：13
4 1：14
5 1：15

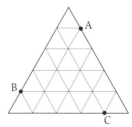

No.3 下図のように, 点Oを中心とする半径10cmの円に, 直径ABと垂直な半径OCを描き, 点Cから半径OBを二等分する点Dを通る直線が円と交わる点をEとしたとき, 斜線部分の面積として, 正しいのはどれか。ただし, 円周率はπとする。

1 $25\pi + 40$cm²
2 $25\pi + 60$cm²
3 $25\pi + 80$cm²
4 $30\pi + 40$cm²
5 $30\pi + 60$cm²

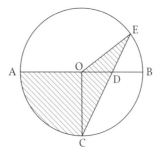

解説

No.1

求める面積を S とすると，S は台形 FEB'C' の面積 S_1 から $\triangle$C'GF の面積 S_2 を引いたものである。台形 FEB'C' と台形 FEBC は合同で，FC=4cm。また，EB=18−8=10 [cm] より，$S_1=\dfrac{(4+10)\times 18}{2}=126\,[\mathrm{cm}^2]$

$\triangle$C'GF∽$\triangle$AB'E より，C'G：C'F＝AB'：AE
C'G=x [cm] とすると，$x:4=6:8$

よって，$x=3$ [cm] であるから，$S_2=\dfrac{1}{2}\times 4\times 3=6\,[\mathrm{cm}^2]$

したがって，$S=S_1-S_2=126-6=120\,[\mathrm{cm}^2]$

正答 **2**

No.2

右図で，$\triangle$APQ と $\triangle$APB は，共通の底辺 AP に対する高さの比が 1：4 なので，$\triangle$APQ：$\triangle$APB＝1：4

$\begin{aligned}\triangle ABC &= \triangle PDE-\triangle APB\times 3\\&=\triangle APQ\times 25-(\triangle APQ\times 4)\times 3\\&=\triangle APQ\times 13\end{aligned}$

よって，$\triangle$APQ：$\triangle$ABC＝1：13

正答 **3**

No.3

O から CD に垂線 OF を引くと，$\triangle$FCO∽$\triangle$OCD。
OF：OC＝DO：DC より，OF：10＝5：$5\sqrt{5}$ で，OF＝$\dfrac{50}{5\sqrt{5}}=\dfrac{10}{\sqrt{5}}$ となり，FC＝$\dfrac{10}{\sqrt{5}}\times 2=\dfrac{20}{\sqrt{5}}$

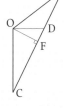

CE＝FC×2＝$\dfrac{40}{\sqrt{5}}$ であり，$\triangle$OCE の面積は，CE×OF×$\dfrac{1}{2}=\dfrac{40}{\sqrt{5}}\times\dfrac{10}{\sqrt{5}}\times\dfrac{1}{2}=40$

これに扇形 OAC の面積（$10^2\pi\times\dfrac{1}{4}=25\pi$）を加えると，$25\pi+40\,(\mathrm{cm}^2)$ となる。

正答 **1**

No.4 次の図のように，プレゼント用の直方体の箱にリボンを掛けたい。このときのリボンの最短の長さはおよそいくらか。ただし，リボンの結び目の長さは含まないものとする。

1 105cm
2 110cm
3 115cm
4 120cm
5 125cm

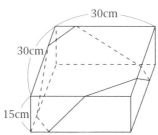

No.5 縦$\sqrt{2}$cm，横$2\sqrt{2}$cmの長さの長方形を図のようにAとBを通る直線lを軸に1回転させたときにできる立体の体積として正しいものはどれか。

1 $\dfrac{11}{3}\pi\,\mathrm{cm}^3$

2 $4\pi\,\mathrm{cm}^3$

3 $\dfrac{13}{3}\pi\,\mathrm{cm}^3$

4 $\dfrac{14}{3}\pi\,\mathrm{cm}^3$

5 $5\pi\,\mathrm{cm}^3$

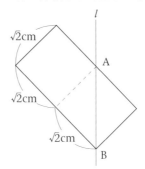

No.6 下の図の空いているマスに，○，×，△を入れる。ただし，同じものが隣り合ってはいけない。入れ方は全部で何通りあるか。

		△			×

1 16通り　　**2** 20通り　　**3** 24通り
4 28通り　　**5** 32通り

解説

No.4

　右図のように，展開図に直線を引いて考える。

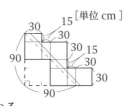

　図の破線のように，リボンの長さを変えないまま，位置をずらして頂点を通るようにすると計算が楽になる。

　破線の長さは，2辺の長さが90cmの直角二等辺三角形の斜辺になるので，$90\sqrt{2}$ [cm]

　$\sqrt{2}≒1.4$とすると，$90\sqrt{2} = 90 \times 1.4 = 126$ [cm]

　選択肢の中で最も近いのは，**5**の125cmである。

正答 **5**

立体表面上の最短経路

立体表面上の2点を通る最短経路は，展開図上で2点を結ぶ直線。

リボンは8つの面を通過していることに注意。（正方形の面を2回ずつ通過している）

直角二等辺三角形の辺の比は$1:1:\sqrt{2}$である。

No.5

　回転させたときの立体は，右図のようになる。

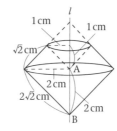

　よって，求める体積Vは，半径2cmの円を底面とする，高さ2cmの直円すい2つ分から，半径1cmの円を底面とする，高さ1cmの直円すい2つ分を引いたものになるから，

$$V = 2\left(\frac{1}{3} \times \pi \times 2^2 \times 2 - \frac{1}{3} \times \pi \times 1^2 \times 1\right) = \frac{14}{3}\pi \ [cm^3]$$

正答 **4**

円すいの体積

$$V = \frac{1}{3}Sh \ [S = \pi r^2]$$

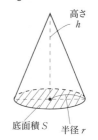

No.6

　図のア～オの順に考える。

　同じものが隣り合ってはいけないので，アには×，ウとエには△を入れることができない。

　したがって，ア，イ，ウの入れ方が5通りに対して，エ，オの入れ方が4通りあるから，全部で，$5 \times 4 = 20$ [通り]

場合の数

樹形図をかいて，当てはまるものを数える。

正答 **2**

数的推理

実戦問題

No.7 A君は1〜5の番号を付けたカードを5枚持っている。これらの5枚のカードのうちから3枚を取り出して作った3桁の整数が，2の倍数となるものの確率はいくらか。

$$\boxed{1}\quad\boxed{2}\quad\boxed{3}\quad\boxed{4}\quad\boxed{5}$$

1 $\dfrac{2}{15}$ **2** $\dfrac{1}{5}$ **3** $\dfrac{4}{15}$

4 $\dfrac{1}{3}$ **5** $\dfrac{2}{5}$

No.8 10本のくじの中に当たりくじが3本ある。このくじをA，Bの2人がA，Bの順番で1本ずつ引くとき，Bが当たる確率はどれか。ただし，引いたくじはもとに戻さないものとする。

1 $\dfrac{1}{5}$ **2** $\dfrac{2}{5}$ **3** $\dfrac{3}{10}$

4 $\dfrac{1}{15}$ **5** $\dfrac{7}{30}$

No.9 3つの整数 $A \sim C$ は，$A>B>C$ で，$A \times B = 693$，$B \times C = 231$ のとき，$A+C$ はいくらになるか。

1 40
2 44
3 52
4 64
5 84

解説

No.7

3桁の整数は，5枚のカードから3枚を取り出して1列に並べて作るから，$_5P_3=60$ [通り]

百	十	一

このとき，2の倍数となるのは一の位が2か4のときで，百の位，十の位の並べ方は，$2 \times _4P_2=24$ [通り]

したがって，求める確率は，$\dfrac{24}{60}=\dfrac{2}{5}$

正答 **5**

順列の計算

$$_nP_r = n \times (n-1) \times \cdots$$
$$\cdots\cdots \times (n-r+1)$$
$$= \dfrac{n!}{(n-r)!}$$

2の倍数は，

$$\left.\begin{array}{|c|c|c|}\hline & & 2 \\\hline & & 4 \\\hline\end{array}\right\}$$ の2通り

No.8

Bが当たるのには次の（ⅰ）（ⅱ）の2通りある。

（ⅰ）A：当たり → B：当たり

Aが当たりくじを引くとき，10本中3本が当たり（確率$\dfrac{3}{10}$），次にBが当たりくじを引くとき，残り9本中2本が当たる（確率$\dfrac{2}{9}$）ので，$\dfrac{3}{10} \times \dfrac{2}{9} = \dfrac{6}{90}$

（ⅱ）A：はずれ → B：当たり

（ⅰ）と同様に，Aが$\dfrac{7}{10}$の確率ではずれ，続いてBが$\dfrac{3}{9}$の確率で当たるので，$\dfrac{7}{10} \times \dfrac{3}{9} = \dfrac{21}{90}$

（ⅰ）（ⅱ）より，求める確率は，$\dfrac{6}{90}+\dfrac{21}{90}=\dfrac{27}{90}=\dfrac{3}{10}$となる。

正答 **3**

確率

本問では，（ⅰ）と（ⅱ）の確率を足すことが分かった上で解くので，（ⅰ）と（ⅱ）それぞれにおける確率計算では，約分を保留しておくとよい（約分した後に通分するなど，計算の二度手間が生じるのを防ぐため）。

くじ引きにおいては，引く順番に関わらず，当たる確率は同じになる。

（ⅰ）と（ⅱ）は同時に起こらないので，それぞれの確率の和によって求める。

（和の法則）

No.9

素因数分解すると，$A \times B = 693 = 3^2 \times 7 \times 11$
　　　　　　　　$B \times C = 231 = 3 \times 7 \times 11$

$A > B > C$であるから，693と231の公約数Bは，
　$B = 3 \times 7$　の1つしかない。

このとき，$A = 3 \times 11 = 33$，$C = 11$

よって，$A + C = 33 + 11 = 44$

正答 **2**

素因数分解

$$\begin{array}{r} 3)\underline{693} \\ 3)\underline{231} \\ 7)\underline{77} \\ 11 \end{array}$$

$693 = 3 \times 3 \times 7 \times 11$

No.10 バスツアーの参加者に用意した100個の菓子を配るが,全員に同数ずつできるだけ多く配ると7個余る。また,女性客だけに同数ずつできるだけ多く配ると5個余る。このとき,男性客の人数として正しいものはどれか。
1　10人
2　11人
3　12人
4　13人
5　14人

No.11 2進法で111で表せる数と,4進法で110で表せる数の和を5進法で表すと,どのように表せるか。
1　100
2　102
3　103
4　110
5　112

No.12 図のような円形のコースがあり,Aはa地点から時計回りに,Bはa地点から反時計回りに,それぞれ一定の速さで歩くこととした。まずBが先に出発し,その2分後にAが出発したところ,Aが出発して1分後にb地点で,2人は初めてすれ違った。Aは30m／分の速さで歩いており,b地点ですれ違った時点で,AはBが歩いた距離の0.2倍の距離を歩いたことが分かっているとき,次に2人がすれ違うのはb地点ですれ違ってから何分何秒後か。
1　2分10秒後
2　2分15秒後
3　2分20秒後
4　2分25秒後
5　2分30秒後

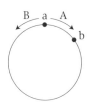

解 説

No.10

「全員に配ると7個余る」＝「100－7＝93（個）配る」

7個余るということは，全員の人数が8人以上になるので，次の①②のいずれかである。

① 93＝3×31より，31人に3個ずつ配る。

② 93＝1×93より，93人に1個ずつ配る。

「女性客に配ると5個余る」＝「100－5＝95（個）配る」

5個余るということは，女性客の人数は6人以上，また①②より全員で93人以下であるから，95＝5×19より，19人に5個ずつ配る。男性客の人数は，①の場合31－19＝12（人），②の場合93－19＝74（人）となるが，選択肢にあるのは12人。

正答 **3**

整数問題

整数を扱う問題では，積の形での表し方に限りがあるので，それぞれで場合分けして検討していく。

積の形にしにくい，数字が見つけにくいとき，素数で割り切れるかどうかを試していくとよい。

（本問であれば，31や19が使われている。1桁は気づきやすいが，2桁だと気づきにくいため，素数は特に意識しておく。）

No.11

2進法の111を10進法に変換すると，$1×2^2+1×2^1+1×2^0＝4+2+1＝7$となる。4進法の110を10進法に変換すると，$1×4^2+1×4^1+0×4^0＝16+4+0＝20$となる。これらの和は$7+20＝27$であり，これを5進法に変換する。右の計算式より，102となる。

$$5 \underline{)\ 27}$$
$$5 \underline{)\ \ 5}\cdots2 \uparrow$$
$$1\cdots0$$

正答 **2**

記数法

問題文中に10進法が出ていなくても，10進法に変換してから考えるのが基本。

No.12

Aが30m／分の速さで1分間進んだa→bの距離＝$30×1＝30$（m）。また，Bが反時計回りで3分間進んだa→bの距離＝$30×5＝150$（m）。よって，Bの速さをxm／分とすると，$150＝x×3$より，$x＝50$（m／分）となる。

この円形のコースは1周が30m＋150m＝180mと分かったので，1周分の出会い算でかかった時間をy分とすると，$180＝(30+50)×y$より，$y＝\dfrac{180}{80}＝\dfrac{9}{4}＝2\dfrac{1}{4}$（分）となる。

よって，かかった時間は2分15秒である。

正答 **2**

旅人算

AはBが歩いた距離の0.2倍＝$\dfrac{1}{5}$倍→BはAが歩いた距離の5倍

2人が1回目に出会ってから2回目に出会うまでの時間を求める＝単純に1周の距離の出会い算を考えればよい。

$\dfrac{1}{4}$分＝$(\dfrac{1}{4}×60)$秒＝15秒

数的推理

No.13 ある電車は，長さ600mのトンネルを一定の速さで通過するとき，その最前部がトンネルに入ってから，最後部がトンネルに入るまでに10秒かかる。また，その最前部がトンネルに入ってから，最後部がトンネルから出るまでに50秒かかる。この電車の長さはいくらか。

1　100m
2　120m
3　130m
4　150m
5　180m

No.14 川の上流にあるP地点と，下流にあるQ地点を往復している2隻の船A，Bがある。川の流れの速さは一定であり，静水での船の速さは，Aが川の流れの速さの2倍で，Bは川の流れの速さの4倍である。AがPQ間を往復するのに1時間かかるとすると，BがPQ間を往復するのにかかる時間として，正しいのはどれか。

1　20分
2　24分
3　28分
4　32分
5　36分

No.15 みかんとりんごが1箱ずつある。A，B2人にみかんを1：2，りんごを2：1の割合で分けたところ，各人の合計個数の比が2：3になった。最初にあったみかんとりんごの個数の比として正しいものはどれか。

1　1：4
2　4：1
3　2：3
4　3：2
5　1：1

解説

No.13

電車の最前部がトンネルに入ってから最後部がトンネルに入るまで，電車自身の長さ（x m とする）を10秒で進むから，電車の速さをy m／秒とすると，$x=10y$（…①）となる。電車の最前部がトンネルに入ってから最後部がトンネルから出るまで，トンネルの600m分を走っただけでは通過しきれず，あと電車自身の長さを走らなければならない。$600+x=50y$（…②）

①を②に代入して，$600+10y=50y$ より，$y=15$（m／秒）となり，①に代入して$x=150$（m）となる。

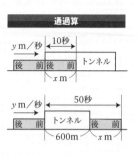

通過算

正答 **4**

No.14

PQ間の距離をx m，川の流れの速さをy m／分とすると，AとBの静水での速さはそれぞれ$2y$ m／分，$4y$ m／分となる。Aは下りの所要時間＋上りの所要時間＝60分だから，$\dfrac{x}{3y}+\dfrac{x}{y}=60$ より，$\dfrac{4x}{3y}=60$ で，$4x=60\times3y$ から$x=45y$

同様に，Bの往復の所要時間は$\dfrac{x}{5y}+\dfrac{x}{3y}=\dfrac{45y}{5y}+\dfrac{45y}{3y}=9+15=24$（分）となる。

流水算

Aについて
　下りの速さ $=2y+y=3y$
　上りの速さ $=2y-y=y$
Bについて
　下りの速さ $=4y+y=5y$
　上りの速さ $=4y-y=3y$

正答 **2**

No.15

A，Bが受け取ったみかんの個数を，それぞれm個，$2m$個，りんごの個数をそれぞれ$2n$個，n個とする。

A，Bの合計個数が2：3であることから，

$(m+2n):(2m+n)=2:3$
$3(m+2n)=2(2m+n)$

よって，$m=4n$

最初にあったみかんとりんごはそれぞれ$3m$個，$3n$個より，

$3m:3n=m:n=4n:n=4:1$

$A:B=C:D$ のとき，
$A\times D=B\times C$

正答 **2**

No.16 5%の食塩水200gを蒸発させて20%の食塩水にした。これに4%の食塩水を加えたところ9%の食塩水になった。加えた4%の食塩水の量として，正しいのはどれか。

1 110g
2 130g
3 150g
4 170g
5 190g

No.17 市営プールではA～Cの3本の給水管でプールに水を入れている。次のア～ウのことがわかっているとき，給水管A～Cが1分間に給水できる水の量の比として正しいものはどれか。

　　ア　3本の給水管を同時に使用するとちょうど1時間で満水になる。
　　イ　給水管Aだけを30分間，その後3本同時に45分間使用すると満水になる。
　　ウ　給水管Cだけを50分間，その後3本同時に50分間使用すると満水になる。

1 4：5：2
2 4：5：3
3 5：3：2
4 5：4：3
5 6：4：3

No.18 商品Aと商品Bを兄弟が別々の店で買った。兄は商品Aを定価の1割引き，商品Bを定価の2割引きで買い，弟は商品Aを定価で，商品Bを5割引きで買った。その結果，兄は弟の1.1倍の代金を支払っていたとすると，商品Aと商品Bの定価の比はいくらか。

1 3：2
2 4：3
3 5：4
4 6：5
5 8：5

解説

No.16

濃度5%の食塩水200gから水xgが蒸発し，20%の食塩水$(200-x)$gができたとする。蒸発しても食塩の重さは10gのままで濃度は20%になるから，

$(200-x)\times\dfrac{20}{100}=10$ より，$x=150$（g）となる。ここに4%の食塩水ygを加えたとすると，食塩の重さは$(10+\dfrac{4}{100}y)$g。出来上がった9%の食塩水$(50+y)$gの食塩の重さは$\dfrac{9}{100}(50+y)$gなので，$10+\dfrac{4}{100}y=\dfrac{9}{100}(50+y)$となる。これを解いて，$y=110$（g）となる。

正答 **1**

濃度

濃度$=\dfrac{溶質}{溶液}$だから，

溶質$=$溶液$\times$濃度となる。
食塩（溶質）の重さについて
・濃度5%の食塩水200g

　…$200\times\dfrac{5}{100}=10$（g）

・水（濃度0%）xg…0g
→蒸発後も重さは10gのまま

No.17

プールの満水量を1として，A，B，Cの給水管の給水量を毎時a，b，cとすると，条件より，

$(a+b+c)\times1=1$　　　…①

$a\times\dfrac{1}{2}+(a+b+c)\times\dfrac{3}{4}=1$　　　…②

$c\times\dfrac{5}{6}+(a+b+c)\times\dfrac{5}{6}=1$　　　…③

①と②より，$a=\dfrac{1}{2}$　　①と③より，$c=\dfrac{1}{5}$

①より，$b=1-a-c=\dfrac{3}{10}$

よって，各給水管の給水量の比は，$a:b:c=5:3:2$

正答 **3**

仕事算

　全体の仕事量（プールの満水量）を1として，各管の単位時間当たりの給水量を，全体に対する割合で表す。

30分間$=\dfrac{30}{60}$時間$=\dfrac{1}{2}$時間

45分間$=\dfrac{45}{60}$時間$=\dfrac{3}{4}$時間

50分間$=\dfrac{50}{60}$時間$=\dfrac{5}{6}$時間

No.18

商品A，Bの定価をそれぞれa〔円〕，b〔円〕とすると，兄は$0.9a+0.8b$〔円〕，弟は$a+0.5b$〔円〕支払った。兄は弟の1.1倍を支払ったことから，

$0.9a+0.8b=1.1(a+0.5b)$

整理すると，$5b=4a$となり，$a:b=5:4$

正答 **3**

売買問題

a円の1割引きは，
$(1-0.1)\times a=0.9a$〔円〕

数的推理

227

No.19 ある採用試験の結果は，全受験者の平均点が35点で，その25％が合格というものであった。合格者の平均点は合格点より10点高く，不合格者の平均点は合格点より30点低かった。合格点は何点であったか。

1 40点　　**2** 45点　　**3** 50点
4 55点　　**5** 60点

No.20 鈴木さんは携帯電話を利用しようと考えている。ある携帯電話会社の1か月の料金プランが表のとおりであるとき，1か月の料金がプランAのほうがプランBより安くなるのは1か月の通話時間が何分以上のときか。

　ただし，鈴木さんが通話を行う回数の比率は，

　　1分の通話：2分の通話：3分の通話＝1：2：1

とする。

		プランA	プランB
基　本　料		2,000円	1,500円
通話料	1分	30円	通話時間に関係なく一律1分当たり30円
	2分	45円	
	3分	60円	

1 48分　　**2** 56分　　**3** 64分
4 72分　　**5** 80分

No.21 下図のように，ある規則に従って番号がつけられている靴箱がある。下から1段目，左から1列目の番号は1であるが，下から12段目，左から6列目の番号は何か。

17	18	19	20	21	
10	11	12	13	22	……
5	6	7	14	23	
2	3	8	15	24	……
1	4	9	16	25	

1 127　　**2** 128　　**3** 129
4 138　　**5** 139

No.19

受験者を N 人, 合格点を x 点とすると, 「全受験者の素点合計＝合格者の素点合計＋不合格者の素点合計」であるから,

$35N = (x+10) \times 0.25N + (x-30) \times 0.75N$ より,
$140 = (x+10) + 3(x-30)$

これを解いて, $4x = 220$ より, $x = 55$ [点]

正答 **4**

平均

平均点 $= \dfrac{\text{総得点}}{\text{総人数}}$ より,

総得点 ＝ 平均点 × 総人数
←両辺から N を消去, 4倍して係数を簡単にする

No.20

1分の通話を x 回とすると, 2分の通話は $2x$ 回, 3分の通話は x 回となるから, プランAの場合の料金 a 円は,

$a = 2000 + 30x + 45 \times 2x + 60x = 2000 + 180x$ [円]

また, プランBの場合は, $x + 2 \times 2x + 3 \times x = 8x$ [分]が全通話時間となるから, その料金 b 円は,

$b = 1500 + 30 \times 8x = 1500 + 240x$ [円]

題意より, $a < b$ であるから,

$2000 + 180x < 1500 + 240x$ より, $x > \dfrac{25}{3} = 8\dfrac{1}{3}$

x は自然数なので, 最小の x は9。よって, 全通話時間が $8 \times 9 = 72$（分）以上のとき, プランAのほうが安くなる。

正答 **4**

一次不等式

$1 : 2 : 1 = x : 2x : x$ とおくことができる。

← $x = 9$ のとき,
プランA ＝ 3620 [円]
プランB ＝ 3660 [円]

No.21

右図のような順に数字が埋まっている。正方形を完成させるように並ぶので, 最下段には平方数(2乗の数)が並ぶ。下から12段目は最下段11列目まで全部埋めた

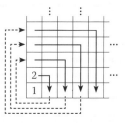

後であり, 最下段11列目の数は $11^2 = 121$。よって, 下から12段目, 左から1列目は122で, そこから右に5つ進み, 下から12段目, 左から6列目は127。

正答 **1**

数列・規則

数字を小さいもの順に追っていけば, どのような並び方をしているか見つけるのは容易である。
どの場所であっても数を求められるようにするには, 計算をどのようにすればよいかを考える。
数字の並び順によっては, 計算式が等差数列や階差数列として登場することもある。

判断推理

出題の特徴と傾向

出題は大別して2つの分野に分かれる！

①言語で表現された内容から，ものごとを判断したり推理したりするもので，この中には数量関係を文章で述べたものも含まれている。

②図形で表された内容から，その図形の性質や関係を判断したり理解したりするもので，平面図形についてのもののほか，空間認識を問うものも含まれている。

例年6〜8題の出題

例年6〜8題が出題されている。繰り返し出題されてきたタイプの問題が，頻出テーマを中心に安定して出題されている。

出題レベルは極めて基本的！

全般的に枝葉末節にこだわらず，基本的な思考能力を問う問題，文字数も適量で落ち着いた問題がほとんどで，学習しやすいものばかりといえる。

効果的な学習方法・対策

「軌跡」「位置関係」「対応関係」「平面図形の分割・構成」「展開図」「論理」などの出題が全体的に多いので，これらの分野は特に重点的に練習しておくことが必要となる。

ただ多くの問題を解くというのではなく，それぞれの問題の解き方の手順を練習によって確実に身につけたい。論理的に筋道を立ててものを見ていくことが必要で，順序よく一つ一つ推理を進めていくことが大切である。

図形に関する問題では，想像に頼らず，最重要テーマの記載にある解法に沿って解答手順を踏み答えを導き出せることが大切である。出来るようになれば，同じような問題での再現性が格段に上がり，迅速かつ正確に問題が解けるようになる。

最重要テーマ 展開図

ココがポイント 展開図から見取図をかき，頂点や辺の重なりを押さえる。

展開図

立方体，正四面体，正八面体の見取図とその展開図を正しく理解すること（何通りもある）。

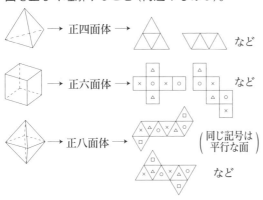

→ 正四面体 →　　など

→ 正六面体 →　　など

→ 正八面体 →（同じ記号は平行な面）　など

● **立体の展開図は1通りではない。**
展開図はいくつもかけるから，主な立体の展開図は何通りか頭に入れておく。

● **正八面体の重なる辺**

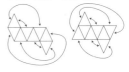

最重要テーマ 折り紙

ココがポイント 折り紙の問題は模様の決定が重要。折り紙の模様は折り線に関して必ず対称。

①折った図形

折り紙問題では，何回か折った図形の模様からもとの図形の模様を求める問題がほとんどを占める。

②折り紙は折り目が直線だから，折り線について線対称となっている。線対称な図形には，次の性質がある。

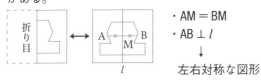

・AM ＝ BM
・AB ⊥ l
　↓
左右対称な図形

● **折り紙**
折った回数と，どう折っていったかを正しくつかむこと。

● **斜めの線で折っても，その線に関して線対称。**

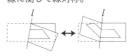

判断推理

投影図

ココがポイント 正面図，平面図，側面図の中の２つから残りの画面をかく。投影図から立体をイメージし，見取図をかくことがポイント。

①投影図の３画面の関係

線分の見取図と投影図の関係は下のようになっている。

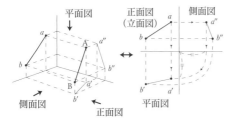

●投影図から見取図を
左の関係をつかんで，実際の立体をかいてみると，理解しやすい。

●投影図→（見取図）→投影図の順で再構成する問題も多い。

●２面から他の１面を作るとき，頂点の位置を２点から定めて，残りの１面の点を定める。

②投影図上の実線と点線

投影図上で，実線は見ている方向から実際に見える線を，点線は実際には見えない線を表している。

線のつながりと経路

ココがポイント 一筆書きができるかどうかは奇点の個数で決まる。距離を考えない経路問題では，地図を見やすく変形する。

①一筆書き問題

「同じ道路を２回通らずに１周できるか」という問題。一筆書きができるかどうかは，偶点，奇点の個数で判断する。

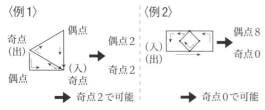

●奇点が０個，または２個
→一筆書きが可能

偶点　　出れば必ず入る点となる。

奇点　　出る点か入る点となる。

②経路は図示する

経路問題は，距離のみのもの，距離と方向の関係するもの，方向（方位）のみのものの３種類ある。いずれも図示して，つながりなどを確かめる。

●距離を考えないとき

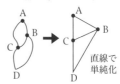

直線で
単純化

暗号と規則性

ココがポイント 暗号は五十音表との対応で調べる。規則性は数列の考えを使うと考えやすい。

①暗号のキーの解読

暗号は日本語，ローマ字，数字などいろいろあるが，日本語は五十音表，ローマ字は日本語に直して五十音表かアルファベット26文字の配列，数字は日本語五十音表と対応させるとほとんど解決できる。なかには1つおきとか2つおきに配列されているものもある。

②暗号では字数に注意

元の文の字数と暗号の字数の対応をつかむ。これによって，1つの字数がいくつの字数で暗号化されているかがわかる。

③規則性は数列の力を借りる

基本的には，

1, 2, 3, 4, …

2, 4, 6, 8, …

1, 3, 5, 7, …

1, 3, 6, 10, … などがある。

●五十音表

暗号	1	2	3	4	5	6	7	8	9	10	11
1 ア段	あ	か	さ	た	な	は	ま	や	ら	わ	ん
2 イ段	い	き	し	ち	に	ひ	み		り		
3 ウ段	う	く	す	つ	ぬ	ふ	む	ゆ	る		
4 エ段	え	け	せ	て	ね	へ	め		れ		
5 オ段	お	こ	そ	と	の	ほ	も	よ	ろ		

〈例〉あ⇔11，ち⇔42

行を表す　　段を表す

●数列の構成

1, 3, 6, 10, …は，

1, 1 + 2, 1 + 2 + 3,

1 + 2 + 3 + 4, …

となっている。このルールを見いだすことがポイント。

 数量関係

ココがポイント 数的推理の考えを使って解ける問題も多い。パターン化できない問題もあるため，本番での対応力も必要。

●数的推理の考えを使う

ほとんど数的推理と同じように解けるものもある。

・集合…2つ以上の集合の要素の数の計算。

・最短経路…「展開図」を参照。

・経路数…場合の数の計算を利用する。

・規則性…「暗号と規則性」の③を参照。

・方位と距離…方位（基準線からの角度）と距離では，三角比や三平方の定理が使われる。

・平面図形…比を利用して，面積や面積比を求めると解決しやすい。図形の個数を求めるときは，場合の数の計算も使う。

●「集合」はベン図をかいて，

結びや交わりに注意して，式を立てる。

集合∪

$n(A \cup B) = n(A) + n(B)$
$- n(A \cap B)$

●三角形の辺の比

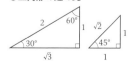

最重要テーマ 位置と方位

ココがポイント 位置関係は，相互の位置から決めることが大切。基準点からどの方位にあるかは図形の性質から。

①位置の決め方

比べるものの相互の左右，上下，斜めなどの関係を図に入れながら，1つずつチェックしていって，矛盾するものを除いていく。

②方位の決め方

基準の点から東 (E)，西 (W)，南 (S)，北 (N) およびその間の方角を，図をかくことによって決めていく。移動の問題では，最後の方位から最初の方位を逆算。

〈例〉Aの最初の方位は？

最後の方位から，最初の方位は北西

③道路を挟んだ建物の位置関係

建物どうしの位置関係は，①の方位の条件と②の位置関係の条件から求める。仮定を立て，矛盾するものを除いていく。

●位置関係の図示

〈例〉B室はA室の真正面かその両隣かのいずれか。

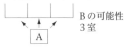

Bの可能性
3室

●図をかき終わった後，北を上にして考えるとわかりやすい。

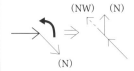

最重要テーマ 対応関係

ココがポイント 対応関係は対応表を作って考える。文章から必要な条件を正確につかむことが大切。

①対応表を作る

2つの事柄 (集合) について次のような対応表を作る。対応する内容が正しくないときは×が入り，正しいときに○が入ると他の関係するものは×となる。

	a	b	c	d
A				
B				
C	×			
D				

← 事柄2 →

事柄1

	a	b	c	d
A		×		
B		×		
C	×	○	×	×
D		×		

事柄1

②成績表，結果表も同じ

テストの成績関係，リーグ戦の勝敗なども上の対応表と同じように作ることができる。

●対応表の関係

条件で与えられた内容から対応表を作り，残りの空白の部分は，1つずつ○，×を埋めていって，矛盾する場合を除外して完成する。

表周辺には「メモ欄」の余白を作り，○の数などの記録として活用すると情報を整理しやすい。

●○×だけでなく，数値も記入できる。

234

最重要テーマ 平面図形の構成

ココがポイント 平面図形のつなぎ合せは，面積，辺の長さ，角度に注目。図形の個数は，与えられた図をよく分析してから数える。

①図形のつなぎ合せと構成

〈例〉

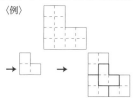

左の図を 4 つの合同な図形に分割する。
↓
小正方形が 12 個
$12 \div 4 = 3$（個）
1 つの図形の面積は 3

このように，面積を使うと考えやすいことがある。

②図形の個数

図形中の，ある図形の個数は，形・向き・大きさによって分類してから，分類ごとに数えて合計する。

〈例〉

左図の，正三角形の数
・△向きは，小さい順に数えて，
　　$6 + 3 + 1 = 10$（個）
・▽向きは，3 個。よって，13 個

●並べ替えるときは，辺の長さ・角度にも注目。

 を 4 つ組み合わせて正方形を作る。

↓ 面積 16 なので 1 辺は 4

（中心は直角が 4 つ集まる。

●数列の考えを利用
左の例の 1，3，6 は，
1，3 = 1 + 2，6 = 1 + 2 + 3

最重要テーマ 軌　跡

ココがポイント 点の軌跡は，回転移動か平行移動かを見極める。軌跡の弧の部分の長さは，円周から求める。

①軌跡

ある図形が移動するとき，その図形上の 1 点が描く軌跡は，直線か円かを調べ，円弧のときは，回転の中心と半径，回転角の大きさを確認する。

②軌跡の求め方

平行移動や回転移動の組合せであるから，頂点が平行移動した距離や，他の頂点を回転の中心として，半径，回転角の大きさをもとに弧の長さなど，1 つずつ順に求めていく。

〈例〉

・平行移動

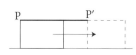

・回転移動

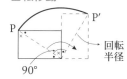

→回転半径

90°

●軌跡の長さ
扇形 OAB の弧 AB

$$\overset{\frown}{AB} = 2\pi r \times \frac{\theta}{360}$$

判断推理

235

順序関係

出題率 **15%**

ココがポイント 順位を考えるときは，条件を簡略図にして組み合わせる。数値を考えるときは，数表をつくるか，線図に数値を記入する。

①順位だけを考える場合

問題文の条件を下のようにして組み合わせる。

○－○－A－F－○－○，　○－○－A－○－F－○

②数値を考える場合

数表をつくるか，線図に数値を書き込む。

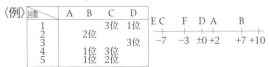

〈例〉

回数	A	B	C	D
1			3位	1位
2		2位		
3				3位
4		1位	3位	
5		1位	2位	

```
E C     F   D A       B
─┼┼─────┼───┼─┼───────┼─
-7      -3  ±0 +2      +7 +10
```

●1つの条件から，複数の線図をかくこともある。

●順位が1通りに決まらないときは，すべてに共通することが，「確実にいえること」である。

試合と勝敗

出題率 **10%**

ココがポイント 総当たり戦：試合数＝$n(n-1)\div2$＝勝ち数（負け数）の合計。勝ち抜き戦：試合数＝$n-1$（n：チーム数）

①総当たり戦（リーグ戦）

総当たり戦では，対応表をかいて，勝敗を記入する。

②勝ち抜き戦（トーナメント戦）

トーナメント表にチーム名を入れ，条件を書き込んで調べる。対戦日や対戦ブロックにも注目して考える。

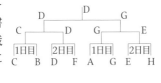

```
        D ─────── D
      ┌─┴─┐     ┌─┴─┐ G
      C   D     G   E
     ┌┴┐ ┌┴┐   ┌┴┐ ┌┴┐
    1日目 2日目 1日目 2日目
     C B  D F   A G  E H
```

●リーグ戦：勝敗は相互に勝敗を記入

	A	B	C	D	E
A		×	×	○	×
B	○		○	○	×
C	○	×		○	×
D	×	×	×		×
E	○	○	○	○	

論　理

出題率 **15%**

ココがポイント 命題の変形規則を使えるようにする。「うそつき発言」では，「うそ」と仮定して矛盾が生ずるか調べる。

①命題…「AならばBである」は「A→B」と表す。

②対偶…もとの命題が真ならば，その対偶も真である。

「AならばBである」⇄対偶「BでなければAでない」

③三段論法…正しい結論を得る方法

（A→B）かつ（B→C）ならば，（A→C）

④うそつき発言

「うそつき発言」の問題では，発言を「うそ」と仮定してみて，矛盾がなければ，仮定したとおり，「うそ」。

●「逆」や「裏」は真とは限らないので注意が必要。

●[Ⅰ]彼は花が好きだ。
　↓
　[Ⅱ]花が好きな人は正直だ。
　↓
　[結]彼は正直だ。

空間認識

ココがポイント サイコロの性質を理解する。印の付いた立方体は，1段目，2段目，…のように分ける。

①サイコロの性質を理解する。

- ・向かい合った「目の数」の合計は7になる。
- ・同じ向きに4回倒すと，初めと同じになる。
- ・サイコロを転がす問題では平面図を使うと解きやすい。

 上から見ると ※底は5

●サイコロの展開図

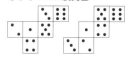

②穴があいたり，着色された立方体は，1段目，2段目，…のように分ける。各段ごとに数えて，合計する。このとき，上下だけでなく，前後，左右に分けたほうがよい場合もある。

〈例〉

　右の図は，小立方体を集めて穴を貫通させたものである。穴のあいていない小立方体の個数を求めよ。

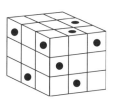

●左図の各段を調べると，

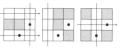

1段目　2段目　3段目
穴のあいていない小立方体は，
$2 + 4 + 4 = 10$［個］

直方体・立方体の切断

ココがポイント 切断面が通る点を結ぶと，切り口の直線ができる。平行な面には，平行な切り口（直線）ができる。

直方体・立方体の切り口は直線

　直方体・立方体の切断では，切断面が通る点を結ぶと，切り口は直線になり，平行な面には平行な切り口（直線）ができる。

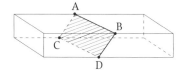

AB // CD
AC // BD

●切断面と立体の辺が交わる2点を直線で結ぶと切り口になる。

左図で，ABを軸として切断面を回転させても，平行関係は変わらない。

No.1 次の展開図を組み立ててできる立体の見取り図として, 正しいものは
どれか。 ☞展開図

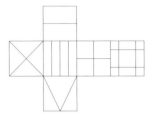

No.2 A～Eの5人はバイキング料理店に出かけ, ハンバーグ, エビフライ,
ソーセージ, ヒレカツ, から揚げの5つの料理のうちから好きな料理を3つそ
れぞれ選んだ。次のア～オのことがわかっているとき, 正しいものはどれか。
☞対応関係

ア ハンバーグ, エビフライを選んだ人はそれぞれ4人, から揚げは3人,
 ソーセージは2人であった。

イ Aはハンバーグを選んだが, ソーセージは選ばなかった。

ウ Bはヒレカツとソーセージを選んだ。

エ Cはヒレカツを選んだ。

オ Dはエビフライを選ばなかった。

1 Aはエビフライを選んでから揚げは選ばなかった。

2 Bはハンバーグを選んでエビフライは選ばなかった。

3 Cはハンバーグを選んでから揚げは選ばなかった。

4 Dはハンバーグを選んでソーセージは選ばなかった。

5 Eはソーセージを選んでハンバーグは選ばなかった。

No.3 A〜Fの6人が次の図のような地所ア〜カにそれぞれ住んでいる。今,次のa〜cのことがわかっているとき,地所オに住んでいる者はだれか。

位置と方位

a BとF, CとFはそれぞれ道路を挟んで向かい合って住んでいる。
b Aは,Eのすぐ隣に住んでいる。
c Dは,道路を挟んでEの右斜め向かいに住んでいる。

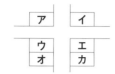

1 A   **2 B**   **3 C**   **4 D**   **5 E**

No.4 図の正三角形が直線l上を滑らずに1回転するとき,正三角形の内部にある点Pが描く軌跡として,正しいのはどれか。

軌跡

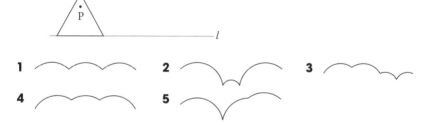

No.5 ある書店で客が購入した書籍や雑誌について次のことが分かっているとき,論理的に確実にいえるのはどれか。

論理

○ 文庫本を購入した人は,雑誌を購入しなかった。
○ 新書を購入しなかった人は,文庫本を購入しなかった。
○ 新書を購入した人は,単行本を購入しなかった。
○ 単行本を購入した人は,雑誌を購入した。

1 新書を購入した人は,文庫本を購入した。
2 雑誌を購入した人は,新書を購入しなかった。
3 単行本を購入しなかった人は,新書を購入した。
4 文庫本を購入した人は,単行本を購入しなかった。
5 新書を購入しなかった人は,雑誌を購入した。

| 正 答 | No.1：**3** | No.2：**3** | No.3：**1** | No.4：**2** | No.5：**4** |

判断推理

No.1 下図のように隣り合う2面に異なる色を塗った正八面体がある。この正八面体の展開図として正しいものは，次のうちどれか。

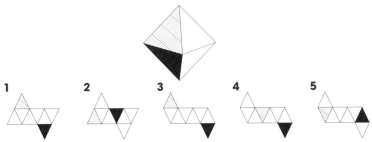

No.2 正六面体の6面を1周するように線を引いたとき，その展開図として正しいのはどれか。

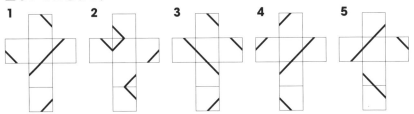

No.3 正方形の折り紙を，次の図のように3回折り，穴を3個（円を1個，半円を2個）あけた。もとの正方形に広げたとき，完全な円の穴は何個あいているか。

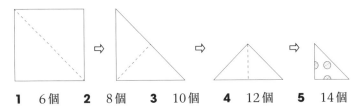

1 6個　　**2** 8個　　**3** 10個　　**4** 12個　　**5** 14個

解説

No.1

展開図から正八面体を組み立てたとき，互いに接する辺がどうなっているかを図示すると，下図のようになる。

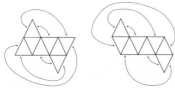

この図と選択肢に与えられた展開図とをよく比較してみると，互いに接する面に色が塗られているのは **5** だけである。

正答 **5**

解法のヒント

重なる辺は，まず180°より狭い角の辺どうしを対応させ，残りを順次対応させるとよい。

隣接する面は，平行な面の隣の隣であることを利用してもよい。

No.2

正六面体の6面を一周する線は，展開図上でも途切れることなく一周するので，線が途中で切れる **1**・**3**・**4**，および線が2本存在する **2** は正しくない。よって正解は **5** となる。

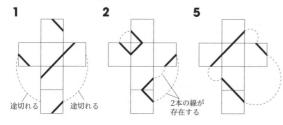

3・**4** も同様に途切れる。

正答 **5**

展開図

正六面体ABCD-EFGHとし，展開図のすべての頂点にA～Hの記号を振って考えるとよりわかりやすい。

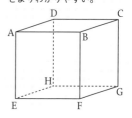

No.3

実際に折り紙を開いていくと，次のようになる。

3×4
$= 12$個

正答 **4**

解法のヒント

折り紙を開くと，折り線に関して対称な図形ができる。

判断推理

241

No.4 正方形の紙片を対角線の1つに沿って折り，図Ⅰのような直角二等辺三角形を作り，同図の点線の部分で折って図Ⅱのようにした。これを図Ⅱの点線に沿って切断し，広げたときに最も大きい紙片の形として正しいものはどれか。

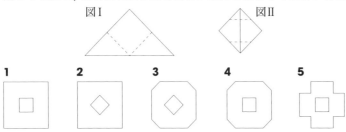

No.5 下図は同じ大きさの小さい立方体を積み上げて作った立体の投影図である。このとき，小さい立方体は少なくともいくつあるか。

1 11個
2 12個
3 13個
4 14個
5 15個

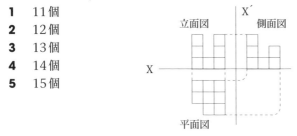

No.6 合同な直方体3つをつなぎ合せて1つの立体とし，それを前後左右から見たら以下のようであった。この立体を真上から見た図として正しいものは，次のうちどれか。

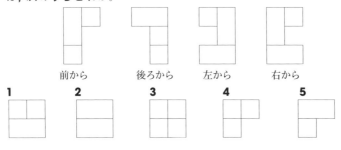

解 説

No.4

次の図のように，正方形の中心と，4つの頂点が切りとられ，切り口は最初の正方形の辺と45°の角をなしている。

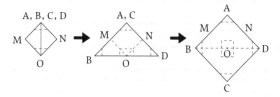

解法のヒント

切り口の線も，折り線に関して対称になる。

正答 **3**

No.5

上から1段目，2段目，3段目に分けて考える。

まず，立面図と平面図を考えると，〔Ⅰ図〕のように×印には立方体がないことがわかる。

さらに側面図から考えると，〔Ⅱ図〕の×印にも立方体のないことがわかる。

×印のないのは13か所だが，Aの立方体は投影図に関係しない。

よって，13－1＝12〔個〕の立方体が必要。

〔Ⅰ図〕

1段目	2段目	3段目

〔Ⅱ図〕

1段目	2段目	3段目

解法のヒント

「少なくともいくつあるか」と問題文にはあるので，投影図に影響しない立方体は除く。

立方体が下にないと，上には積めない。

正答 **2**

No.6

与えられた図をもとに見取り図を描いてみると，右図のようになる。

したがって，真上から見ると，**5**のように見える。

前

解法のヒント

前と後，左と右から見た場合は，それぞれ裏返しの（左右が反転の）形になる。

正答 **5**

判断推理

No.7 製品A〜Eの5品目のうち2品目を製造している会社が10社あり，2品目の組合せはどの会社も異なっている。このとき各社を●で表し，同じ品目を製造していない会社どうしを線で結んだときの図形として，正しいもののみを挙げているものはどれか。

ア   イ   ウ   エ

1 ア，イ
2 ア，エ
3 イ
4 イ，ウ
5 ウ，エ

No.8 A〜Dの4地区を巡回するパトロールカーがあり，次の図は各地区間の所要時間を表している。A地区から出発し，各地区をすべて巡回して再びA地区へ帰るコースのうち，最短時間で帰るコースの所要時間として正しいものは，次のうちどれか。

1 1時間9分
2 1時間10分
3 1時間11分
4 1時間12分
5 1時間13分

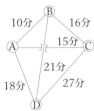

No.9 「ねこ」を「112・004・010・111」と表す暗号がある。この暗号規則に従って「りす」を表しているものは次のどれか。

1 「118・109・119・121」
2 「181・180・170・150」
3 「111・005・011・112」
4 「121・008・101・121」
5 「108・008・107・105」

解 説

No.7

　AとBを製造している会社をABで表し（他も同様），同じ製品を製造していない会社どうしを線で結ぶ。

　会社ABとはCD, CE, DEの3社のみが結ばれる。他も同様なので，1つの頂点には線は3本。よって，**ウ，エ**は不適。実際にABから始めると，**ア**の場合，X, YにはC, D, Eを製造しない会社，つまりABが再び入ることになり不適。**イ**は，右図のようにうまく配置できる。

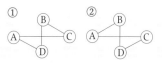

正答 **3**

No.8

　4区間を最短で巡回するには，4区間回ってA地区に戻る必要があり，それは外側だけを通るコースの他に，次の①，②が考えられる。所要時間の短い方は，①の順であることがわかる。

　このとき，要する時間は，15＋16＋21＋18＝70〔分〕＝1〔時間〕10〔分〕

正答 **2**

No.9

　暗号の符号数から見て，「ねこ」は「NEKO」と考えられる。

A	B	C	D	E	F	G	H	I	J	K	L	M
000	001	002	003	004	005	006	007	008	009	010	011	012

N	O	P	Q	R	S	T	U	V	W	X	Y	Z
112	111	110	109	108	107	106	105	104	103	102	101	100

　アルファベットと数字を対応させて規則性を探すと，上の表のようであると考えられる。

　これに基づいて「RISU」を暗号化すると，「108・008・107・105」となる。

正答 **5**

判断推理

No.10 図Ⅰで表す暗号を解読すると「たかうじ」(足利尊氏)となる。暗号を解くカギは,「4・1」が「た」,「2・1」が「か」,「1・3」が「う」,「13・2」が「じ」である。図Ⅱの暗号を同じ方法で解読したものとして適当なものはどれか。

図Ⅰ

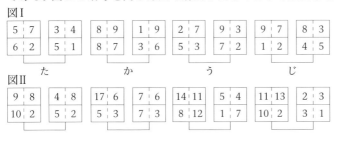

| 5 | 7 |　| 3 | 4 |　| 8 | 9 |　| 1 | 9 |　| 2 | 7 |　| 9 | 3 |　| 9 | 7 |　| 8 | 3 |
| 6 | 2 |　| 5 | 1 |　| 8 | 7 |　| 3 | 6 |　| 5 | 3 |　| 7 | 2 |　| 1 | 2 |　| 4 | 5 |

　　た　　　　　か　　　　　う　　　　　じ

図Ⅱ

| 9 | 8 |　| 4 | 8 |　| 17 | 6 |　| 7 | 6 |　| 14 | 11 |　| 5 | 4 |　| 11 | 13 |　| 2 | 3 |
| 10 | 2 |　| 5 | 2 |　| 5 | 3 |　| 7 | 3 |　| 8 | 12 |　| 1 | 7 |　| 10 | 2 |　| 3 | 1 |

1　平　清盛　　**2**　源　頼朝　　**3**　織田信長
4　豊臣秀吉　　**5**　徳川家康

No.11 AとBが2人でゲームをした。最初にA,Bともに12枚ずつコインをもち,順に1回ずつサイコロをふる。そして,出た目の数が偶数のときは出た目の数だけ相手からコインをもらい,奇数のときは出た目の数だけ相手にコインを渡すことにした。最初にAがサイコロを1回ふり,次にBがサイコロを1回ふった。すると,Aの枚数が17枚,Bの枚数が7枚になった。このことから,確実にいえるものはどれか。

1　A,Bともに出したサイコロの目の数は奇数だった。
2　A,Bともに出したサイコロの目の数は偶数だった。
3　Aが出したサイコロの目の数は奇数だった。
4　Bが出したサイコロの目の数は偶数だった。
5　AはBに1枚もコインを渡さなかった。

No.12 1から5までの数字が1つずつ書かれた5枚のカードが,左から1〜5の順に並べてある。これらのカードに対して,図のように,「左端のカードを左から2枚目へ,右端のカードを中央へ」移動させる。これを1回の操作とすると,カードの配置がもとどおりとなるまでに必要な操作の回数として正しいのはどれか。

1　4回　　　　**2**　5回
3　6回　　　　**4**　7回
5　8回

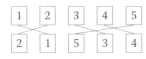

解説

No.10

「4・1」が「た」,「2・1」が「か」を表すから,「a・b」と五十音表との対応は,下の表のように考えられる。

b＼a	1	2	3	4	5	6	7	8	9	10	11	12	13	14	15	16
1	あ	か	さ	た	な	は	ま	や	ら	わ		が	ざ	だ	ば	ぱ
2	い	き	し	ち	に	ひ	み	い	り	い		ぎ	じ	ぢ	び	ぴ
3	う	く	す	つ	ぬ	ふ	む	ゆ	る	う		ぐ	ず	づ	ぶ	ぷ
4	え	け	せ	て	ね	へ	め	え	れ	え		げ	ぜ	で	べ	ぺ
5	お	こ	そ	と	の	ほ	も	よ	ろ	を	ん	ご	ぞ	ど	ぼ	ぽ

また,問題中の図Ⅰの「た」を表す数字が「4・1」になるには,

$$\begin{array}{|c|c|}\hline 5 & 7 \\\hline 6 & 2 \\\hline\end{array}\begin{array}{|c|c|}\hline 3 & 4 \\\hline 5 & 1 \\\hline\end{array} \Leftrightarrow 「(5+7)-(6+2)・(3+4)-(5+1)」 = 「4・1」$$

のように,[上の段の和]－[下の段の和]で解読できる。

解法のヒント

五十音表とどう対応させるかがカギとなる。

図Ⅱは「のぶなが」となる。

正答 **3**

No.11

Aのコインが5枚（奇数枚）増えたことに注目する。

A, Bの出た目の数の和か差が5になる組合せは右表の通り。授受の方向から,Aのコインが5枚増えるのは○印の所。

A	1	2	3	4	5	6
	↓	↑	↓	↑		↑
B	6	3	2	1	×	1
	×	○	×	○	×	×

（矢印は授受の方向）

解法のヒント

Aの収支で考えると,(A, B) = (奇, 偶) のときは,減,減で不可。
(偶, 奇) のときのみ,奇数枚増える。

正答 **5**

No.12

5枚のカードの状況を整理していく。

回数	左端		中央		右端
0	1	2	3	4	5
1	2	1	5	3	4
2	1	2	4	5	3
3	2	1	3	4	5
4	1	2	5	3	4
5	2	1	4	5	3
6	1	2	3	4	5

6回目で元通りになる。

解法のヒント

この手の問題は,基本的にはとにかく手を動かして書いていく事で正解が見える。ただ,この問題に関しては,
　(1, 2)…2回ごとの繰返し
　(3, 4, 5)…3回ごとの繰返し
という特徴を見つけられれば,「10回元通りは？」のような設問にも答えられる。

正答 **3**

判断推理

No.13 ある方向に歩いている男が，右へ90°曲がり，しばらく歩いた後，再び右に45°曲がったところ，北風を真正面から受けた。男は最初，どちらに向かって歩いていたか，次のうちから選べ。

1 北東　　**2** 北西　　**3** 南東　　**4** 南西　　**5** 南

No.14 図のような壁で隣り合っている16室からなるアパートには，空室がいくつかある。このアパートの空室状況について次のア〜エがわかっているとき，確実にいえるものはどれか。

ア　1階には空室が2室あるが，隣接していない。
イ　3階の住人のいる室は隣接していない。
ウ　住人のいる室の真下の室はすべて空室である。
エ　空室の真下に室がある場合，そこにはすべて住人がいる。

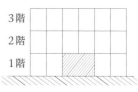

1 空室は全部で8室ある。　　**2** 2階に空室は4室ある。
3 3階に空室は3室ある。　　**4** 2階の両端の室はいずれも空室である。
5 3階の中央の2室のうちいずれかは住人がいる。

No.15 A〜Fの6人は図のような同面積の建売り住宅8軒のうちの6軒に住んでいる。6人は写真家，建築家，作家，画家，彫刻家，染色家のいずれかであり，他の2軒はまだ空き家になっている。住んでいる状況について6人のうちA〜Eは次のように言っているが，これからいえることとして正しいものはどれか。

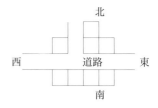

A　わが家と両隣りは東西に走る道路に面しており，わが家の両隣りは写真家，建築家の家である。

B　わが家の南隣りは染色家の家である。

C　わが家の道路を挟んだ真向かいの家は空き家で，空き家の西隣は建築家の家である。

D　わが家の東隣りは作家の家であり，わが家の道路を挟んだ真向かいの家は2面が道路に面した角の家である。

E　わが家の道路を挟んだ真向かいの家の東隣りは画家の家である。

1 Aは彫刻家である。　　**2** Bは作家である。　　**3** Cは建築家である。
4 Eは写真家である。　　**5** Fは染色家である。

解説

No.13

作図して考える。北風は北から吹いてくる風で，これを真正面から受けるとき，男は真北を向いている。よって，最初は南西を向いていた。

解法のヒント

北を真上にしてみると，他の方角もわかりやすい。

正答 **4**

No.14

ウとエの条件から，1階まである所は下の①か②，中央の2列，2階と3階だけの所は，下の③か④のいずれか。

	①	②		③	④
3階	空	・	3階	空	・
2階	・	空	2階	・	空
1階	空	・			

（・：住人がいる）

アの条件から，左2列，右2列は，右の2図のいずれか。

中央の2列は，イの条件も考慮すると3通り。

どの組合せにせよ，空室は全部で8室ある。

解法のヒント

下の例は 2 〜 5 の反例になっている。

3階	空	・	空	空	空	・
2階	・	空	・	・	・	空
1階	空	・			空	・

正答 **1**

No.15

Bの発言からBが2，染色家が3。Aの発言からAは6か7だが，Cの発言と併せて，Aは6，Cは4だとわかる。

次にDの発言からDは写真家でAが作家であることが，Eの発言からEは建築家でCは画家であることがわかる。よって，Bは彫刻家で，Fは染色家となる。

（×は空き家）

解法の手順

8軒の住宅に番号をふり，A〜Eのそれぞれの発言から，可能なパターンを絞っていく。

正答 **5**

判断推理

No.16 A〜Eの5人が，赤・黄・青・緑・茶の5色の中から好きな色と嫌いな色を1つずつ選んで，それぞれが次のように言ったとき，正しくいえるものはどれか。

A 赤・黄・茶は好きでも嫌いでもない。

B 黄は好きでも嫌いでもない。好きな色は**C**と同じだ。

C 青・緑・茶は好きでも嫌いでもない。

D 青は好きでも嫌いでもない。好きな色は**A**と，嫌いな色は**C**と同じだ。

E 赤・青・緑は好きでも嫌いでもない。嫌いな色は**B**と同じだ。

1 **A**の好きな色は青である。　　**2** **B**の嫌いな色は茶である。

3 **C**の好きな色は黄である。　　**4** **D**の嫌いな色は赤である。

5 **E**の好きな色は茶である。

No.17 A〜Dの4人が品物を1つずつ持ち寄り，その交換会を行った。持ち寄った品物は，赤いタオル，青いタオル，人形，カレンダーのいずれかであり，各人は自分が持ってきたものとは別の品物を受け取った。以下のことがわかっているとき，確実にいえるものはどれか。

　　○ タオルを持ってきた者のうちの1人だけは，別の色のタオルを受け取った。

　　○ Aはカレンダーを受け取った。

　　○ Bは青いタオルを持ってきた。

　　○ Cが持ってきたものも，受け取ったものも，タオルではなかった。

1 Aが持ってきた品物を，Bが受け取った。

2 Bは人形を受け取った。

3 Cは人形を持ってきた。

4 Dはカレンダーを持ってきて，赤いタオルを受け取った。

5 赤いタオルを持ってきた者が，青いタオルを受け取った。

No.18 図のように，正五角形に対角線を引き，その内側にできる正五角形にも対角線を引く。このとき，正五角形の辺や対角線（又はその一部）を用いて作られる三角形のうち，図の灰色に塗られた部分の図形と相似となるのは，その図形も含めて何個あるか。

1 30個　　**2** 40個

3 50個　　**4** 60個

5 70個

250

解説

No.16

○は好き，×は嫌い，△はどちらでもないとして，対応表を作る。

Bと**C**は同じ色が好きなので，赤に○（△のない所）。すると，**C**と**D**の嫌いな色は黄と決まる（表1）。

また，**A**と**D**は好きな色が同じなので，緑に○。すると**A**の嫌いな色は青。　さらに，**B**と**E**は嫌いな色が同じなので，茶。残りが決まり結果は表2となる。

表1

	赤	黄	青	緑	茶
A	△	△			△
B	○	△			
C	○	×	△	△	△
D		×	△		
E	△		△	△	

表2

	赤	黄	青	緑	茶
A	△	△	×	○	△
B	○	△	△	△	×
C	○	×	△	△	△
D	△	×	△	○	△
E	△	○	△	△	×

正答 **2**

解法の手順

わかったところから，順次，○と×を記入していく。

２人のどちらも好きな色あるいは嫌いな色は，どちらにも△のないところ。

No.17

表1のような対応表を作る。

①Aはカレンダーを受け取ったので，Aの受の欄に「カ」と記入。

②Bの与の欄に「青」と記入。

③Cは受・与の欄は「人」または「カ」だが，受「カ」は既にAより，Cの受は「人」。よってCの与は「カ」。

④別の色のタオルを受け取るのはBかDだが，Dとすると，BD間でタオル交換となり，条件に反するのでB。よって，B受は「赤」，D受は「青」。D与は「人」，A与は「赤」。

表1

→	A	B	C	D	与
A					
B					
C					
D					
受					

表2

→	A	B	C	D	与
A		→			赤
B				→	青
C	→				カ
D			→		人
受	カ	赤	人	青	

正答 **1**

対応表

品物の受け渡しのある対応表では→（受け渡しの方向）をかき，品物の欄も設ける。

●品物の欄がうまったら，「→」も記入すること。

〈例〉表２では，ＣはＡにカレンダーを渡している。

No.18

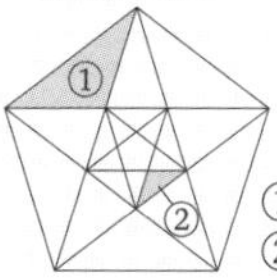

①…15個
②…5個

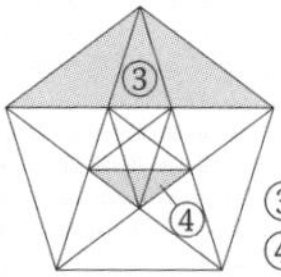

③…10個
④…10個

正答 **2**

解法のヒント

大きさなどで分類し，分類ごとに数える。

判断推理

No.19 次の正方形の紙A〜Eのうち，太線部分にはさみを入れて切り離し，切り離された紙片のすべてをすき間なく，かつ，重なることなく並べて，図Ⅰのようなすべての辺の長さが同じ十字形を作ることができるものの組合せはどれか。なお，A〜Eの紙に描かれている破線は，紙を16等分するものである。

1　A, C
2　A, D
3　A, E
4　B, E
5　C, E

図Ⅰ

A 　　B 　　C 　　D 　　E

No.20 下の図において，A〜Fは円周を6等分する点である。このA〜Fのうち，3点を結んでできる直角三角形の個数として正しいものは，次のうちどれか。

1　6個
2　9個
3　12個
4　15個
5　18個

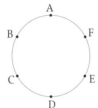

No.21 図の2枚の扇形A，Bは，いずれも半径1，中心角90°である。扇形Bが扇形Aの弧および半径に沿って滑ることなく1周するとき，扇形Bの中心Pの描く軌跡として，正しいのはどれか。

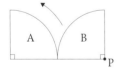

1 　2 　3 　4 　5

252

解説

No.19

A〜Eの正方形の辺の長さを4とみると面積は16。図Iの十字形も同じ面積で，5つの正方形に分かれるので，1辺の長さは，$\sqrt{\dfrac{16}{5}}=\dfrac{4}{\sqrt{5}}=\dfrac{4\sqrt{5}}{5}$

つまり，$\sqrt{5}$の有理数倍の長さが必要だが，それのないB, Cは最初から除外してよい。

AとDは，それぞれ右図のようにすればよい。

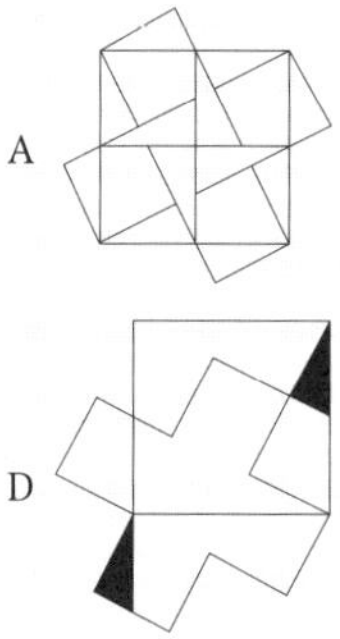

正答 **2**

No.20

1つの円周上の3点を頂点とする三角形が直角三角形になるのは，斜辺が円の直径になる場合である。

図では，3本の直径のそれぞれに，4つの直角三角形が考えられるので，その個数は，$3 \times 4 = 12$［個］

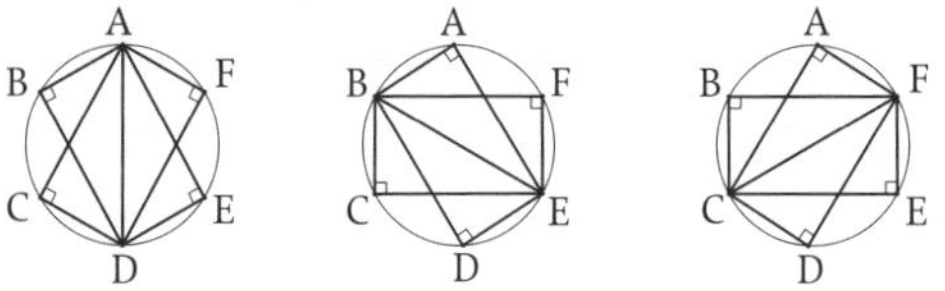

正答 **3**

No.21

扇形Aと扇型Bは合同な図形であり，中心点Pの軌道は点Oを中心とする半径2，中心角90°を描く。また，中心点Pは点Oにのみ重なるはずである。

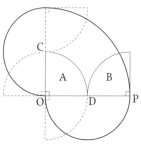

正答 **2**

判断推理

No.22 図のように1辺が a の長さの正六角形がある。これを矢印の方向に滑ることなく回転させていくとき，正六角形上の点Pの描く軌跡を表したものとして正しいものはどれか。

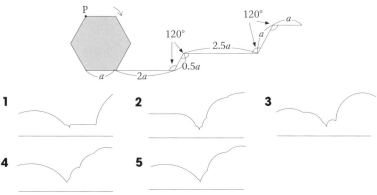

1

2

3

4

5

No.23 同じ山地に連なる6つの峰A～Fの標高について次のことがわかっているとき，正しくいえるものはどれか。
「AはBより50m低く，Cより40m高い」
「DはEより20m低く，Fより40m高い」
「EはAより30m高い」

1 AはDより20m低い。　　**2** BはEより30m高い。

3 CはEより60m低い。　　**4** CはDより50m低い。

5 FはAより20m低い。

No.24 A～Dの4人が，中間点で折り返すコースで長距離走を行った。これについて次のア～エのことがわかっているとき，正しいのはどれか。
ア　Aは2番目にBとすれ違った。
イ　BとCの順位は連続していなかった。
ウ　Dは1位ではなかった。
エ　中間点を折り返した順序で，4人ともゴールした。

1 1位はAである。　　**2** 1位はBである。

3 2位はAである。　　**4** 2位はCである。

5 3位はDである

解説

No.22

正六角形などのように，対称性を多くもっている図形の場合は，実際に転がしてみるのは，それほど大変ではない。

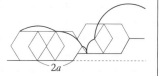

2a

軌跡の描き方

軌跡を描くとき，円弧の場合は，

　中心・半径・回転角度
の 3 つに注目して，描く。

正答 **3**

No.23

A～Fの高低差を図示すると，右の図のようになる。図から次のように判断できる。

1　AはDより10m低いので誤り。
2　BはEより20m高いので誤り。
3　CはEより70m低いので誤り。
5　FはAより30m低いので誤り。

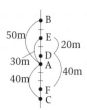

B
50m　E
　　　　20m
30m　D
　　A
40m　　40m
　　F
　　C

解法のヒント

数値線を縦にかく。条件をプロットしてから，選択肢の正誤を判断する。

正答 **4**

No.24

表1

	1位	2位	3位	4位
	D			
		D		
			D	

表2

	1位	2位	3位	4位
A	D	B		
A		B	D	
	A	B	D	
	B	A	D	

表3

	1位	2位	3位	4位	
A	D	B	C	×
A	C	B	D	×
C	A	B	D	○
C	B	A	D	×

表3より，**3** が正しい。

解法の手順

①問題から直接分かる事を書き込む（表1）。条件ウから考えると 3 通りに絞れるので、表を使って整理する。
②次に条件ア"2番目にすれ違った"を考えながら表2に入れていく。
③残ったCを入れ（表3）、条件イと照合。表1にも該当するのは 1 通り。

正答 **3**

実戦問題

No.25 A～Hの8チームによる図のようなソフトボールのトーナメント戦が行われ，その結果について次のア，イ，ウがわかっているとき，確実にいえるのはどれか。

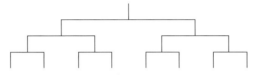

ア　初日と2日目に1回戦2試合ずつが，3日目に2回戦2試合が，最終日に決勝戦がそれぞれ行われた。
イ　A, B, Cは初日に試合を行い，D, E, Fは2日目に試合を行った。
ウ　AはGと，CはDと，EはHとそれぞれ対戦した。

1　Aは1回戦を勝った。　　　2　Bは1回戦で敗れた。
3　Cは優勝した。　　　　　4　DはEに勝った。
5　Gは1勝1敗であった。

No.26 命題「彼はスポーツマンである」「不健康な人はスポーツマンではない」「病院に行く人は不健康である」から正しく導かれる結論は，次のうちどれか。
1　スポーツマンも病院に行くことがある。
2　健康な人はスポーツマンである。
3　不健康な人は病院に行く。
4　彼は不健康である。
5　彼は病院に行かない。

No.27 A～Eの5人が試験を受け，それぞれ次のように発言したが，試験に不合格の者は本当のことを言い，合格した者は本当のことを言っているかどうかわからない。このとき，不合格者は最大何人か。
　A　「Bは合格した」
　B　「Cは合格した」
　C　「Dは合格した」
　D　「Eは合格した」
　E　「Aは合格した」
1　0人　　2　1人　　3　2人　　4　3人　　5　4人

解説

No.25

CとDに注目。Cは初日，Dは2日目に1回戦をしているので，CとDは，2回戦か決勝戦で戦うことになる。

① CとDが2回戦で戦う場合，AとG，EとHは右のブロックで右図1のように戦うしかない。CはBと1日目に，Dは2日目にFと戦うことになる。

② CとDが決勝戦を戦う場合，右図2のように，C，Dが勝ち上がるとすると，AとG，EとHの試合は1回戦のみで，Cの1日目はBと，Dの2日目はFとの対戦となる。①，②のいずれの場合も，Bは1回戦で敗れていることがわかる。

図1

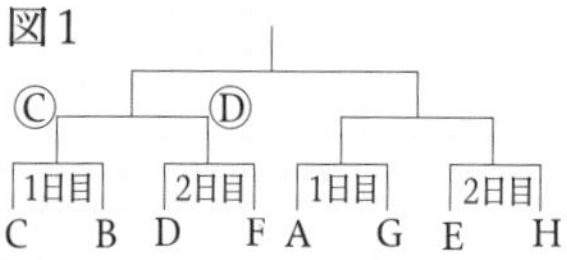

```
        ┌───────┴───────┐
    ┌─Ⓒ─┐           ┌─Ⓓ─┐
  ┌─┴─┐ ┌─┴─┐     ┌─┴─┐ ┌─┴─┐
 1日目 2日目 1日目 2日目
  C   B   D   F  A   G   E   H
```

図2

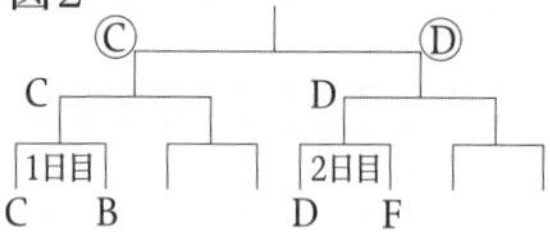

```
    ┌──────────┴──────────┐
 ┌─Ⓒ─┐                 ┌─Ⓓ─┐
 C                       D
┌┴─┐                   ┌┴─┐
1日目                    2日目
C  B                    D  F
```

解法のヒント
キーとなる対戦に注目して，場合分けをして考える。

1, 3, 4, 5の反例

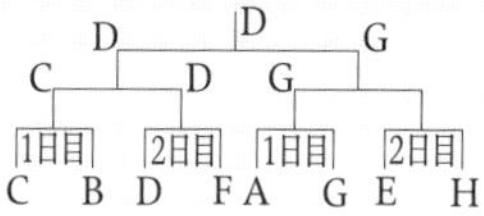

```
        ┌──────┴──────┐
       D             D    G
    ┌──┴──┐       ┌──┴──┐
    C      D   G  D  G
  ┌─┴─┐ ┌─┴─┐ ┌─┴─┐ ┌─┴─┐
 1日目 2日目 1日目 2日目
  C   B   D   F  A   G   E   H
```

正答 **2**

No.26

「不健康な人はスポーツマンではない」の対偶は「スポーツマンは健康である」，「病院に行く人は不健康である」の対偶は「健康な人は病院に行かない」である。この対偶命題を使って，命題を並べると，「彼はスポーツマンである」→「スポーツマンは健康である」→「健康な人は病院に行かない」となり，これから，「彼は病院に行かない」が導かれる。

対偶関係
「$p \to q$」⇄「$\bar{q} \to \bar{p}$」
元の命題と同値である。

三段論法
AはBである（$a \to b$）
BはCである（$b \to c$）
∴ AはCである（$a \to c$）

正答 **5**

No.27

不合格者の発言から，少なくとも不合格者の数だけ，合格者はいることになる。つまり，不合格者数≦合格者数。全員で5人なので，不合格者は2人以下ということになる。

結論の確認
不合格者2人の場合，たとえば**A**と**C**が不合格だと，**B**と**D**が合格者。残った**E**も合格者で，**E**の発言「**A**は合格した」は本当ではないが，合格者は本当のことを言わなくてもよいので，題意を満たしている。よって，不合格者は最大2人。

正答 **3**

判断推理

No.28 図の三角形において，3種類の矢印の移動 u, v, w を繰り返して，頂点Aから内部の点Pに到達したい。最低何回の移動が必要か。

1 8回
2 9回
3 10回
4 11回
5 12回

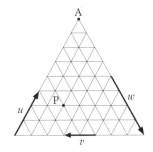

No.29 次の図は，物資の補給基地Aから供給地Hまでの経路を表したものである。BからF，CからH，DからHは空路，それ以外は陸路であり，矢印線上の数字はその区間の最大輸送量（単位はt）を表す。また，経路が複数ある場合には一度に全ての経路を使うことができるが，矢印の方向に一度しか物資を輸送できない。このとき，AからHに一度に送ることのできる物資の最大量として，正しいのはどれか。

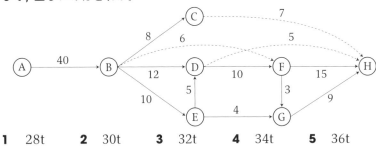

1 28t   2 30t   3 32t   4 34t   5 36t

No.30 図のように27個の立方体を積み上げ，「●」のところから面に対して垂直の穴を貫通させた。このとき，穴の開いていない立方体の個数はいくつか。

1 7個
2 8個
3 9個
4 10個
5 11個

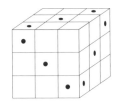

解説

No.28

図のように10回の移動でP
に到達できる。そのほかの方
法もあるが，10回が最小回数
となる。

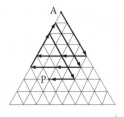

正答 **3**

No.29

※「届」……輸送できる荷物量。
　「残」……輸送できなかった荷物量。

A～Gの「届」と「残」を求める。B→C：8，B→D：
12，B→E：10，B→F：6，「残：4」。C（届：8t）→H：7，
「残：1」。E（届：10）→D：5，E→G：4，「残：1」。D（届：
17）→F：10，D→H：5，「残：2」。G（届：5）→H：5，「残：
0」。F（届：16）→G：1，F→H：15。

「残」の合計が4＋1＋1＋2＝8なので，輸送できる
最大量は40－8＝32tであることがわかる。

正答 **3**

No.30

上，中，下段の3段に分けて図を描き，穴の開い
ていない立方体を数える。（図のアミがけ部分は真
上から見て穴の開いている立方体）。上の段から順
に3個，2個，3個で，計8個となる。

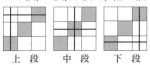

上 段　　中 段　　下 段

正答 **2**

判断推理

No.31 次の図は，30個の白色の小立方体を積み上げた立体の見取図である。この立体の底面を含んだ表面をすべて赤色に塗ったとき，3面だけ赤色に塗られる小立方体は何個か。

1　9個
2　10個
3　11個
4　12個
5　13個

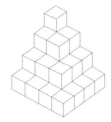

No.32 1，2，3の数字が図Ⅰのように見えるサイコロがある。これを図Ⅰのように，9個の正方形から成るマス目の左上（スタート）の位置に置く。これを中央のマス目まで，図Ⅱの太線で示した経路で縦または横に1マスずつ転がしていったとき，上面に現れる数字の合計はいくらか。

　　ただし，スタート位置における数字である"1"も加えるものとする。

1　34
2　35
3　36
4　37
5　38

図Ⅰ

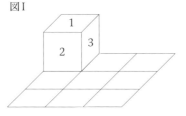

図Ⅱ

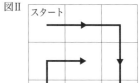

No.33 立方体4個を組み合わせた次の図のような立体を，3点P，Q，Rを通る平面で切ったとき，切り口にできる辺の数は何本か。

1　5本
2　6本
3　7本
4　8本
5　9本

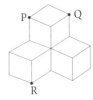

No.31

右図で, ○印をつけた10個と, 最下段の角にある1個が, 3面だけ赤く塗られている。

合計で, 11個ある。

最下段

見えない部分にも, 条件を満たす立方体があることに注意する。

正答 **3**

No.32

サイコロの向かい合う目の数の和が7であることを利用して, 図Ⅱのように転がしていくときの目を書くと, 右図のようになる。

したがって, 上面に現れる数字の合計は,

$$1+4+6+5+1+4+6+5+4＝36$$

サイコロの向かい合う目の数の和は7であることに注目する。

サイコロが転がっていくとき, 側面の数は変わらない。

正答 **3**

No.33

立方体の各頂点に記号を付けると, 右図のようになる。

PとQ, QとRを結ぶ。QRはOを通る。したがって, 切断面は3点P, Q, Oを含み, PO, OKも切り口となる。

面APBQ//面EHOCで, これを切断する平面であるから, PQ//EF

よって, EとR, FとKも結ぶと, 切り口は, PQ, PO, QO, EO, ER, OR, OF, OK, FKの9本。

平行な面を平面で切断したときの切り口は, 平行な直線になる。

一直線上にない3点で平面が決まる。

正答 **5**

判断推理

261

資料解釈

出題の特徴と傾向

資料を正しく読み取る問題である！

資料解釈の問題は，その過程で計算が必要になるが，基本的な四則演算の能力があれば十分である。むしろ，数量についての資料や設問文を正しく読み取り，適切な計算を導き出す読解能力を見ようとするものである。

資料は表やグラフで与えられる！

表：ある事柄についての変化や，複数の事柄を比較した数値などである。
グラフ：表を視覚的・直感的にわかりやすく表したものがグラフで，棒グラフ，折れ線グラフ，帯グラフ，円グラフなどが代表的なものである。

資料の内容はさまざまである！

資料の内容は，レジャー，物価，税収から貿易に至るまで，多岐にわたる。したがって，内容面から，出題傾向を絞ることは不可能といってよい。

効果的な学習方法・対策

①まず，多くの実例に当たって，数表やグラフの見方に慣れることが大事である。
　この分野特有の選択肢の見方，考え方があるので，それにも慣れておこう。
②増減率，指数，構成比といった用語の意味と計算法を確実に理解しておく。
　実数値とこれらの割合の値との関係もつかんでおく。
③場合によっては，細かい計算が必要になる。選択肢の内容からどんな計算が
　必要かをすばやく見抜き，概算や省略算も使えるようにしておくと心強い。
④受験する試験の過去問に当たっておく。試験ごとに出題数や内容に傾向の差
　があるので，基本事項をマスターしたうえで，特徴のあるパターンに慣れて
　おこう。

最重要テーマ → 表による資料

出題率 40%

ココがポイント 計算はできるだけ簡単に，必要なときだけ行う。実数値と割合の数値を区別して，判断する。

①数多くの数字に惑わされないこと
- ・選択肢の中で明らかに計算しなくても判断できるものは，時間の節約上からも計算しないほうがよい。
- ・表には多くの数字があるが，ほとんどの場合は有効数字3桁で十分。

②計算できない数値は判断できない
実数値が与えられていないときは，指数や構成比，増減率などの割合だけからは，絶対数（量）は得られない。この場合は判断不可能となることが多い。

③指数（指標）の意味をつかむ
指数は基準としたものの値を100として，ほかのものの大きさを表す。Aを基準（100）としたとき，Bの指数は，

$$\frac{B}{A} \times 100$$

④増加率や減少率 →「増減率」を参照。

●有効数字

1.233×4.287 は，上から3桁をとって，1.23×4.29 とする。

●どんなに正しい説でも，資料と無関係なら，「確実」とも「正しい」ともいえない。

●〔例〕A国のGNP150兆円，B国のGNP120兆円のとき，A国を100とすると，B国の指数は，

$$\frac{120}{150} \times 100 = 80$$

●「指数」と「構成比」との違いは，「構成比」を参照。

最重要テーマ → 図（グラフ）による資料

出題率 30%

ココがポイント 目で見て判断できるものは，その結果で判断する。指数や全体に対する割合を考える。

①グラフに慣れる
普通扱われるグラフは，棒グラフ，折れ線グラフ，円（帯）グラフが多い。各グラフの見方，読み取り方に慣れておく。

- ・棒グラフ…いくつかのものの比較ができる。
- ・折れ線グラフ…変化の様子がわかる。
- ・円（帯）グラフ…全体に対する割合がわかる。

②グラフから読み取れるものは，それで判断する
グラフで読み取ったものから直接判断するほか，そこから指数，増減率，実数等を計算したうえで判断する。

③個々のデータ以外に全体をつかむ
グラフが実数を表すものでない場合は，もとにする量から実数を算出してからでないと，判断できないことがある。

●グラフの形

棒グラフ　　折れ線グラフ

円グラフ　　帯グラフ

●グラフを見た目で判断してしまわないことも大事。

最重要 テーマ 増減率

ココがポイント 増加率・減少率の意味と計算法を知る。表・グラフ から数値を読み取って，増減率を判断する。

①増減率の計算法

増減率は，時系列のデータで問題とされることが 多い。年ごとに変化する量の増減率の計算は，次 のように定義される。

$$増減率 = \frac{比較年の値 - 基準年の値}{基準年の値} = \frac{比較年の値}{基準年の値} - 1$$

- ・正のときは「増加率（伸び率・上昇率など）」と いう。
- ・負のときは「減少率」（減少率5％のときは，基 準の数値の95％になる）という。

②時系列データでの増加率を用いた計算

A年の数値をa，B年の数値をb，A年からB年まで の期間の増加率をp％とすれば，

$$b = a \times \left(1 + \frac{p}{100}\right) \qquad a = b \div \left(1 + \frac{p}{100}\right)$$

となる。もとにする量を表している1を忘れない こと。

③増減率の近似値計算（x, yが10％未満のとき）

- ・$(1+x)(1+y) \fallingdotseq 1 + x + y$
- ・$\dfrac{1}{1+x} \fallingdotseq 1-x$, $\dfrac{1+x}{1+y} \fallingdotseq 1+x-y$

$$\left(\begin{array}{l}\fbox{注} \; x, y が 10％以上のときは誤差が大きく \\ なるので，使わないほうがよい。\end{array}\right)$$

④増加率のグラフと実数

増加率のグラフでは，グラフが水平でも，

- ・正の値なら，実数は増加
- ・負の値なら，実数は減少

していることに注意する。

（実数が変化しないのは，増加率＝0のとき）

⑤実数が与えられていない場合

- ・仮に基準の値を100とおいて計算を進めると， わかりやすくなる。
- ・A国，B国の値が，指数でそれぞれ100，120の ように与えられているときは，その値を仮に基 準の値として計算を進める。

●増減率は百分率（％）で表 されることが多いが，小数， 歩合への変換もできる。

　　10％＝0.1　＝1割
　　　1％＝0.01＝1分

●減少率5％のときは，増加 率は−5％である。

●初年度100で，年度ごとの 増加率が8％，5％の場合は， 最後の年度は，

$$100 \times \left(1 + \frac{8}{100}\right) \times \left(1 + \frac{5}{100}\right)$$

$100 \times 1.08 \times 1.05$
と計算する。

●上の例を，③の方法で近似 値計算すると，
　100×1.08×1.05≒113
となる。

●増加率の折れ線グラフ

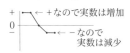

←＋なので実数は増加

←−なので
　　実数は減少

264

最重要テーマ 構成比

出題率 **30%**

ココがポイント 構成比は，常に全体（総量［額]）を意識して使う。「各項目の量［額］＝総量［額］×構成比」の式は必須。

①構成比の意味 構成比は，全体を1あるいは100として，各項目の全体に対する割合を表す。

$$構成比 = \frac{当該項目の量［額］}{総量［額］}$$

②構成比を実数と混同しない

・構成比は割合であって，実数ではない。年度別・国別等である項目の構成比が示されているとき，各項目の実数値の比較は，基準の総量［額］がないとできない。あれば①式で算出後，比較・判断する。

・円グラフや帯グラフから構成比を読み取るとき，グラフでの大小と実数の大小を混同しないこと。前項同様，総量［額］から実数値を算出後，比較判断する。

③指数と構成比の主な使われ方の違い

・指数は，年度ごとや，国ごとの比較など，ある年度，国を基準として全体どうしを比べるとき。

・構成比は，全体を基準として，その中の各項目の割合などを比べるとき。

●構成比は百分率（%）で表されることが多いので，
　　% ⇔ 小数
の変換に注意する。

●実数の単位に注意

産業別就業人口の割合

他に，［千人］，［百万ドル］など。

●グラフを見た目の大小で判断すると間違えることがある。

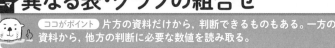
最重要テーマ 異なる表・グラフの組合せ

出題率 **10%**

ココがポイント 片方の資料だけから，判断できるものもある。一方の資料から，他方の判断に必要な数値を読み取る。

①片方の資料だけから判断できる選択肢もある

すべての選択肢が両方の資料（表やグラフ）を必要とするわけではない。

②他方の資料から，判断に必要な数値を読み取る

・人数の表と成績のグラフ
　⇒平均点を出すのに人数の表が必要

③2つの資料から判断できないものもある

資料をすべて使っても，必ずしも正誤の判断ができないものもある。この場合は，「正しい」「確実」とはいえないので注意しよう。

●組合せの種類としては，
　表と表
　表とグラフ
　グラフとグラフ
があるが，中には，1つのグラフや表にまとめられているものもある。

No.1 次の表から正しくいえるのはどれか。

広告業の業務種類別売上高の構成比の推移 （単位：％）

	平成25年	26年	27年	28年	29年
新聞	15.7	15.0	13.8	12.8	11.9
雑誌	4.5	4.3	4.0	3.6	3.2
テレビ	60.2	59.7	58.6	57.5	56.3
ラジオ	2.1	2.0	1.9	1.9	1.8
インターネット	17.5	19.0	21.7	24.2	26.8
合計	100.0 (24,803)	100.0 (25,862)	100.0 (25,928)	100.0 (26,857)	100.0 (27,087)

(注) （ ）内の数値は，売上高の合計額（単位：億円）を示す。

1 平成25年における雑誌による売上高を100としたとき，28年における雑誌による売上高は80を下回っている。

2 平成25年から27年までのうち，テレビによる売上高が最も多いのは，26年であり，最も少ないのは27年である。

3 平成26年についてみると，インターネットによる売上高の対前年増加額は，テレビによる売上高の対前年増加額の2倍を上回っている。

4 平成26年から28年までのうち，ラジオによる売上高はいずれの年も前年を下回っている。

5 平成27年から29年までの新聞による売上高の3か年の累計額は，9,000億円を上回っている。

No.2 右の表は，ある年の年齢別の交通事故の負傷者数と死亡者数をまとめたものである。この表から正しくいえるものはどれか。ただし，人口10万人当たりの死亡者数および負傷者数は，小数第2位を四捨五入した数値である。

	総人口 [千人]	死　者		負　傷　者	
		人数	人口10万 人当たり	人数	人口10万 人当たり
0〜6歳	8374	130	1.6	24983	
7〜15歳	12509	165	1.3	52297	
16〜24歳	16071	2026	12.6	244230	
0〜24歳	36954	2321		321510	
全年齢	126166	9640		958925	

1 人口10万人当たりの死亡者数を比べると，0〜24歳と25歳以上では，0〜24歳のほうが多い。

2 人口10万人当たりの負傷者数を比べると，0〜24歳と25歳以上では，25歳以上のほうが多い。

3 16〜24歳の交通事故死亡者は，およそ同年齢層の8,000人に1人である。

4 0〜24歳の人口10万人当たりの負傷者数を多い順に並べると，16〜24歳，0〜6歳，7〜15歳となる。

5 0〜24歳の人口10万人当たりの負傷者数を多い順に並べると，7〜15歳，0〜6歳，16〜24歳となる。

解説

No.1

1 雑誌について，平成25年の80％は 24803×0.045 ×0.8＝24803×0.036。平成28年は 26857×0.036。よって，28年は25年の80％を上回るので，誤り。

2 テレビについて，平成25年は 24803×0.602≒24800×0.602≒14900，平成27年は 25928×0.586 ≒25900×0.586≒15200。25年が少なく，誤り。

3 平成26年の対前年増加額について，インターネットは 25862×0.190－24803×0.175≒25900×0.190－24800×0.175≒580，テレビは 25862×0.597－24803×0.602≒25900×0.597－24800×0.602≒600。よって，2倍を下回っており誤り。

4 27年と28年の構成比は等しく，合計は28年が大きい。よって，28年は27年を上回り，誤り。

5 正しい。27年から29年までの最も小さい構成比と合計額を用いても，25928×0.119≒25900×0.119≒3080 となる。これを3倍すると，9000を上回るので，実際の累計額は大きく上回る。

正答 **5**

解法のヒント

1, 4 計算過程に等しい部分を見つけ，計算を省く。

2, 3, 5 3ケタで概算し，微妙な場合のみ細かい計算をする。

5 25000×0.120＝3000 を基準にして，これを下回るのは 29年の0.119の1％程度だけだから，累計は9000を超えると判断してもよい。

No.2

1 人口10万人当たりの死亡者数は，右の式を用いて，0〜24歳では，2320×10万÷(37000×千)≒6.3［人］。25歳以上では，(9640－2320)×10万÷{(126000－37000)×千}＝7320×10万÷(89000×千)≒8.2［人］よって，6.3＜8.2 であるから，誤り。

2 **1**と同様に，人口10万人当たりの負傷者数を計算すると，0〜24歳：870.3人，25歳以上：715.7人となるので 870.3＞715.7 であるから，誤り。

3 上から2ケタの概算で，16000千：2000＝x：1 より，x＝8000。およそ8000：1なので，正しい。

4 10万人当たりの負傷者数は，**1**と同様に，0〜6歳は298.7人，7〜15歳が418.4人，16〜24歳が1515.5人。16〜24歳⇒7〜15歳⇒0〜6歳なので，誤り。

5 **4**の結果から，誤り。

正答 **3**

解法のヒント

人口10万人当たりの死亡者の数xは，比を利用して，人口：死者数＝10万：xより，x＝死者数×10万÷人口で求める。他も同様。

25歳以上の人口（人数）は，全年齢の人口（人数）から，0〜24歳の人口（人数）を引いて求める。

有効数字3ケタで計算してよい。

267

No.3 右のグラフは，主要国の一次エネルギーの消費量（石油換算）と燃料別の消費割合を示したものである。このグラフからいえることとして正しいものはどれか。

主要国の一次エネルギー燃料別消費割合（1997年）

合計消費量[万]

	固体燃料	液体燃料	ガス体燃料	電力
フランス (22,580)	6.5	32.2	15.2	46.1
カナダ (23,714)	10.8	35.0	33.7	20.5
イギリス (22,418)	17.8	33.1	36.8	12.3
日本 (45,804)	20.2	45.7	13.3	20.8
ドイツ (32,713)	26.4	35.5	24.0	14.1
アメリカ合衆国 (218,733)	27.4	35.6	26.9	10.1
オーストラリア (10,105)	48.1	31.8	18.6	1.5
中国 (84,619)	77.9	17.3	2.5	2.3

0% 10% 20% 30% 40% 50% 60% 70% 80% 90% 100%

1 電力の消費量が最も多いのはフランスである。

2 国別燃料別で消費量が最も多いのは中国の固体燃料である。

3 ガス体燃料の消費量は日本よりカナダの方が多い。

4 燃料別の合計消費量が最も多いのは液体燃料である。

5 液体燃料の消費量が最も少ないのはイギリスである。

No.4 右のグラフから正しくいえるものはどれか。

都の歳入予算における都税，国庫支出金および都債の対前年度増加率の推移

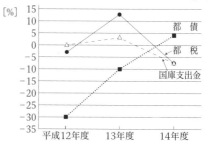

1 都債の前年度に比べた増加額は，平成13年度は14年度を上回っている。

2 都税に対する国庫支出金の額の比率は，平成14年度は12年度を下回っている。

3 平成12年度から14年度までのうち，都税の額が最も大きいのは13年度であり，最も小さいのは14年度である。

4 平成13年度は，都税，国庫支出金および都債のいずれの額も，前年度を上回っている。

5 平成13年度および14年度の各年における国庫支出金の額に対する都債の額の比率は，いずれも前年度を上回っている。

解説

No.3

1 電力の消費量は, フランスが, $22580 \times 0.461 ≒$ 10400 [万 t], アメリカ合衆国が, $218733 \times 0.101 ≒$ 22100 [万 t] であるから, 誤り。

2 中国の固体燃料は, $84619 \times 0.779 ≒ 65900$ [万 t], アメリカ合衆国の液体燃料は, $218733 \times 0.356 ≒$ 77900 [万 t] となっていて, 後者のほうが多い。

3 ガス体燃料の消費量は, 日本が $45804 \times 0.133 ≒$ 6090 [万 t], カナダが $23714 \times 0.337 ≒ 7990$ [万 t]。

4 液体燃料の合計消費量は, $22580 \times 0.322 + 23714$ $\times 0.350 + \cdots + 84619 \times 0.173 ≒ 151000$ [万 t], 固体燃料の合計消費量は, $22580 \times 0.065 + 23714 \times$ $0.108 + \cdots + 84619 \times 0.779 ≒ 157000$ [万 t] となっており, 後者のほうが多いので, 誤り。

5 イギリスの液体燃料は, $22418 \times 0.331 ≒ 7420$ [万 t], オーストラリアが, $10105 \times 0.318 ≒ 3213$ [万 t] であり, オーストラリアのほうが少ない。

正答 **3**

解法のヒント

各項目の消費量は,
　　総量×構成比
で計算する。

1 では, 「最も多いのはフランス」とあるから, そうでない国が1つでもあれば反例となる。**2**, **4**, **5** も同様で, 全部計算する必要はない。

概算で見当をつけ, 判定が微妙であれば, 細かい計算をする。

No.4

1 14年度の都債は前年よりも増えているが, 13年度の都債は前年よりも減っている。よって, 誤り。

2 都税に対する国庫支出金の比率は, 14年度は12年度の $(1.03 \times 0.93) ÷ (1.13 \times 0.93)$ 倍である。これは1よりも小さいので正しい。

3 11年度の都税に比べて, 12年度は0.97倍, 13年度は $0.97 \times 1.13 ≒ 1.1$ [倍], 14年度は 0.97×1.13 $\times 0.93 ≒ 1.02$ [倍] である。つまり, 都税の額が最も大きいのは13年度だが, 最も小さいのは12年度である。よって, 誤り。

4 13年度の都債の対前年度増加率はマイナスなので, その額は前年度を下回る。よって, 誤り。

5 13年度の国庫支出金に対する都債の比率は, 12年度の $(0.9 ÷ 1.03)$ 倍で, この値は1よりも小さく, 13年度の比率は12年度を下回るので, 誤り。

正答 **2**

解法のヒント

1 都債の対前年度増加率は, 14年度はプラス, 13年度はマイナス。グラフの傾きに惑わされないよう注意。
2 12年度の国庫支出金を1, 都税を1として, 比を計算してみよう。
3 11年度の指数を100と仮定すれば,
　12年度は97
　13年度は110
　14年度は102

3～**5**は, いずれも反例を1つ指摘できればよい。

5 12年度に対して13年度の国庫支出金は1.03倍, 都債は0.9倍である。

No.5 次の表は，2016年から2017年における世界の小麦の生産量と輸出量に関し，2017年の上位7か国の数値と世界計の数値を示したものである。この表からいえることとして正しいものはどれか。

小麦生産量 [万t]			小麦輸出量 [万t]		
国名	2016年	2017年	国名	2016年	2017年
中国	13327	13433	ロシア	2533	3303
インド	9229	9851	アメリカ合衆国	2404	2730
ロシア	7330	8586	カナダ	1970	2206
アメリカ合衆国	6283	4737	オーストラリア	1615	2199
フランス	2950	3693	ウクライナ	1792	1731
オーストラリア	2228	3182	フランス	1834	1523
カナダ	3214	2998	アルゼンチン	1027	1310
世界計	74902	77172	世界計	18989	19679

1 2016年から2017年にかけて，ロシアの生産量と輸出量はどちらも減少した。
2 2016年から2017年にかけて，インドの生産量と輸出量はどちらも増加した。
3 2016年から2017年にかけて，世界に占めるカナダの生産量の割合と輸出量の割合はどちらも減少した。
4 2016年の世界に占めるフランスの生産量の割合は，2017年の世界に占めるロシアの輸出量の割合を下回る。
5 2016年のアメリカ合衆国とカナダの輸出量の合計は，2017年のアルゼンチンの輸出量の5倍を上回る。

No.6 下はある国の海洋汚染の発生件数と被害額を表したものである。グラフの外の数字は，発生件数・被害額とも98年を100とする指数で示した合計であり，グラフ中の数値は構成比（％）を示している。正しくいえるものはどれか。

海洋汚染発生件数　　　　　　　　　被害額

| 100 | 50 | 30 | 20 | 98年 | 30 | 30 | 40 | 100 |

■ 赤潮
□ 油
□ その他

| 90 | 30 | 40 | 30 | 99年 | 30 | 40 | 30 | 110 |

| 80 | 50 | 30 | 20 | 00年 | 40 | 40 | 20 | 90 |

1 赤潮の発生件数は年々増加している。
2 赤潮の1件当たりの被害額は年々減少している。
3 油汚染の発生件数は年々減少している。
4 油汚染の1件当たりの被害額が一番多かったのは98年である。
5 油汚染の1件当たりの被害額は年々増加している。

解説

No.5

1 2016年から2017年にかけて，ロシアの生産量と輸出量は増加している。

2 2016年から2017年にかけて，インドの生産量は増加しているが，輸出量に関する資料はないので判断できない。

3 2016年から2017年にかけて，世界に占めるカナダの生産量の割合は，0.043→0.039と減少，輸出量の割合は，0.104→0.112と増加している。

4 正しい。

5 2016年のアメリカ合衆国とカナダの輸出量の合計は2404＋1970＝4374〔万t〕，アルゼンチンの輸出量1310〔万t〕を5倍すると，6550〔万t〕。

正答 **4**

解法のヒント

1 「どちらも減少」とするので誤りとなる。

2 資料にない→判断できない→正しいとはいえない。

3，4 世界に占める生産（輸出）量の割合は，

$$\frac{生産（輸出）量}{世界計}$$

で計算する。

4 2016年の世界に占めるフランスの生産量の割合は0.039，ロシアの輸出量の割合は，0.17。前者の方が大きい。

No.6

98年の海洋汚染の発生件数を仮に100件，被害額を100億円として，ほかの年がどうなるか計算して正誤を判断する。99年の赤潮の発生件数は，全体の指数90に0.3をかけた27，同被害額は，110×0.3＝33億円となる。同様に計算した結果を整理すると，下の表のようになる。

	発生件数			被害額		
	赤潮	油	その他	赤潮	油	その他
98年	20	30	50	30	30	40
99年	27	36	27	33	44	33
00年	16	24	40	36	36	18

1 赤潮の発生件数は，98年20，99年27，00年16なので誤り。

2 赤潮の1件当たりの被害額は，98年1.5，99年1.2，00年2.3なので誤り。

3 油汚染の発生件数の推移は，30→36→24。

4 油汚染の1件当たりの被害額は，98年1.0，99年1.2，00年1.5なので，誤り。

5 4より，同被害は，98年＜99年＜00年。

正答 **5**

解法のヒント

発生件数，被害額ともに実数値が与えられていないので，仮に数値を定めて，計算を簡単にする。

1件当たりの被害額は，被害額を発生件数で割って求める。

No.7 右の図は，ある家庭での 2020年の支出について，月ごとの支出額と前年同月比増減率（2019年の同月の支出に対する増減率%）を示したものである。

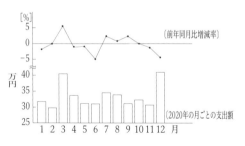

これに関するア〜ウの記述の正，誤をすべて正しく示しているものはどれか。

ア 2019年の5月と6月では6月のほうが支出が多い。

イ 2019年2月と2020年2月の支出額は同じである。

ウ 2020年のうち2019年に比べて支出が増えた月は6か月以上ある。

	ア	イ	ウ		ア	イ	ウ
1	正	正	正	**2**	誤	正	誤
3	正	誤	正	**4**	正	正	誤
5	誤	誤	誤				

No.8 右の表は，ある自動車販売店の年間販売台数を示したものである。これからいえることとして妥当なものはどれか。

		総 販 売 台 数 ［台］							
		国 産 車 販 売 台 数							外国車販売台数
		車 種 別			支 払 方 法 別				
		大型	中型	小型	現金	24月未満ローン	24月以上ローン		
平成10年	48,000	36,000	7,200	10,800	18,000	7,200	5,800	23,000	12,000
対前年増減(▲)率[%]	9年/8年	▲8	▲15	▲10	9	▲25	▲25	▲15	▲10	20
	10年/9年	▲9	▲10	▲28	10	▲11	▲20	▲15	▲5	▲8
構成比[%]	平成9年	100.0	75	ー	ー	ー	ー	ー	ー	25
			100.0	25	25	50	23	17	60	ー
	平成10年	100.0	75	ー	ー	ー	ー	ー	ー	25
			100.0	20	30	50	20	16	64	ー

1 平成8〜10年の3年間のうち，外国車の販売台数が一番多いのは8年である。

2 平成8年の国産車販売台数に占める24月未満ローンの構成比は9年のそれとほぼ等しい。

3 平成8年の国産車販売台数の車種別構成比は，小型が一番大きく，次に中型，大型の順になっている。

4 平成8年の総販売台数に占める国産車の販売台数の構成比は10年のそれを下回っている。

5 平成10年において現金で販売された国産車の台数は9年のそれより多い。

解説

No.7

まず，**ア〜ウ**について，それぞれ正誤を調べる。

ア 2020年の5月と6月は支出額が等しく，前年との比では6月のほうが減少率が大きいから，前年は6月のほうが支出が多かった。正しい。

イ 2019年2月と2020年2月の増減率が0%であるから，支出は等しく，正しい。

ウ 増減率を示すグラフで，0%の線より上にあるのは4点だけであるから，支出が増えた月は4か月である。よって，6か月以上は誤り。

以上の結果により正しい組合せは**4**である。

正答 **4**

解法のヒント

アでは，基準となる2つの月の支出額が等しいことに注目。
イでは，
　増減率0 ⇔ 支出が同じ
ウでは，
　支出増 ⇔ 増減率が正
であることに注目。

No.8

1 外国車の販売台数の対前年増減率を見ると，平成8年に対して9年は20%増加，10年は9年に対し8%減少している。よって誤り。

2 正しい。

3 平成9年の国産車販売台数の大・中・小型車の比率は，構成比は，25：25：50である。8→9年度の増減率から，平成8年の大・中・小型車の構成比は，

$$25 \div (1-0.10) : 25 \div (1+0.09) : 50 \div (1-0.25)$$
$$=25 \div 0.90 : 25 \div 1.09 : 50 \div 0.75$$
$$=50 \div 1.8 : 50 \div 2.18 : 50 \div 0.75$$

分母の大小から，小＞大＞中の順となる。よって，誤り。

4 平成8年から9年，9年から10年にかけてのいずれも，総販売台数の減少率より国産車の販売台数の減少率のほうが大きい。したがって，8年の総販売台数に占める国産車の販売台数の構成比は，10年より大きく，誤り。

5 平成10年において現金で販売された国産車の台数は，9年に比べて20%減少している。よって誤り。

正答 **2**

解法のヒント

1 平成8年を100とすると，
9年は
　100 × 1.2 = 120
10年は
　120 × 0.92 ≒ 110

2 平成9年の国産車販売台数は8年に比べて15%減少している。一方24月未満ローンも8年に比べて9年は15%減少しているので，販売台数全体に占める24月未満ローンの構成比は8年と9年ではほぼ等しいといえる。

3 構成比だけの大小なので，平成9年の構成比の値から，8→9年度の増減率を利用して，8年の構成比を逆算する。分子をそろえて，分母の大小で，順序を決めることができる。

No.9 表は，A社，B社，C社のある年の9月の営業職・事務職別の人数を，グラフは，同月の営業職・事務職別の平均給与額を示したものである。これらのことから正しくいえるものはどれか。

	営業職[人]	事務職[人]
A社	80	20
B社	45	75
C社	60	40

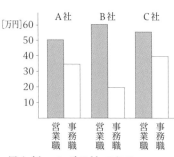

1 全社員の平均給与額が最も高いのがC社，最も低いのがB社である。

2 給与支払総額が最も多いのがB社で，A社が次に多い。

3 事務職への給与支払総額と営業職へのそれの差が最も大きいのはB社である。

4 3社の全社員の平均給与額は，40万円に達していない。

5 3社の営業職の平均給与額は，事務職の平均給与額の約3倍である。

No.10 図Ⅰは，2000年におけるA県の公共スポーツ施設利用者数の対前年伸び率と，同年の利用者数に対する施設利用希望者数の比率を，図Ⅱは，1999年および2000年における同県の公共スポーツ施設利用希望者の20歳未満・20歳以上の割合を示したものである。これらの図から確実にいえるものはどれか。

図Ⅰ 利用者数の対前年伸び率および利用者数に対する希望者数の比率（2000年）

図Ⅱ 希望者の20歳未満と20歳以上の割合

1 2000年の利用者数が最も少ない年齢層は，0〜9歳層である。

2 2000年の希望者数が最も多い年齢層は，40〜49歳層である。

3 2000年の20歳以上の希望者数は，前年のそれの1.5倍以上である。

4 1999年と比較すると，2000年は利用者数の総数は2割増，希望者数の総数は4割以上増加した。

5 2000年の利用者数の総数が前年より増加したのは，20歳以上の利用者数が増加したためである。

解　説

No.9

1　正しい。

2　給与支払総額は，A社が $50 \times 80 + 35 \times 20 = 4700$ ［万円］，B社が $60 \times 45 + 20 \times 75 = 4200$ ［万円］，C社が $55 \times 60 + 40 \times 40 = 4900$ ［万円］より，C社＞A社＞B社で誤り。

3　事務職と営業職での給与支払総額の差は，A社が $50 \times 80 - 35 \times 20 = 3300$ ［万円］，同様に計算してB社が1200万円，C社が1700万円。最も大きいのはA社なので，誤り。

4　**1**より，3社の全社員の平均給与額を計算すると，$\dfrac{47 \times 100 + 35 \times 120 + 49 \times 100}{100 + 120 + 100} \fallingdotseq 43.1$ ［万円］より，誤り。

5　3社の営業職の平均給与額 $= \dfrac{50 \times 80 + 60 \times 45 + 55 \times 60}{80 + 45 + 60}$ $\fallingdotseq 54.1$ ［万円］，同様に計算して事務職のそれは28.1万円であるから，2倍程度。よって，誤り。

正答 **1**

解法のヒント

1, **4**, **5**では，重みつき平均の公式を利用して，計算する。

p人の平均がm円，q人の平均がn円のとき，全体$p + q$人の平均額は，

$$\frac{mp + nq}{p + q}\text{［円］}$$

1　全社員の平均給与額は，A社が $\dfrac{50 \times 80 + 35 \times 20}{80 + 20} =$ 47［万円］，同様に計算して，B社が35万円，C社が49万円となる。

No.10

1　1999年の利用者数に関する資料が与えられておらず，伸び率だけからは2000年における年齢層ごとの利用者数を知ることはできない。よって，誤り。

2　希望者に関しては利用者数に対する比率しかわからないので，利用者数がわからなければ判断できないので，誤り。

3　1999年と2000年の希望者数を，資料から比較することはできないので，誤り。

4　2000年における利用者数の総数が2割増というのは正しいが，希望者数に関しては前年と比較する資料はなく不明である。よって，誤り。

5　正しい。

正答 **5**

解法のヒント

資料にない，あるいは資料からは計算できないことを正しく判断できることが大切。この場合は，「確実にいえない」ことになる。

5　20歳未満の年齢層ではいずれも利用者数は前年より減少しており，20歳以上の年齢層ではいずれも利用者数は前年より増加しているので，利用者数の総数が前年より増加したのは，20歳以上の利用者が増加した。

文章理解

出題の特徴と傾向

毎年9題の出題，問題数全体の5分の1を占める！

例年9題程度出題されていて，全体として見れば，問題数としてかなりウエートの高い科目である。その内訳は，現代文が5題，古文が1題，英文が3題となっており，現代文重視型の出題となっているのが大きな特徴といえる。

いろいろなタイプの文章が出題されている！

現代文の場合，評論・随筆・小説などさまざまなジャンルの文章が取り上げられている。古文は，高校の教科書で頻出の著名な作品が多い。英文では，長文の内容把握の問題がほとんどである。日頃からいろいろな文章を読んで，柔軟に対応できるようにしておきたい。

文章の長さは1題につき原稿用紙1枚から3枚程度

現代文では，文章の長さは短いもので200字程度，長いもので1200字程度のものが出題されている。いずれにしても，現代文・古文・英文とも，著者のいおうとしていることを短時間で読み取る能力が求められている。

効果的な学習方法・対策

まず，学習を始めるに当たって，どういった問題が出題されているのか，出題形式はどのようになっているのか，必ず過去問をチェックしておくことが大切である。それを行ったうえで実戦的に問題練習を重ねていくこと。文章を理解する力を1日で身につけることはできないので，意識的に文章を読む習慣をつけるようにしていこう。

現代文の解き方

最重要テーマ

（ココがポイント）要旨把握・内容把握問題は最もよく出る出題形式。
著者の主張は本文の最後で述べられる場合が多い。

①出題形式

　国家Ⅲ種・地方初級試験の文章理解の問題形式は，大きく4つのパターンに分けられている。文章全体の要旨を問う要旨把握問題，文章の内容が選択肢と一致しているかどうかを問う内容把握問題，バラバラになった文章をもとの正しい順番に並べ直す文章整序問題，空欄に適切な語句や文を補う空欄補充問題である。

　4つのパターンのうち，大半を占める割合で出題されているものが，要旨把握問題・内容把握問題で，文章の読解力を試すことを目的とした問題構成になっているのがわかる。

　ただし，解答はすべて記号選択式なので，実際には本文の内容を完全に理解する必要はなく，設問に関係するポイントが理解できていれば，十分に対応できる問題ばかりである。

②出題される文章のタイプ

　論説・評論・随筆・小説など，さまざまなジャンルの文章が出題されている。最も多く出題されている論説・評論では，現代社会がテーマとなった社会科学系の内容，文学や思想・歴史などの人文科学系の内容，科学・技術・環境・生物全般がテーマとなった自然科学系の内容などから出題され，多岐にわたっている。

　ただ，それほど難解な文章は出題されないので，高校の教科書に載っている論説・評論，新聞の論説記事・コラムなどとほぼ同じレベルと考えてよい。こうした文章を中心に，読書の習慣を身につけるようにしたい。

　中でも，新聞を読むことは，時事的な知識を増やすだけでなく，読解力を養ううえでも有効である。特に，社説・コラム・論説記事・特集記事・文化欄などは，きちんと読んで，その内容を理解するように努力することが必要である。

● 例年，現代文は5題出題されている。その内訳は要旨把握または内容把握が3題，文章整序が1題，空欄補充が1題である。

● 要旨とは，その文章のいおうとしている大切な部分を短くまとめたもの。趣旨または主旨と表現されることもある。要するに，筆者の「いちばんいいたいこと」である。教科書に載っている論説や評論を読み，意味段落ごとに要点をまとめる練習をすると，要旨をつかむ力がつく。

文章理解

③解き方のポイント

a．要旨把握問題・内容把握問題

　要旨把握問題では，話題と結論をとらえることが大切であり，内容把握問題では，その文章に書かれている内容を理解することが大切である。

　選択肢の吟味方法はどちらも同じで，各選択肢と本文を照らし合わせればよい。ただし，要旨把握問題の場合は，本文中に書かれていることのすべてが筆者のいいたいことというわけではないという点に注意しなければならない。

　選択肢の中には，本文の内容とほぼ一致していながら，ごく一部だけが異なるといったものが含まれていることが多い。各選択肢と，それに対応する本文の箇所をよく比較する必要がある。

b．文章整序問題

　文章整序問題では，次の３つがポイントである。

①段落の初めの方に指示語がある場合…その指示語の指示内容をつかむ。

②段落の初めのほうに接続語がある場合…その接続語の働き（順接・逆接・並列など）から，その段落と直前にくるはずの段落との関係をつかむ。

③複数の段落に，同じ（似ている・関係の深い）語句・表現が使われている場合…もしあれば，その２つの段落は連続することが多い。

＊①と③，②と③の組合せで解けるはず。

c．空欄補充問題

　空欄補充問題は，接続語を補う問題と，語句・表現・文を補う問題の２つに大別されるが，いずれの場合でも，まず，空欄の前後の関係をしっかりととらえることが大切である。

　たとえば，接続語を補う問題の場合，空欄に入る語が接続しているのが，空欄前後の語や語句なのか，それとも段落なのかという判断を誤ると，解答ミスを犯しやすくなるので注意が必要である。

●要旨把握問題と内容把握問題の違いは，前者が筆者のいいたいことと合致している選択肢を選ぶ問題で，後者が本文で述べられていることと一致している選択肢を選ぶ問題ということである。

●空欄補充問題の解き方
・接続語を補う場合
　接続語の働き（順接・逆接・並列など）をよく理解しておくことと，文章の内容を十分に理解して，空欄の前後がどういう関係になっているかをつかむことが大切。
・語句・表現・文を補う場合
　空欄の前後に書かれている内容から，その空欄にどのような言葉が入るかを見抜く。選択肢中や空欄の前後に指示語がある場合は，その指示内容をきちんと押さえることも大切。

古文の解き方

出題率
10%

ココがポイント 古文での出題は要旨把握・内容把握がほとんど。
重要古語と古文文法でまず基礎を固めよう。

①出題形式

古文で出題されるのは，要旨把握・内容把握問題がほとんどだが，下線部の意味を問う問題が出題されることもある。

②出題される文章のタイプ

随筆が多いが，能楽論や歌論，物語や小説など幅広いジャンルから出題されている。ただ，どれも著名なものばかりなので，教科書に載っているような作品には目を通しておくとよいだろう。

③解き方のポイント

要旨把握・内容把握問題では，文章全体の細部まで理解する必要はなく，全体のおおよその内容をとらえることが大切である。古文は現代文と違い，古文特有の語や，現代語と同じ形でも意味の異なる語があり，文法も現代語とは違う。こうした基本的な点をしっかりと身につけ，なおかつ，教科書に載っているような著名な作品には目を通したという前提があって初めて問題が解けると考えたほうがよい。また，古文の場合には省略が多いので，述語が出てきたら，その主語が何かということをきちんと押えることが重要である。会話文がある場合は，その話者がだれなのかもきちんととらえなければならない。一定の古文常識を持ち，これらのことができれば，問題を解くことはそれほど難しくはない。

下線部問題では，何といっても古語の意味を知っているかどうかが試される。重要古語をしっかりと学習しておくことが大切である。特に，現代語にはない《古文特有語》や現代語とは意味が異なる《現古異義語》は意味を取り違えやすいので，重点的に学習する必要がある。

また，古文文法では，助詞・助動詞などのひらがな1字の解釈を誤っただけで意味がまったく違ってしまうということが少なくないので，「うろ覚え」ではない，正確な理解と知識が求められる。

●**古文の学習**

・古文特有の文法事項を覚える。完了と打消しの「ぬ」の識別，接続助詞「ば」の意味，係り結び，反語表現などは，誤りやすいところなので，きちんと学習しておく必要がある。

・教科書に載っているような著名な作品には目を通しておく。

●選択肢の中には，本文で述べられていることと紛らわしいものもある。このような場合には，その選択肢に対応する本文の箇所を，単語の意味や文法に注意してたんねんに読むことが大切である。

文章理解

最重要テーマ 英文の解き方

出題率 **70%**

ココがポイント 内容把握問題では日本語の選択肢を活用しよう。
英単語・熟語を覚えよう。

①出題形式

　英文の問題は，基本的に内容把握問題となっている。問題のパターンは，選択肢の一部分が本文の内容とは関連のないものや別の部分の説明のもの，複数あるデータを組み換えて作られたものなどが多い。本文の内容を正確につかめているかどうかを問う問題である。

②出題される文章のタイプ

　出題される英文は論説文，評論文，エッセー，物語文，ストーリー，記事など。あるテーマに基づいたエッセー風の論説文と，1人称のIで書かれているストーリーやエッセーの文章，それに新聞や雑誌の記事の文章が多い。内容は環境問題などの社会問題，ビジネス，医学など，さまざまである。英文の中に難解な単語は少ないが，意味を知らないと英文全体が理解しづらくなる単語・熟語もしばしば見られる。

③解き方のポイント

　一致する選択肢を選ばせる内容把握問題では，まずは選択肢の文をよく読むことから始めることが重要である。選択肢の文は日本語だから，英文を読むためのヒントにもなる。「だれがどうした」という形式になっていることが多いので，「だれ」（登場人物）と「どうした」（出来事）に特に注意し，場合によっては下線を引いたり○で囲んだりして強調してから本文を読み，該当箇所を探して合っているかどうかを判定していけばよい。

　内容一致問題では，選択肢の文に対応している本文の箇所を見つけ出すことがいちばんのポイント。選択肢はふつう本文に出てくる順に並んでいる。したがって，選択肢の1から始めて順に進めるのがよい。選択肢の文は本文の該当する箇所の文の言い換えになっていることが多いことにも注意しよう。

● 英文は3題出題されている。3題ともに内容一致問題。英文のあとに日本語の選択肢が5個並んでいる。3題のうち1題が空所補充形式の選択問題となっていることもある。

●英単語・英熟語（イディオム）は中学校から高校で学んだもので十分に対応できるが，やや高度な単語・熟語も出てくるので，過去に学んだものを復習するとともに，重要なものは新たに覚える必要がある。文法的には難しくない内容なので，文法については基礎力があれば十分。

●過去問を見て難しく感じる場合は，英語の学習に時間をかける必要がある。易しく感じる場合は英文を1文1文訳していくような学習ではなく，一度読んで全体の要旨をつかんでいくような読み方で問題演習を重ねていくとよい。英語の読解力は短時間では身につかないので，苦手な人ほど早く取り組んでいくことである。

英単語・イディオム

出題率 20%

エコがポイント 中学から高校程度の基本単語を中心に復習しよう。
できるだけ多く単語・熟語を覚えよう。

英単語	意 味	イディオム	意 味
anywhere	どこでも	be afraid of ～ ing	～するのを恐れている
attention	注意	be absent from ～	～を欠席している
borrow	借りる	be tired of ～	～に飽きている
disease	病気	mind ～ ing	～するのを気にかける
certainly	確かに	be known to ～	～に知られている
complete	終える	look after ～	～の世話をする
continue	続く	be pleased with ～	～に喜んでいる
correct	正しい	be covered with ～	～で覆われている
definite	明確な，一定の	take part in ～	～に参加する
distant	距離が遠い	be afraid of ～	～を心配する
explain	説明する	catch up with ～	～に追いつく
failure	失敗	be tired from ～	～で疲れている
increase	増加する	look up to ～	～を見上げる，尊敬する
invent	発明する	look forward to ～ ing	～するのを楽しみにする
opinion	意見	be filled with ～	～でいっぱいである
population	人口	be in time for ～	～に間に合う
praise	ほめる	call on ～	（人）を訪ねる
recognize	認識する	fail in ～	～に失敗する
refuse	拒否する	be surprised at ～	～に驚く
require	要求する	used to ～	よく～したものである
satisfy	満足させる	be made of ～	～で作られている
save	救う	be interested in ～	～に興味がある
seem	～に思える	be fond of ～ ing	～するのが好きである
serious	まじめな，真剣な	manage to ～	どうにか～する
significant	重要な	in order to ～	～するために
solve	解決する	be good at ～ ing	～するのが得意だ
subject	主題	succeed in ～	～に成功する
task	仕事	had better ～	～するほうがよい

文章理解

No.1 次の文章の要旨として最も妥当なものはどれか。

　私は，時おり，外国に住むということは，草木が移植される状態に似ているように思う。つまり有機的な感覚体験が存在全体をゆりうごかすということである。新しい土壌に存在のこまかな根の先が，おののきながら極端に微細な感覚と化して入りこんでゆくのである。その場合，言葉を用いるということは，よきにしろあしきにしろもっとも確実な手ごたえを与えてくれる。森有正の言い方にしたがえば「犬」は「犬」とちがうのだという意味において，指示された視覚的には同一に見える事物や存在が言語圏の相違によって全くちがったものとなるということである。その上，用いられた言葉は，たとえ日常的な些細な買物であっても表面的な有用性において生きたのであってリアリティがあるわけではない。さながら符牒のような役割を果たしたにすぎない。そのように考えてみると，われわれは単純な言葉の背後にあるはかり知れない深みをあらためて気づかずにはいられない。言葉は幾層となくつみ重なった過去のそれ自体の歴史と，その言語圏の生活体系の頂点に露呈しているのだということを感ずるのである。

　このような体験は同時に次のようなことを示してくれる。つまり，その単純な言葉の深みを知るということが，逆に知覚したこの「私」なるものの実体をほとんど等価にあらわしてくれるということを。言いかえれば「私」とは遥かな歴史の集積の上に露呈し，個性という名辞で呼ばれた一つの輪郭をもつ存在にすぎないということである。「私」のなかに流れこんでいる「私」の住んでいた言語圏の歴史や生活体系の一切がこの「私」においてあらわれているという意味においての「私」なのだ。

1　外国の歴史，言語，生活体系を深く理解するためには，その国に住むのがよいが，それによって「私」の存在が危うくなることもある。

2　言語とは歴史や生活体系の集積であり，「私」とは自らの言語圏の歴史や生活体系のすべてをあらわしている存在である。

3　単純な言葉の背後にもはかり知れない深みがあるということを知るには，外国に住むという体験が必要になる。

4　言葉の有用性について考えるとき，言葉の背後にあるはかり知れない深みに気づく。

5　「私」とは遥かな歴史の集積の上に露呈した存在であり，それを規定するのは言語だけである。

解説

No.1

饗庭孝男『文学の現在』

1 本文には,「外国の歴史,言語,生活体系を深く理解するためには,その国に住むのがよい」ということも,「それによって『私』の存在が危うくなる」ということも述べられていないので,誤り。

2 正しい。第1段落の最後の文と第2段落の後半をまとめた内容である。

3 本文には,「外国に住むという体験が必要になる」ということは述べられていないので,誤り。

4 本文には,「言葉の背後にあるはかり知れない深みに気づく」のが「言葉の有用性について考えるとき」だとは述べられていないので,誤り。

5 「『私』とは遥かな歴史の集積の上に露呈した存在」であるということは第2段落の中ほどに書かれているが,「私」を「規定する」のが「言語だけである」とは述べられていないので,誤り。

正答 **2**

文章の要旨①

外国に住むことは,有機的な感覚体験が存在全体をゆりうごかすことであり,その場合,言葉を用いることはもっとも確実な手ごたえを与えてくれる。言葉とはその歴史とその言語圏の生活体系の頂点に露呈しているのだと感ずる。このような体験は,「私」とは歴史の集積の上に露呈した存在にすぎず,「私」の住んでいた言語圏の歴史や生活体系の一切が「私」においてあらわれているという意味において「私」なのだということを示してくれる。

文章の要旨②

第1段落では,外国に住むという体験を通して,言葉は歴史とその言語圏の生活体系の頂点に露呈していると感じるということを述べ,第2段落では,第1段落の内容を受けて,「私」とは歴史の集積の上に露呈した存在だということを述べている。

No.2 次の文の主旨として，最も妥当なのはどれか。

違う意見の持ち主同士が話しあって，その一回きりの話でどちらが正しくどちらが誤りであるかの共通の見解に達しなければならないと力んでしまえば，無理が生じて当り前というものである。

結局のところ，話しあうということは，どちらが引いて相手に勝ちを譲るかを，腕力暴力で決めるものでなく，ことばによって勝つか負けるかを決することだとみなされがちである。

いくらうわべで見解の一致をみても，議論に負けた側にしてみれば，不満が残る。

よく話しあえた，という思いが，どちらの心にも快く残るということは，まずあり得ないということになる。人間同士は結局のところ話しあえないものだといういらだちの本質は，一般的にそこにある。

まず，話しあうということは，勝敗を決するということではない，という理解がいる。勝つか負けるかを決するのではなくて，双方を生かしあうことだという基本理解がいるのである。

双方を生かしあうということは，とりもなおさず，双方がなにを優先順位の第一番とするかについての共通の見解が成立するということである。

優先順位の第一番だと共通に理解できるものは，ほんの爪の先ほどのちっぽけなものでしかないのかもしれない。でもそれさえあれば，互いに人間である以上，相互の理解はやがて必ず広がり深まらずにはいないのだと思う。

（伊藤友宣「話しあえない親子たち」による）

1　違う意見の持ち主同士が，一回きりの話で共通の見解に達しなければならないと力んでしまえば，無理が生じて当り前である。

2　話しあうことは，ことばによって勝つか負けるかを決することだとみなされがちである。

3　人間同士は話しあえないといういらだちの本質は，議論に負けた側に不満が残るからである。

4　話しあうことは，双方を生かしあうという基本理解が必要であり，双方がなにを優先順位の第一番とするかの共通の見解が成立することである。

5　双方が優先順位の第一番だと共通に理解できるものは，ほんの爪の先ほどのちっぽけなものでしかない。

解説

No.2

1 第1段落に述べられている内容であるが，話しあいという事柄が持つ一般的な性質について述べられたものであり，筆者の主張ではないので誤り。

2 第2段落で述べられている内容であるが，これも1同様，話しあいという事柄が持つ一般的な性質について述べたものであるので誤り。

3 第3・4段落で述べられている内容であるが，これも1・2と同様に，話しあいという事柄の持つ一般的性質であって誤り。

4 正しい。第5・6段落で述べられている筆者の主張である。

5 第7段落で述べられているが，本文では「双方が優先順位の第一番だと共通に理解できるもの」は，「ほんの爪の先ほどのちっぽけなもの」であってもそれさえあれば相互理解は深まる，と積極的な価値を与えているものなので「～なものでしかない」という表現は不適切である。

正答 **4**

文章の主旨①

話しあうということは，ことばによって勝ち負けを決めることだとみなされがちだ。それゆえ話しあいの結果見解が一致しても，双方が気分良く終わるということはまずない。このことが人は結局話しあえないものだというういらだちを生む。話しあいは勝敗を決めるのではなく，双方を生かしあうことだという基本理解が必要だ。双方を生かしあうとは，双方が何を最優先とするかについての共通見解が成立することで，これができれば，相互の理解が深まる。

文章の主旨②

第1段落から第4段落までは，話しあうということについて生じる一般的なイメージを取り上げている。第5段落以降が筆者独自の主張となる。まず筆者は，話しあうことは勝敗を決することではないとしたうえで，「双方を生かしあうことだという基本理解がいる」と主張する。さらに「双方がなにを優先順位の第一番とするかについての共通の見解が成立すること」が「どれほどちっぽけなものであっても」，「それさえあれば」「相互の理解はやがて必ず広がり深まらずにはいない」と述べる。

No.3 次の文の内容と合致するものとして最も妥当なのはどれか。

　木々は，毎年山のような花をつけ，山のような実を落とす。なぜなのだろうか。もしもそれが他者を呼び寄せるためのものだとすれば，私も何となく納得ができるのである。

　そして，もしそうであるとするなら，木が自由に生きるためには，他の自然の生き物たちも自由に生きていられる環境が必要である，ということになるだろう。木は自分の自由のために，他者の自由を必要とするのである。

　それは素晴らしいことである。人間はときに自己の自由を手にするために，他者の自由を犠牲にさえするのに，木は他者の自由があってこそ自分自身も自由でいられるのである。

　自由を，日本の昔からの言葉のつかい方に従って，自在であることと言い直せば，木が自在な一生を生きるためには，自在に他者を呼び寄せ，自在に他者とともに生きていく世界が必要なはずである。

　こんなふうに考えていくと，自由はさまざまである。移動できないものの自由も，ここにはある。

　かつての日本語では，自由は，勝手気まま，自在であることという意味で用いられていた。それが外来語の自由が入ってきてからは，責任のある行動をしようとするときの障害を除去すること，という意味に変わった。こうして人間社会の制度的束縛を取り払うことが，自由の中心的課題になった。

　ところが自由には，次のような自己矛盾が生じている。それは，何が自由で，何が不自由なのかを見定めるためには，それをつかみとるための自由な精神がなければならず，その自由な精神をもつためには，自由な社会がなければならないということである。つまり自由な精神がなければ自由は確立できず，自由が確立されていなければ自由な精神は得られない。

　この自己矛盾から抜けだすためには，私には他者の自由，これまで気づかなかった自由に接する必要性があるような気がする。

1　木は移動できないため，他の自然の生き物たちが自由に生きていられる環境においても，自由ではいられない。

2　人間が自在な一生を送るためには，自在に他者を呼び寄せる必要があり，それには他者の自由を犠牲にする必要がある。

3　現代では，自由という言葉は，勝手気ままな行動をしようとするときの障害を除去することという意味に変わっている。

4　自由な精神を得るためには，自由が確立されている必要があり，また，自由が確立されているためには，自由な精神が必要である。

5　他者の自由に接することで，人間社会の制度的束縛を取り払うことができ，責任のある行動をすることができるようになる。

解説

1　第2段落には、「木が自由に生きるためには、他
の自然の生き物たちも自由に生きていられる環境
が必要である」とあるのみで、「木は移動できない
ため」、「自由ではいられない」の記述はないので
誤り。

2　「人間が自在な一生を送るためには、自在に他
者を呼び寄せる必要があり」の部分は本文中に記
述がない。また、「それには他者の自由を犠牲にす
る必要がある」の部分については、第3段落に「人
間はときに〜他者の自由を犠牲にさえするのに」
とあり、「必要がある」とまでは述べていないので
誤り。

3　自由という言葉の現代的意味については第6段
落に記述があるが、「勝手気ままな行動をしよう
とするときの障害を除去すること」ではなく、「責
任ある行動をしようとするときの障害を除去する
こと」とあるので誤り。

4　正しい。第7段落の後半「つまり」以降に述べら
れている。

5　第7・8段落では、「他者の自由に接すること」は、
「自由な精神がなければ自由は確立できず、自由
が確立されていなければ自由な精神は得られな
い」という自己矛盾を抜け出すために必要だ、と
しているので誤り。

正答 **4**

文章の要旨

木が自由に生きるためには他
の生き物たちも自由に生きら
れる環境が必要だ。つまり、
木は他者の自由があって自分
自身も自由でいられるのであ
る。かつて自由は勝手気まま
の意味で用いられていたが、
現在では責任ある行動をする
ときの障害を除去するという
意味に変化した。自由には
「自由な精神がなければ自由
は確立できず、自由が確立さ
れていなければ自由な精神は
得られない」という自己矛盾
が存在する。この自己矛盾か
ら抜け出すために、他者の自
由に接する必要がある。

文章の構成

第1段落から第5段落までは、
木々の生態について言及しな
がら自由の多様なありかたを
論じている。第6段落では「自
由」という言葉の意味の変化
について述べ、第7段落では
自由には「自由な精神がなけ
れば自由は確立できず、自由
が確立されなければ自由な精
神は得られない」という自己
矛盾について述べる。第8段
落ではそのような矛盾から抜
け出すために、前半で述べた
「他者の自由の必要性」という
見方が有用である、と主張し
ている。

文章理解

No.4 次のA〜Eの各文を正しい順序に並べるとき，最も妥当なものはどれか。

A おそらくこの人は，同じ失敗を何度も何度も繰り返すでしょう。現実に，失敗に直面しても真の失敗原因の究明を行おうとせず，まわりをごまかすための言い訳に終始する人も少なくありませんが，それではその人は，いつまでたっても成長しないでしょう。

B 大切なのは，失敗の法則性を理解し，失敗の要因を知り，失敗が本当に致命的なものになる前に，未然に防止する術を覚えることです。これをマスターすることが，小さな失敗経験を新たな成長へ導く力にすることになります。

C これとは正反対に，失敗することをまったく考えず，ひたすら突き進む生き方を好む人もいます。一見すると強い意志と勇気の持ち主のように見えますが，危険を認識できない無知が背景にあるとすれば，まわりの人々にとっては，ただ迷惑なだけの生き方でしょう。

D 人は行動しなければ何も起こりません。世の中には失敗を怖れるあまり，何ひとつアクションを起こさない慎重な人もいます。それでは失敗を避けることはできますが，その代わりに，その人は何もできないし，何も得ることができません。

E また人が活動する上で失敗は避けられないとはいえ，それが致命的なものになってしまっては，せっかく失敗から得たものを生かすこともできません。その意味では，予想される失敗に関する知識を得て，それを念頭に置きながら行動することで，不必要な失敗を避けるということも重要です。

1 B−C−A−D−E
2 B−E−C−A−D
3 D−B−C−E−A
4 D−C−A−E−B
5 D−E−C−A−B

解説

No.4

畑村洋太郎『失敗学のすすめ』

　段落の初めのほうに指示語があるのは**A**と**C**だけなので，この2つの段落の直前にくる段落を探す。まず，**A**の初めのほうに「この人は，同じ失敗を何度も繰り返す」とあるので，「この人」は「同じ失敗を何度も繰り返す」ような人でなければならない。**B**～**E**で「同じ失敗を何度も繰り返す」ような人は，**C**の「失敗することをまったく考えず，ひたすら突き進む生き方を好む人」だけなので，「**C**—**A**」となるのがわかる。次に，**C**の最初には「これとは正反対に，失敗することをまったく考えず，ひたすら突き進む生き方を好む人」とあるので，この「これ」がさしているのは「失敗することをまったく考えず，ひたすら突き進む生き方を好む人」とは正反対の人だとわかる。このような人は，**D**の「失敗を怖れるあまり，何ひとつアクションを起こさない慎重な人」以外にはいない。したがって「**D**—**C**」となる。ここまで検討したところで「**D**—**C**—**A**」という順番が決まったが，選択肢の中で「**D**—**C**—**A**」の並びを含むのは**4**だけなので，これが正解となる。

1・2　**B**は結論を述べた文なので，最初にはこない。

3　**A**をこの位置に置くと，「この人」がどの人をさすのかわからなくなる。

5　この並べ方だと，**C**の「これ」が**E**の内容をうけることになるが，**C**が「人」について述べているのに対し，**E**は「行動」について述べているので，「**E**—**C**」という順になることはありえない。

正答 **4**

文章整序問題の解き方

文章整序問題では，次の3つを行うことが大切である。
①段落の初めのほうに指示語がある場合，その指示語が何をさしているかをつかむ。
②段落の初めのほうに接続語がある場合，その接続語の働き（順接・逆接・並列など）から，その段落の直前にくる段落を見抜く。
③ある段落に用いられている語句・表現と同じ（似ている・関係の深い）語句・表現を他の段落に探す。これがある場合，その2つの段落は連続することが多い。
多くの問題は，①と③，②と③の組合せによって解けるように作られている。

No.5 次の文章の空所に当てはまる語句として，最も妥当なのはどれか。

「納得」，つまりおよそ正解なるものがないところで得られる合意とは，そもそもどのような性格のものでありうるだろうか。ここで例としてかならずしも適切ではないかもしれないのだが，家裁の調停員をかつてやっていた知人の経験によれば，離婚の調停において，双方がそれぞれの言い分をとことんぶつけあって，「もう万策尽きた」「もうあきらめた」と観念したとき，まさにそのときにかろうじて話しあいの道が開けるのだという。訴えあいのプロセス，議論のプロセスが尽くされてはじめて開けてくる道がある，と。解がここに下りてくるというのではない。「理解できないけれど納得はできる」「解決にはならないけれど納得はできる」という事態が生まれるというのである。このような「納得」は，果てしのない議論から双方が最後まで下りなかった，逃げなかったということの確認のあとにしか生まれてこないものだろう。長くて苦しい議論，譲れない主張の応酬の果てに，そんな苦しいなかで双方が最後まで議論の土俵から下りなかったことにふと思いがおよぶ瞬間に，はじめて相手に歩み寄り，相手の内なる疼きをほんとうに聴くことができるようになるのだろう。そういう類の「確かさ」も，わたしたちの思考や議論にはいわば作法としてありうるのだ。そして，そういう「納得」をもたらすはずの時間，あるいはもたらすことに通じる時間を，哲学もまた削除してはならないようにおもわれる。（　　　）という哲学の作法，つまり「知を愛すること」（philosophia）としての哲学に，みずから紡ぎだすもろもろの問いに囲いをしない，どこかアマチュア（amateur' つまり〔知の〕愛好者）としての面があるのも，そうした事情があるからではないかとおもう。

1　最終解決が見えないまま，それでも問いつづける
2　神の存在を否定し，人間の知性のみを信じつづける
3　絶対的な真理への，最短距離を探す
4　他人を犠牲にしてでも，正解を求め考えつづける
5　個々の生活のなかで，身近な謎を解き明かしていく

解 説

No.5

1　正しい。空所＝哲学の作法とあり，「つまり」以降，「自らが紡ぎだすもろもろの問いに囲いをしない，どこかアマチュアとしての面がある」という哲学の本質が述べられている。

2　「神」についての記述はないので誤り。

3　本文冒頭に「およそ正解なるものがない」とあるので，「絶対的な真理」は誤り。また，直前に「『納得』をもたらすはずの時間，あるいはもたらすことに通じる時間を哲学もまた削除してならない」とあるので，「最短距離を探す」の部分も誤り。

4　例として挙げられている離婚の調停の中で「双方が最後まで議論の土俵から降りなかった」とある

5　哲学は離婚の調停のように納得に至るプロセスを重視するとの内容から，「個々の生活」や「身近な謎」のような個別の議論は当てはまらず，またそれらを「解き明かしていく」という部分も誤り。

正答 **1**

文章理解

空欄補充問題の解き方

空欄補充問題で最も大切なことは空欄の前後関係をとらえることである。それがきちんととらえられていれば，接続語を補う問題でも，語句・表現・文を補う問題でも，正解を見抜くことができる。

①接続語を補う場合

　まず，接続語の働き（順接・逆接・並列など）をよく理解すること。次に空欄の前後の文をよく読んで，それがどういう関係になっているかをつかむこと。

②語句・表現・文を補う場合

　空欄の前後に書かれている内容を理解し，その空欄に補ったときに最も意味が通じる選択肢を選ぶ。選択肢の文や，空欄の前後に指示語がある場合は，その指示内容をきちんととらえること。

No.6 次の古文の要旨として最も妥当なものはどれか。

　この法師のみにもあらず，世間の人，なべてこの事あり。若きほどは，諸事につけて，身を立て，大きなる道をも成じ，能をも付き，学問をもせむと，行く末久しくあらますことども心にはかけながら，世をのどかに思ひてうち怠りつつ，まづ差し当たりたる目の前の事にのみ紛れて月日を送れば，事々なすことなくして身は老いぬ。つひに物の上手にもならず，思ひしやうに身をも持たず，悔ゆれども取り返さるる齢ならねば，走りて坂を下る輪のごとくに衰へゆく。

　されば，一生のうち，むねとあらまほしからむことの中に，いづれか勝るとよく思ひ比べて，第一の事を案じ定めて，その外は思ひ捨てて，一事を励むべし。一日のうち，一時のうちにも，あまたの事の来たらむ中に，少しも益の勝らむことを営みて，その外をばうち捨てて，大事を急ぐべきなり。いづ方をも捨てじと心に執り持ちては，一事も成るべからず。

1　若いうちは熱心に勉強しても，年をとるとなかなかそうはいかないものだ。
2　若いうちに目標とすることと，年をとってから目標とすることは異なる。
3　一生の中でできることには限りがあるので，一日も無駄にしてはならない。
4　人生で一番大切なことを決めて，それを一番先にやらなければならない。
5　若いうちはいろいろなことに取り組んで，自分の可能性に挑戦するべきだ。

解説

No.6

吉田兼好『徒然草』188段（全訳）

この法師にだけではなく，世間の人々にはたいていこれと同じことがある。若いうちはさまざまなことについて，立身出世し，大きな道を成し遂げ，芸能も習得し，学問もしようと，遠い将来に期待するいろいろなことを気にかけながらも，人生をのんびりしたものと考えて，怠りつづけ，まずさしあたっての目の前のことだけに紛れて月日を送っているので，どれもこれも達成したものがないまま，その身は年老いてしまう。結局，その道の名人にもなれず，思ったように出世もせず，後悔しても，取り返せる年齢ではないので，走って坂を下る車輪のように，だんだん衰えていく。

だから，一生の間に，主として希望していることのうちで，どれがすぐれているかをよく比べ考えて，第一のことを考え定めて，それ以外は断念し，1つのことに励まなければならない。一日の間にも，一時の間にも，たくさんの（やりたい）ことがやってくるが，少しでも意義の勝っていることを行って，それ以外は捨てて，大事を急いでやらなければならない。どれも捨てまいと心の中で執着しては，1つのことも達成できるはずはない。

1 若いうちは「勉強しよう」と思っているだけで，実際に勉強するとは書かれていないので，誤り。

2 「年をとってから目標とすること」については述べられていないので，誤り。

3 「できることには限りがある」ということも，「一日も無駄にしてはならない」ということも述べられていないので，誤り。

4 正しい。

5 一番大事なことを決めてそれだけに取り組めといっているのであって，「いろいろなこと」に取り組むべきだとはいっていないから，誤り。

正答 **4**

古文問題の解き方

古文の内容把握問題では，表現の細部を理解することよりも，全体の内容を大づかみにとらえることが大切。ただし，重要な古語や文法事項をある程度知らないと意味を取り違えることになるので，有名作品を読んでおくだけでなく，基本事項をきっちりと学習する必要がある。

No.7 次の英文の内容と合致するものとして最も妥当なものはどれか。

Mothers who are frequently up at night with their infant children could be at risk for depression, according to a study in the medical journal *Pediatrics*. Researchers studied the sleep patterns of 700 new moms and their offspring. About half of the women reported that their babies were poor sleepers, and almost 25% of those sleep-deprived moms scored high on depression tests. Researchers discovered that mothers who found ways to get enough sleep by napping when their baby did or having their partners take on some night duty were not depression-prone.

＊*Pediatrics*：小児科学

1　母親と一緒に眠る子供は，一人で眠る子供より早く親から自立できる。
2　幼い子供がいて睡眠不足となっている母親は，憂うつ症になりやすい。
3　離婚した家庭では，子供は睡眠不足になりがちである。
4　夫が仕事で忙しく，家にあまりいない家庭ほど，妻が憂うつ症になりやすい。
5　母子家庭では，約25％の親子が不眠症に悩まされている。

No.8 次の英文の内容と合致するものとして最も妥当なものはどれか。

A driver's license in the U.S. is the most common form of identification. Not having one, even if you don't need to drive, can make things inconvenient for you.

You are asked to show your driver's license when you get a library card, buy alcohol, drink in bars, and do many other things. Showing a passport or credit card with a picture can work, but passports are not well recognized by most Americans. Many people have never seen one. In any case, everything is made easier with a driver's license. It's a good idea to get one.

1　アメリカでは運転免許証は職歴まで明記されるので，人の性格までも語る。
2　アメリカ人の大半はパスポートなど一度も見たこともないので，運転免許証の方が身分を証明するのに都合がいい。
3　アメリカではアルコールを買う時に運転免許証の提示を求められることはないが，酒場でアルコールを飲む時に提示を求められることがある。
4　アメリカでは写真入りの証明書があって初めてアメリカ人と認められる。
5　アメリカでは運転免許証は図書館の貸し出しカードの代りになる。

解説

No.7

（全訳）医学雑誌『小児科学』の研究発表によると，幼い子供と一緒に夜中に起きていることの多い母親は，憂うつ症になる危険性があるという。研究者たちは，母親になりたての700人の女性とその子供たちの睡眠パターンを調査した。母親の約半数が，よく眠らない子供を持つと報告され，これらの睡眠不足の母親のほぼ25％が，憂うつ症チェック検査での検査値が高かった。研究者たちは，赤ん坊が昼寝したときに自分も昼寝したり，夫に夜間の赤ん坊の世話を少し代わってもらったりして十分な睡眠をとる方法を見つけた母親には，憂うつ症の傾向は見られないことに気づいた。

正答 **2**

No.8

（全訳）アメリカでは，運転免許証は最も一般的な身分証明の方法である。運転する必要がない場合でさえ，運転免許証を持っていないと不都合な事態を招く可能性がある。

　運転免許証の提示は，図書館の貸し出しカードを入手する時や，アルコールを買ったり，酒場でアルコールを飲んだり，その他多くの事をする時に求められる。写真付きのパスポートやクレジットカードでも有効とされる場合もあるが，たいていのアメリカ人はパスポートをよく認識していない。一度もそれを見たことのない人も多い。いずれにせよ，運転免許証を持っていれば，すべての事が容易に運ぶ。運転免許を取得するというのは，よい考えだ。

1 職歴まで明記されるとは述べられていない。
2 正しい。
3 アルコール購入時に免許証の提示を求められる。
4 述べられていない。
5 貸し出しカード入手時に提示を求められる。

正答 **2**

内容一致問題の解き方

内容一致問題では，選択肢の文をあらかじめ読んで，大体の内容をつかんでおくと，本文も読みやすくなり，問題も解きやすくなる。この問題では，母親と子供，家庭，睡眠不足，憂うつ症などのキーワードを選択肢からつかんでおいてから，本文を読むと能率がよくなる。
1 子供の自立については述べられていない。
2 正しい。
3 離婚した家庭については述べられていない。
4 夫の仕事については述べられていない。
5 母子家庭については述べられていない。

内容一致問題の解き方

内容一致の判断は，本文に書かれていることなのかどうかによる。したがって，本文の中の該当箇所を探すことから始める
1 運転免許証が人の性格までも語るという記述も本文にはない。
2 第2パラグラフの第3文と第4文に一致している。
3 アルコールを買う時にも酒場でアルコールを飲む時にも運転免許証の提示を求められる，とある。
4と**5**は，共にこのような記述は本文にはない。

No.9 次の英文中に述べられていることと一致するものとして，最も妥当なのはどれか。

I have recently been told that I am one of the millions of Americans who will be afflicted* with Alzheimer's Disease*.

Upon learning this news, Nancy and I had to decide whether as private citizens we would keep this a private matter or whether we would make this news known in a public way.

In the past Nancy suffered from breast cancer and I had my cancer surgeries. We found through our open disclosures we were able to raise public awareness. We were happy that as a result many more people underwent testing.

They were treated in early stages and able to return to normal, healthy lives.

So now, we feel it is important to share it with you.　In opening our hearts, we hope this might promote greater awareness of this condition. Perhaps it will encourage a clearer understanding of the individuals and families who are affected by it.

（Ronald Reagan：近江誠「感動する英語！」による）

＊：afflicted……苦しんでいる

＊：Alzheimer's Disease……アルツハイマー病

1　アルツハイマー病患者と診断される人が毎年増えている。

2　私は，ナンシーがアルツハイマー病患者であると知った。

3　過去において，ナンシーは乳がんに苦しみ，私はがんの手術をしたが，それらのことを公にしたことで，人々のがんに対する注意を喚起することができきた。

4　私は，アルツハイマー病にかかったということを公にはしないで，秘密にしておくことが大事だと考えた。

5　アルツハイマー病やがんに苦しむ患者やその家族とともに，私とナンシーも病気と闘って行く決意をした。

解 説

No.9

（全訳）私は最近，アルツハイマー病に苦しむであろう何百万人ものアメリカ人の１人であることを宣告された。

この宣告を受け止めるにあったってナンシーと私（ロナルド・レーガン元アメリカ大統領）は，私人としてこのことを公表しないままにするか，それとも公表するかを決断しなければならなかった。

過去にナンシーは乳がんに苦しみ，私はがんの手術を受けた。私たちは，自分が隠さずに明らかにすることで，一般の人々の注意を喚起することができるとわかった。結果として，より多くの人々が検診を受けるようになったことをうれしく思った。

彼らは初期の段階で治療を受け，通常の健康的な生活に戻れたのだ。

だから今，私たちはこのことを皆さんと共有することが大切だと思っている。私たちが心を開くことによって，この状態に対してより大きな関心が高まることになってほしいと思っている。おそらく，このことはこの病気に冒されている患者やその家族のことをより深く理解する助けになることと思う。

1 本文では述べられていない内容である。

2 ナンシーではなく自分が宣告されている。

3 正しい。

4 秘密ではなく，公にすることが大事としている。

5 病気と闘っていく決意にしては本文では述べられていない。

正答 **3**

解き方のヒント

日本語の選択肢を難しい単語のヒントとして，本文の内容を理解するとよい。

1 患者についての記述はあるが，その数が増加したという記述はない。

2 宣告された主語は「ナンシー」ではなく「私」である。

3 正しい。

4 大事だと考えたことは「秘密」にすることではなく，「公」にすることである。

5 患者やその家族，ナンシーについての記述はあるが，みんな一緒に闘う決意についての記述はない。

第3編

適試 験 性編

適性試験
について

適性試験とは

　国家一般職［高卒・社会人］や地方初級公務員試験の事務系職種では，一次試験で「適性試験」が課されます。初級程度の事務系職種の場合，文書の記入や清書，データの集計・分類・整理といった仕事が業務の中心になることが多いため，そのような事務作業を素早く正確にこなせるかどうかをみるのが適性試験の目的です。

　試験は五肢択一式で，マークシートに解答を記入していきます。試験時間は10分または15分と短く，その間に100問以上の問題を解かなければなりません。問題自体は時間さえあればだれでも解ける簡単なものですが，制限時間内に多くの問題を正確に解かなければならないため，ある程度練習しておかないと高得点をとることは難しいといえます。

適性試験の採点方法

　適性試験の採点方法は「減点法」という独特な方法で行われます。この採点方法を単純な式で表すと次のようになります。

　正答数－誤答数＝得点

　つまり，誤答，あるいは途中を飛ばして無回答の場合は一度減点されたうえに，もう一度減点されることになります。たとえば120問出題の適性試験で前半の60問正解したが後半の60問が間に合わず無回答で提出すると，

　120－60＝60（正答数）　60－0＝60（得点）

となりますが，前半の60問正解して途中を飛ばして，最後の10問を正解した場合は，

　120－50＝70（正答数）　70－50＝20（得点）

となってしまうのです。速く，かつ正確に，しかも苦手な形式の問題も飛ばさずに回答しないと，適性試験では得点が伸びないことに注意しましょう。

目標点と基準点

　公務員試験の多くは，「基準点」が設けられています。初級公務員試験における「基準点」とは，教養試験，適性試験それぞれに設けられる最低点と考えてください。「基準点」は満点の4割前後に設定されており，教養試験，適性試験のいずれか一方でもこの基準点を満たしていない場合は，総得点が合格ラインを上回っていても不合格とされてしまうので注意が必要です。

　教養試験，適性試験のどちらかを不得意とする受験生は多いかもしれませんが，得意なほうの得点力を伸ばすだけでなく，不得意なほうの攻略にもある程度力を注がなければいけません。

　なお，合格するためには，もちろん基準点をクリアするだけでは不十分です。問題の難易度にもよりますが，6〜7割は得点できないと合格圏内に入るのは難しいと考えましょう。

適性試験の出題形式

　適性試験ではさまざまな形式の問題が出題されます。主な形式をまとめると次の6種類に分けられます。

・計算

　簡単な四則演算（＋−÷×）の問題。基本的な形式なので，素早く正確に解けるようにしておきましょう。

・分類

　文字や数字，記号などを，手引きに従って分類する問題。手引きの意味するところを素早く読みとらなければなりません。

・照合

　文字や数字，記号を照らし合わせ，その正誤を見分ける問題。同じようなかたちの文字や数字，記号を瞬時に見分けなければならないので，訓練が必要です。

・置換

　文字や数字，記号などを，手引きに従って他の文字や数字，記号に置き換える問題。混乱しやすいので，十分に慣れておきたい形式です。

・図形把握

　同じ形の図形，または異なった形の図形を探す問題。図形が回転させられていたり一部だけ取り出されていたりすることが多く，これも慣れていないと混乱しやすいでしょう。

・複合問題

　「置換＋計算」「置換＋分類」「置換＋分類＋照合」など，複数の出題形式を組み合わせた問題。最近増えている形式です。まずはそれぞれの形式に慣れたうえで，複合問題にも対応できるようにしておきましょう。

計算

左側の式の答えと同じになる数式を右側の **1** ～ **5**から選びなさい。

	1	**2**	**3**	**4**	**5**	正 答
【例題1】 2 ＋16 ÷ 4	3 × 2	5 ＋ 2	8 ÷ 4	9 － 4	27 ÷ 3	**1**
【例題2】 (5 ＋ 2) × 3	42 ÷ 3	4 × 5	23 － 2	11 × 2	16 ÷ 4	**1**

	1	**2**	**3**	**4**	**5**
〔No. 1 〕 2 × 8	3 × 9	15 ＋ 1	18 － 3	23 － 4	16 ÷ 4
〔No. 2 〕 14 ÷ 2 ＋ 3	72 ÷ 8	8 ＋ 2	35 － 21	15 ÷ 3	7 × 1
〔No. 3 〕 8 × (16 － 7)	11 × 3	36 － 21	13 ＋ 9	48 ÷ 6	4 ×18
〔No. 4 〕 5 × 9	26 ＋19	6 × 5	12 ÷ 3	22 － 8	11 × 4
〔No. 5 〕 32 ÷ 2 － 9	24 ÷ 3	2 ＋19	31 － 24	8 × 2	18 ＋11
〔No. 6 〕 (41 － 28) × 2	4 × 8	30 － 3	72 ÷ 8	7 × 5	42 － 16
〔No. 7 〕 23 ＋18 ÷ 9	21 － 6	5 × 5	30 ÷ 2	14 ＋ 7	6 × 4
〔No. 8 〕 24 － 11	7 × 6	14 ÷ 2	5 ＋ 9	19 － 6	10 ＋ 8
〔No. 9 〕 36 ÷ (18 ÷ 2)	2 × 2	9 ÷ 3	17 － 16	4 ＋ 5	12 ÷ 2
〔No.10〕 29 － 5 × 3	6 ＋ 9	7 × 2	42 ÷ 7	17 － 4	5 ＋ 8
〔No.11〕 52 － 21 ÷ 3	13 × 3	16 ＋19	90 ÷ 3	5 × 9	41 － 7
〔No.12〕 (8 ＋ 6) × 4	27 ＋18	8 × 8	41 － 2	60 ÷ 4	31 ＋25
〔No.13〕 11 × 3 － 9	4 × 6	21 ÷ 3	17 ＋ 8	13 － 4	40 ÷ 2
〔No.14〕 35 － 8	23 － 5	12 ＋14	3 × 9	47 ＋ 2	24 ÷ 6
〔No.15〕 56 ÷ 4 × 2	21 ÷ 3	19 － 11	6 × 6	9 ＋17	32 － 4
〔No.16〕 7 × (31 － 22)	12 × 6	56 ＋ 7	28 ÷ 2	62 － 10	8 × 8
〔No.17〕 28 － 18 ÷ 2	33 ÷ 3	4 × 3	20 － 1	14 ＋15	35 ÷ 7
〔No.18〕 48 ÷ 6	6 × 2	9 ＋ 7	80 ÷ 5	4 × 2	18 － 12
〔No.19〕 4 × 7 ＋ 1	52 － 23	45 ÷ 5	5 × 6	31 ＋ 5	16 × 2
〔No.20〕 (49 ＋ 13) ÷ 2	11 ＋19	7 × 4	35 － 6	18 ＋13	30 ÷ 2

		1	**2**	**3**	**4**	**5**
〔No.21〕	$13 - 6 \times 2$	$15 - 1$	$17 \div 17$	4×5	$32 \div 2$	$10 + 3$
〔No.22〕	$41 - 16$	7×5	$75 \div 5$	$43 - 14$	$12 + 13$	3×9
〔No.23〕	$(6 + 8) \times 3$	$4 + 32$	8×8	$52 - 9$	6×7	$18 \div 3$
〔No.24〕	$8 + 24 \div 2$	4×4	$6 + 15$	$30 \div 2$	$39 - 17$	$19 + 1$
〔No.25〕	$22 \div (2 + 9)$	$16 \div 8$	4×5	$2 + 2$	$9 \div 3$	$30 - 18$
〔No.26〕	$18 + 24$	$50 - 12$	$22 + 17$	21×2	$45 \div 9$	$78 - 29$
〔No.27〕	$3 \times 9 - 11$	$18 + 21$	4×4	$36 - 17$	7×5	$40 \div 8$
〔No.28〕	$3 \times (43 - 28)$	$51 - 7$	$90 \div 2$	3×9	$23 - 6$	$15 + 3$
〔No.29〕	$16 \div 4 - 1$	$3 + 9$	$14 \div 7$	$19 - 11$	6×6	$12 \div 4$
〔No.30〕	$38 \div 2$	$16 + 14$	6×6	$27 \div 3$	$20 - 1$	$39 \div 3$
〔No.31〕	$66 \div 3 - 15$	$56 \div 8$	4×4	$36 - 15$	$17 + 2$	$35 \div 7$
〔No.32〕	$(11 - 2) \times 7$	8×8	$65 - 12$	$54 \div 2$	21×3	$45 + 11$
〔No.33〕	8×4	$44 - 13$	$17 + 15$	6×5	$36 \div 2$	$10 + 12$
〔No.34〕	$6 \times 9 \div 2$	$30 \div 3$	12×2	$9 + 14$	7×4	$30 - 3$
〔No.35〕	$24 \div (31 - 23)$	$16 - 7$	$4 + 1$	$36 \div 12$	2×3	$22 - 17$
〔No.36〕	$15 \times 3 + 1$	$51 + 5$	$22 \div 2$	$14 \div 7$	$47 - 13$	23×2
〔No.37〕	$28 \div 2$	$19 - 15$	6×2	$11 + 3$	$19 + 12$	$18 \div 3$
〔No.38〕	$(9 + 7) \div 2$	$6 + 10$	$24 \div 3$	4×4	$21 - 17$	2×9
〔No.39〕	$32 - 9 \div 3$	$30 - 1$	5×7	$33 \div 3$	$49 - 18$	$19 + 7$
〔No.40〕	$8 \times (42 - 36)$	11×4	$51 - 2$	$16 \div 2$	2×24	$25 + 13$

分類

ローマ数字とアルファベットの組合せで示された手引きの欄の中から，与えられた数字がどこにあるかを探しなさい。

	a	b	c
I	1 〜 15 87 〜 90	48 〜 62 103 〜 114	23 〜 38 78 〜 86
II	39 〜 47 115 〜 131	16 〜 22 91 〜 102	63 〜 77 132 〜 150

	1	**2**	**3**	**4**	**5**	正 答
【例題】 123	I a	II a	II c	II b	I c	**2**

		a	b	c
（手引）	I	1 〜 92 451 〜 481	411 〜 436 621 〜 635	263 〜 280 569 〜 590
	II	346 〜 397 501 〜 524	93 〜 170 437 〜 450	171 〜 233 636 〜 650
	III	234 〜 262 591 〜 620	281 〜 345 525 〜 568	398 〜 410 482 〜 500

	1	**2**	**3**	**4**	**5**
〔No. 1〕 253	I c	III c	I a	III a	II b
〔No. 2〕 96	III b	II b	I c	II a	I b
〔No. 3〕 443	II b	III c	II a	I b	III a
〔No. 4〕 518	III c	I a	II c	II a	III b
〔No. 5〕 276	II c	III b	I c	III a	II b
〔No. 6〕 534	I b	II a	III b	II c	III c
〔No. 7〕 463	III c	I c	II a	III a	I a
〔No. 8〕 197	III a	II b	I b	III b	II c
〔No. 9〕 403	II b	III c	I c	I a	II a
〔No.10〕 625	I a	III b	II a	II c	I b

		a	b	c
（手引）	I	120 〜 136 232 〜 252	205 〜 212 390 〜 405	213 〜 231 320 〜 334
	II	184 〜 192 363 〜 389	137 〜 145 406 〜 423	175 〜 183 270 〜 319
	III	160 〜 174 253 〜 269	193 〜 204 335 〜 362	146 〜 159 424 〜 428

		1	**2**	**3**	**4**	**5**
（No.11）	209	II b	I c	II a	III a	I b
（No.12）	303	II c	I a	III b	I b	II a
（No.13）	131	III a	III c	I a	II c	III b
（No.14）	428	I b	II a	III c	II b	I c
（No.15）	140	III b	I c	III a	I a	II b
（No.16）	257	II c	I b	III b	III a	I a
（No.17）	372	I a	II a	I c	III c	II c
（No.18）	196	III b	I a	III c	II b	II a
（No.19）	225	II a	III a	I b	I c	III b
（No.20）	411	III c	II c	III a	II b	I a

		a	b	c
（手引）	I	626 〜 680 915 〜 937	504 〜 526 867 〜 884	743 〜 778 894 〜 914
	II	527 〜 573 835 〜 866	716 〜 742 938 〜 967	412 〜 475 803 〜 834
	III	476 〜 503 885 〜 893	574 〜 625 779 〜 802	681 〜 715 968 〜 992

		1	**2**	**3**	**4**	**5**
（No.21）	826	III a	II c	I c	III c	I a
（No.22）	593	I a	III a	III b	I c	II a
（No.23）	704	II b	I c	II a	I b	III c
（No.24）	928	I b	III a	II c	I a	III b
（No.25）	536	III b	II a	I a	II b	III c
（No.26）	721	II c	I c	I b	III b	II b
（No.27）	878	I b	II b	III a	I c	II a
（No.28）	792	II a	III c	I a	III b	II c
（No.29）	897	III b	I a	II b	III a	I c
（No.30）	485	III a	II c	III c	I b	II a

照合

次の正本と副本を照合し，正しいものがいくつあるか，その数を答えよ。ただし，正しいものがない場合は**5**とする。

	正　本				副　本			
【例題1】	A B C D	あいうえ	1 2 3 4	a b c d	A B C D	あいえう	1 2 3 4	a b c d
【例題2】	S T U V	いろはに	9 8 7 6	m n o p	S T V U	いろほに	9 8 6 7	m n o p

正　答　【例題1】**3**　【例題2】**1**

	正　本				副　本			
〔No. 1〕	くりさは	E M K P	7 6 1 0	エヨマス	くりちは	E N K P	7 6 1 0	エヨマヌ
〔No. 2〕	そわうね	D A U J	3 8 9 2	ルアタミ	そわうね	D A U J	3 8 9 2	ルアタミ
〔No. 3〕	おちすま	Q J F L	9 1 4 3	ユソボシ	おちすま	Q J E L	9 1 4 3	ユツボシ
〔No. 4〕	ぬせひた	C O H D	2 5 2 1	セフウヤ	ぬせたひ	C O H D	2 5 1 2	セウフヤ
〔No. 5〕	ふあにも	B K T X	6 2 6 9	イモラネ	ふめにも	B K J X	6 2 9 6	イモコネ
〔No. 6〕	なつゆけ	Y I C R	1 4 7 4	ムザテノ	なつゆけ	Y I C R	1 4 7 4	ムザチノ
〔No. 7〕	よこえの	I N O L	5 2 4 6	ハホリカ	よこえめ	I N O L	5 2 4 6	ヘホリカ
〔No. 8〕	いみしめ	V G F A	0 3 5 9	クナツヒ	いむしめ	V G F A	0 3 6 9	クナシヒ
〔No. 9〕	むてへか	G B H S	4 7 0 8	ワキヌチ	むてへか	G B H S	4 7 0 8	ワキヌチ
〔No.10〕	ときやほ	M Z E W	8 5 3 7	ニヲメケ	ときほや	M S E W	8 3 5 7	ニヨメケ
〔No.11〕	K Z P E	すほらか	3 5 1 6	l x i d	K Z B E	すまらか	3 5 4 6	l x j d
〔No.12〕	R D M T	おわきへ	5 2 4 7	c k f p	R D M T	おわさへ	5 4 2 7	c k f p
〔No.13〕	X Q U L	ぬやひり	8 0 9 3	w j c a	X Q U R	ぬふひり	8 0 9 6	w j c u
〔No.14〕	W J Z A	ふくにも	9 4 2 8	b h o v	W J Z A	ふくにも	9 4 2 8	h b o v
〔No.15〕	S E H V	むのしち	2 1 7 0	h u k m	S E H U	むのつち	2 7 1 0	h u k m
〔No.16〕	G B I Y	はあゆね	6 9 3 2	t a l e	G B I Y	はゆあね	6 9 3 2	t a e l
〔No.17〕	N W F O	なとめけ	0 7 5 4	y n b g	N W F P	なとめけ	0 5 7 4	y n d g
〔No.18〕	F P C S	えをこみ	4 8 6 1	s i r n	E P C S	えをてみ	4 8 6 1	s i n r
〔No.19〕	I G R U	てるよせ	1 3 2 5	f m e z	I G R U	てるよせ	1 3 2 5	f m e z
〔No.20〕	Q T V H	きまそつ	7 6 0 4	g q d j	Q T V H	さまつそ	7 4 0 6	g q d j

	正　本				副　本			
〔No.21〕	セミビア	3 8 6 2	R F G Y	ちよえほ	セミビヤ	3 8 2 6	R F G Y	ちよえほ
〔No.22〕	キハロヌ	0 1 3 6	H X M J	うみるつ	キロハヌ	0 1 3 6	H X M I	うるみつ
〔No.23〕	ヤガラニ	4 5 2 8	N C S I	りなくい	ヤカラニ	4 6 2 8	N C I S	りないく
〔No.24〕	ネシトヨ	2 9 8 3	Q W J E	そたふろ	ネシヨト	2 9 8 3	Q W J E	そたふろ
〔No.25〕	ムイサク	7 2 0 4	B P O K	まあわせ	ムイサク	7 2 0 4	B P O K	まわあせ
〔No.26〕	ノルテマ	1 4 7 9	C I L V	ひすらも	ノルテマ	1 4 7 9	C I L V	ひすらも
〔No.27〕	レヘオソ	9 7 1 5	F H U Z	のんとぬ	ルヘオソ	9 7 5 1	F H U Z	のんとね
〔No.28〕	タゴヲホ	5 3 4 1	K A N D	してめお	タゴヲホ	5 4 3 1	K N A D	してめむ
〔No.29〕	ウメチリ	6 0 5 7	D O L G	むれにへ	ウメチリ	6 0 7 5	D O L G	たわにへ
〔No.30〕	モツユエ	8 6 1 9	M R E T	さはねけ	モツエユ	8 9 1 6	M R T E	さほねけ
〔No.31〕	ちにりの	m b i v	4 6 5 0	H B X P	ちにいの	m b j v	4 6 5 0	H B X P
〔No.32〕	きろなふ	h e r c	1 7 8 2	V J Q C	きろふな	h u r c	1 8 7 2	V J Q D
〔No.33〕	ねかつく	z g d f	0 9 4 8	Z D U G	ねかつく	z g b f	0 9 8 4	Z D U G
〔No.34〕	いやそせ	c j w q	7 1 0 5	T O K I	いやせそ	c j w q	7 1 0 5	T O K I
〔No.35〕	らさほひ	u e h k	2 4 7 3	K R Y B	らきほひ	e u h k	2 7 4 3	K R Y B
〔No.36〕	ぬをこた	n b q i	9 3 6 2	M G R A	ぬをこた	m b q i	9 3 6 2	M G R A
〔No.37〕	はおよけ	a j t x	8 0 3 7	L H E S	はおよけ	a j t x	8 0 3 7	L H E S
〔No.38〕	すとうる	g o k r	5 8 2 1	A C M J	すうとる	g o k r	5 8 2 1	A C M J
〔No.39〕	わあへし	d y f a	6 2 9 3	D F W L	ねあへし	d y a f	6 3 9 2	D F W L
〔No.40〕	えれてゆ	s l u p	3 5 1 4	N U I E	えれてゆ	s l u p	3 5 1 4	N U I E

次のカタカナと数字の組合せを手引に従って置き換えたものとして正しいのはどれか。

（手引）

	ア	イ	ウ	エ
1	A	B	C	D
2	E	F	G	H
3	I	J	K	L
4	M	N	O	P
5	Q	R	S	T

		1	2	3	4	5	正答
【例題1】	ア－1・イ－3・エ－4	AFP	JPA	AJP	AIP	CGK	3
【例題2】	ウ－4・エ－1・ア－2	CLJ	OPF	ODI	CPA	ODE	5

（手引）

	ア	イ	ウ	エ
1	D	I	C	H
2	S	M	J	T
3	Y	B	K	R
4	A	G	W	U
5	E	O	N	F

		1	2	3	4	5
〔No. 1〕	イ－2・エ－5・ア－1	MFO	NED	JIN	MFD	CMJ
〔No. 2〕	ウ－4・エ－1・イ－5	MYB	HWO	WHO	YMF	WHC
〔No. 3〕	ア－4・イ－3・エ－5	ABF	EGF	KBF	FBC	AMN
〔No. 4〕	イ－3・ウ－4・ア－2	KWM	BMY	YRS	KWS	BWS
〔No. 5〕	エ－2・イ－1・ウ－3	OIW	JIR	TIK	TYR	ITW
〔No. 6〕	ア－5・ウ－1・イ－4	ADG	ECG	RCO	CGB	EGD
〔No. 7〕	エ－3・ア－4・ウ－5	RAN	NWU	ANU	RGW	RUF
〔No. 8〕	イ－5・エ－4・ア－2	OWD	GUW	OCN	OUS	GCS
〔No. 9〕	ウ－1・ア－3・イ－3	DAG	CYB	JAM	DBY	CAB
〔No.10〕	ア－2・イ－4・エ－4	MBR	SGU	UHG	MGR	SAU

	ア	イ	ウ	エ
1	え	り	じ	く
2	す	つ	ち	に
3	ま	だ	ん	て
4	き	た	と	う
5	め	ね	い	ざ

（手引）

			1	**2**	**3**	**4**	**5**
〔No.11〕	イ－4・エ－1・ウ－3		だまち	たくん	たにと	だくて	たつん
〔No.12〕	ウ－1・ア－3・イ－2		ちまり	じきち	ちます	じまつ	くちつ
〔No.13〕	エ－3・ウ－2・ア－4		てちき	ちつき	えちて	てつま	つきと
〔No.14〕	ア－1・イ－3・ウ－5		えつと	きだい	えだめ	きつち	えだい
〔No.15〕	イ－5・ア－5・エ－2		めねと	にめつ	ねめに	めにて	ねきて
〔No.16〕	エ－4・ウ－4・イ－1		うとじ	ていつ	うとり	といり	てりと
〔No.17〕	ア－2・イ－4・エ－3		つたう	すだち	りてた	すたて	りとつ
〔No.18〕	ウ－3・エ－2・ア－5		んにめ	ねため	にめと	んたね	めんた
〔No.19〕	イ－1・ア－4・ウ－1		りきじ	つまち	りまじ	じきり	りまち
〔No.20〕	エ－5・イ－5・ア－1		うねじ	ざめり	ざたえ	うたす	ざねえ

			ア	**イ**	**ウ**	**エ**
1	J	Q	E	X
2	C	R	K	H
3	P	Y	A	T
4	U	F	O	L
5	Z	B	V	M

（手引）

			1	**2**	**3**	**4**	**5**
〔No.21〕	ア－2・エ－4・ウ－1		C L E	L K H	R L E	C E L	L D K
〔No.22〕	イ－5・ウ－3・ア－4		F K B	B A F	A B U	F B Z	B A U
〔No.23〕	エ－5・イ－1・ウ－2		X Q K	A J E	M Q K	X K F	M Q E
〔No.24〕	ウ－4・ア－1・イ－4		O J E	A V H	Q U H	O J F	A F J
〔No.25〕	イ－2・ウ－5・エ－2		R V H	P K R	A P H	R H V	K Q X
〔No.26〕	ウ－3・ア－3・イ－5		P F L	A P B	P Y L	F P O	A R F
〔No.27〕	ア－4・エ－1・ウ－4		V O E	B X V	U X O	B Y Q	U V O
〔No.28〕	エ－4・イ－3・ア－5		L Z V	J Z Y	T U B	L Y Z	T L Y
〔No.29〕	ウ－2・ア－4・エ－3		Y P H	K U T	Y U L	A P T	K T V
〔No.30〕	イ－3・エ－5・ア－2		M L C	Y L Q	F M U	F L C	Y M C

図形把握

右側の5つの図形の中から左端の図形と同じ形で向きだけ違うものをさがしなさい。

		1	2	3	4	5	正答
【例題1】							5
【例題2】							3

		1	2	3	4	5
〔No. 1〕						
〔No. 2〕						
〔No. 3〕						
〔No. 4〕						
〔No. 5〕						
〔No. 6〕						
〔No. 7〕						
〔No. 8〕						
〔No. 9〕						
〔No.10〕						

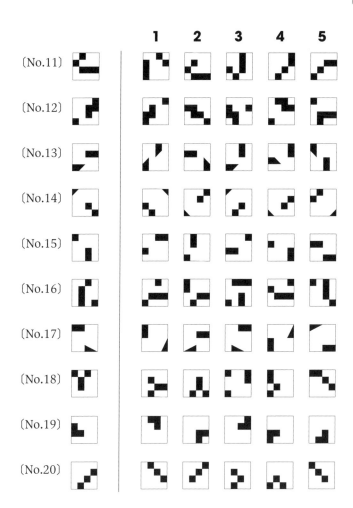

次のアルファベットの組を手引1に従って数字に置き換えて計算し，その結果が手引2のどの欄に含まれるかを答えよ。

（手引1）

	A	B	C	D
e	4	1	8	3
f	5	6	0	9
g	8	3	2	1
h	1	7	6	5

（手引2）

1	2	3	4	5
6	5	9	13	8
14	11	12	7	10

正　答

【例題1】　A e + B f − C g + D h　　**4**

【例題2】　C e − A f + B h + D g　　**2**

（手引1）

	A	B	C	D
e	7	6	2	8
f	4	9	4	3
g	0	1	7	10
h	3	8	5	1

（手引2）

1	2	3	4	5
8	11	10	7	9
16	4	14	15	3

〔No. 1〕　B f + B g − A h + D e

〔No. 2〕　C g − A f + B e − D h

〔No. 3〕　C f + B h − D e + A g

〔No. 4〕　A g + C h − B g + A e

〔No. 5〕　C e + B h + D g − A f

〔No. 6〕　B f − C f + B e − D e

〔No. 7〕　A h + B f − C g + D f

〔No. 8〕　B g + D g − A h + B e

〔No. 9〕　A f + C h + A e − B f

〔No.10〕　D g − C f − A h + B e

（手引１）	E	F	G	H
i	5	8	1	6
j	4	3	10	12
k	2	5	13	6
l	11	7	4	9

（手引２）	**1**	**2**	**3**	**4**	**5**
	13	9	10	16	12
	7	14	6	5	8

〔No.11〕　H i － E k ＋ G k － F i

〔No.12〕　F k ＋ E j ＋ H i － H l

〔No.13〕　G k － E k ＋ H j － E l

〔No.14〕　E i ＋ H j － F l ＋ E j

〔No.15〕　G j － E k ＋ H k － G i

〔No.16〕　F l ＋ G j － F k － E j

〔No.17〕　F j － E k ＋ F i ＋ G l

〔No.18〕　H j － F i ＋ E k ＋ H i

〔No.19〕　F l ＋ H j － E l － F j

〔No.20〕　H i － E k ＋ G k － F i

（手引１）	I	J	K	L
m	8	13	7	3
n	11	2	10	5
o	6	12	0	8
p	1	7	9	4

（手引２）	**1**	**2**	**3**	**4**	**5**
	4	16	14	8	9
	12	5	10	15	13

〔No.21〕　I o ＋ K p － K m ＋ L n

〔No.22〕　J n ＋ L n ＋ I o － K p

〔No.23〕　K n ＋ J p － I n ＋ L p

〔No.24〕　J o － L m － I p ＋ I m

〔No.25〕　L o － J n ＋ J p － K o

〔No.26〕　K m ＋ J o － L o ＋ L p

〔No.27〕　L p ＋ I n － J p － L m

〔No.28〕　J m － I o ＋ L n － J n

〔No.29〕　I p ＋ K n － K p ＋ J o

〔No.30〕　L o ＋ J o ＋ L n － J m

与えられた数式が成り立つように□の中に入る数を求め，その数が手引の**1**～**5**のどの欄に含まれるかを探しなさい。

（手引）

1	14 ～ 26	42 ～ 55
2	38 ～ 41	63 ～ 73
3	27 ～ 30	85 ～ 99
4	1 ～ 13	74 ～ 84
5	31 ～ 37	56 ～ 62

正　答

【例題1】　$45 \div \square + 9 = 12$ 　　**1**

【例題2】　$\square - 7 \times 4 = 63$ 　　**3**

（手引）

1	31 ～ 43	94 ～ 102
2	73 ～ 80	1 ～ 11
3	44 ～ 51	81 ～ 93
4	12 ～ 23	66 ～ 72
5	52 ～ 65	24 ～ 30

〔No. 1〕　$49 - \square \times 2 = 21$

〔No. 2〕　$\square \div 2 - 29 = 14$

〔No. 3〕　$\square - 6 \times 7 = 29$

〔No. 4〕　$16 \div 2 + \square = 41$

〔No. 5〕　$5 \times \square + 8 = 53$

〔No. 6〕　$\square \div 6 \times 4 = 32$

〔No. 7〕　$27 - \square \div 6 = 11$

〔No. 8〕　$\square \div 5 + 18 = 31$

〔No. 9〕　$8 \times 7 - \square = 17$

〔No.10〕　$16 + \square \div 4 = 23$

（手引）

1	56 〜 63	10 〜 17
2	72 〜 86	39 〜 46
3	18 〜 25	87 〜 99
4	1 〜 9	47 〜 55
5	64 〜 71	26 〜 38

（手引）

1	11 〜 18	45 〜 57
2	37 〜 44	76 〜 88
3	58 〜 68	19 〜 24
4	25 〜 36	89 〜 98
5	69 〜 75	1 〜 10

（手引）

1	75 〜 83	1 〜 7
2	20 〜 27	65 〜 74
3	41 〜 53	84 〜 91
4	92 〜 101	28 〜 40
5	8 〜 19	54 〜 64

〔No.11〕 $\square \div 2 - 18 = 19$

〔No.12〕 $3 \times 8 + \square = 61$

〔No.13〕 $\square \div 4 \times 9 = 63$

〔No.14〕 $\square - 36 \div 3 = 37$

〔No.15〕 $13 + 3 \times \square = 55$

〔No.16〕 $72 \div \square \times 2 = 24$

〔No.17〕 $\square + 51 \div 3 = 62$

〔No.18〕 $81 - \square \div 2 = 37$

〔No.19〕 $\square \times 8 - 67 = 29$

〔No.20〕 $\square - 31 + 13 = 50$

〔No.21〕 $2 \times \square - 47 = 39$

〔No.22〕 $4 \times 18 \div \square = 12$

〔No.23〕 $\square - 35 \div 7 = 57$

〔No.24〕 $5 \times \square - 26 = 39$

〔No.25〕 $17 + 3 \times \square = 74$

〔No.26〕 $\square \div 3 \times 8 = 56$

〔No.27〕 $23 + \square \div 3 = 41$

〔No.28〕 $\square \div 3 + 14 = 45$

〔No.29〕 $98 - \square + 64 = 83$

〔No.30〕 $2 \times 17 + \square = 61$

〔No.31〕 $59 - \square \div 2 = 52$

〔No.32〕 $24 + \square - 76 = 45$

〔No.33〕 $\square \div 7 + 29 = 40$

〔No.34〕 $\square \times 3 \div 4 = 18$

〔No.35〕 $13 \times 7 - \square = 32$

〔No.36〕 $\square - 9 \times 4 = 16$

〔No.37〕 $28 + \square - 39 = 33$

〔No.38〕 $6 \times \square \div 4 = 48$

〔No.39〕 $19 + 7 \times \square = 82$

〔No.40〕 $\square \div 5 \times 4 = 56$

正答

【計算】
(P.302)

【分類】
(P.304)

〔No. 1 〕	**2**	〔No.31〕	**1**	〔No. 1 〕	**4**
〔No. 2 〕	**2**	〔No.32〕	**4**	〔No. 2 〕	**2**
〔No. 3 〕	**5**	〔No.33〕	**2**	〔No. 3 〕	**1**
〔No. 4 〕	**1**	〔No.34〕	**5**	〔No. 4 〕	**4**
〔No. 5 〕	**3**	〔No.35〕	**3**	〔No. 5 〕	**3**
〔No. 6 〕	**5**	〔No.36〕	**5**	〔No. 6 〕	**3**
〔No. 7 〕	**2**	〔No.37〕	**3**	〔No. 7 〕	**5**
〔No. 8 〕	**4**	〔No.38〕	**2**	〔No. 8 〕	**5**
〔No. 9 〕	**1**	〔No.39〕	**1**	〔No. 9 〕	**2**
〔No.10〕	**2**	〔No.40〕	**4**	〔No.10〕	**5**
〔No.11〕	**4**			〔No.11〕	**5**
〔No.12〕	**5**			〔No.12〕	**1**
〔No.13〕	**1**			〔No.13〕	**3**
〔No.14〕	**3**			〔No.14〕	**3**
〔No.15〕	**5**			〔No.15〕	**5**
〔No.16〕	**2**			〔No.16〕	**4**
〔No.17〕	**3**			〔No.17〕	**2**
〔No.18〕	**4**			〔No.18〕	**1**
〔No.19〕	**1**			〔No.19〕	**4**
〔No.20〕	**4**			〔No.20〕	**4**
〔No.21〕	**2**			〔No.21〕	**2**
〔No.22〕	**4**			〔No.22〕	**3**
〔No.23〕	**4**			〔No.23〕	**5**
〔No.24〕	**5**			〔No.24〕	**4**
〔No.25〕	**1**			〔No.25〕	**2**
〔No.26〕	**3**			〔No.26〕	**5**
〔No.27〕	**2**			〔No.27〕	**1**
〔No.28〕	**2**			〔No.28〕	**4**
〔No.29〕	**5**			〔No.29〕	**5**
〔No.30〕	**4**			〔No.30〕	**1**

【照合】
(P.306)

(No. 1)	**1**	(No.31)	**2**
(No. 2)	**4**	(No.32)	**5**
(No. 3)	**2**	(No.33)	**2**
(No. 4)	**1**	(No.34)	**3**
(No. 5)	**5**	(No.35)	**1**
(No. 6)	**3**	(No.36)	**3**
(No. 7)	**2**	(No.37)	**4**
(No. 8)	**1**	(No.38)	**3**
(No. 9)	**4**	(No.39)	**1**
(No.10)	**5**	(No.40)	**4**
(No.11)	**5**		
(No.12)	**2**		
(No.13)	**5**		
(No.14)	**3**		
(No.15)	**1**		
(No.16)	**2**		
(No.17)	**1**		
(No.18)	**1**		
(No.19)	**4**		
(No.20)	**2**		
(No.21)	**2**		
(No.22)	**1**		
(No.23)	**5**		
(No.24)	**3**		
(No.25)	**3**		
(No.26)	**4**		
(No.27)	**1**		
(No.28)	**1**		
(No.29)	**2**		
(No.30)	**5**		

【置換】
(P.308)

(No. 1)	**4**
(No. 2)	**3**
(No. 3)	**1**
(No. 4)	**5**
(No. 5)	**3**
(No. 6)	**2**
(No. 7)	**1**
(No. 8)	**4**
(No. 9)	**2**
(No.10)	**2**
(No.11)	**2**
(No.12)	**4**
(No.13)	**1**
(No.14)	**5**
(No.15)	**3**
(No.16)	**3**
(No.17)	**4**
(No.18)	**1**
(No.19)	**1**
(No.20)	**5**
(No.21)	**1**
(No.22)	**5**
(No.23)	**3**
(No.24)	**4**
(No.25)	**1**
(No.26)	**2**
(No.27)	**3**
(No.28)	**4**
(No.29)	**2**
(No.30)	**5**

【図形把握】
(P.310)

(No. 1)	**4**
(No. 2)	**2**
(No. 3)	**1**
(No. 4)	**3**
(No. 5)	**4**
(No. 6)	**2**
(No. 7)	**2**
(No. 8)	**4**
(No. 9)	**5**
(No.10)	**3**
(No.11)	**3**
(No.12)	**1**
(No.13)	**5**
(No.14)	**2**
(No.15)	**3**
(No.16)	**4**
(No.17)	**4**
(No.18)	**2**
(No.19)	**5**
(No.20)	**1**

第 4 編

面接・作文
試験編

人物試験 (面接)について

面接試験とは

　面接試験は，受験者の人柄や志望動機を確認するために実施されており，近年重要視されています。どんなに筆記試験の成績が優秀でも，チームで協力して仕事を進めることができない人では困ります。また，公務員の仕事の範囲が広がっていることから，柔軟かつスピーディに対応できる人材が求められているのです。そのため「人物重視の採用方針」を掲げる自治体が年々増加しているのです。

　試験自体は個別面接を主に，集団面接・集団討論・グループワークを組み合わせて複数回実施されることが多く，一次試験の段階から面接を行うところもあります。一次の筆記試験の成績を考慮しない「リセット方式」をとるところもありますので，詳しくは受験案内や自治体の人事委員会のホームページで確認しましょう。

個別面接

　3名程度の面接官が受験者1名に対し15〜20分程度の時間をかけて面接し，面接官がそれぞれ「積極性」「社会性」「コミュニケーション力」「信頼感」「自己統制」といった項目ごとに評定をつけます。受験者の応答に対してさらに質問を重ね，受験者の適性を検証します。

　面接の流れは，まず導入的な質問から始まって，受験者が提出した「面接カード」の内容にも触れながら，学生時代に力を入れて取り組んだこと・長所短所・志望動機・時事問題・併願状況・仕事に関する知識・理解などが聞かれます。

集団面接

　受験者5〜8名程度を1グループとして，面接官3名程度というのが標準的です。時間はおよそ45〜60分程度。着席順に答えることもあれば，面接官から指名された人から答える，挙手して答える，などのパターンがあります。1つの質問に対して複数の受験者が答えることから，受験者の個性や話を聞く力が客観的に比較・検証されます。

集団討論

受験者 5 〜 10 名程度を 1 グループとして，そのグループに特定のテーマを与えて討論させ，そのテーマに即して行政の対応方法や政策に対する是非について，チームの意見をまとめていくことが求められます。テーマは多岐に渡りますが，行政上の問題点や社会で話題になっているものなど，時事問題に関するものが多く見られます。

グループワーク

受験者 5 〜 8 名を 1 グループとして，与えられた課題に対して取り組み，何かを作ったり，企画書や提案書を発表したりする試験です。集団討論とは異なり，発想力や行動力，協調性やコミュニケーション能力などの面が重点的に検証されます。

「面接カード」の重要性

面接試験を受ける時，事前に面接カードの提出が求められます。面接カードは採用の重要な参考資料で，面接中の質問の材料として活用されます。「志望動機」「自己PR」「学生時代に力を入れたこと」などを記入することになりますが，カードに書かれた内容は面接でも質問される可能性が高くなるため，自分がアピールしたいこと，質問して欲しいことを簡潔に書くようにしましょう。また，面接カードは合否の判定を下す会議でも再読されることがあるので，一読しただけで熱意や考えが伝わるような文章を書くように気をつけましょう。採用後の配属先を決める際にも参考資料として活用されることがあります。

記入の際に気をつけることは，面接試験と同様，あなたのキャラクターを知ってもらうために，「話を盛らない」「とりつくろいすぎない」ことです。手書きの場合は丁寧で読みやすい字を心がけ，誤字・脱字はないように気をつけましょう。顔写真を貼る場合は，写真館で撮影してもらった写真を使用し，指定された文字数は守るように。書き終わったら第三者（できれば面接官と同世代の50歳代前後の大人）にチェックしてもらうこともおすすめです。

第一印象は身だしなみが決める

服装は一般的なリクルートスーツが望ましく，シャツも白を選びましょう。男性は靴下の色は白ではなく濃いものを。夏場の面接時にクールビズを指定された場合は，上着・ネクタイは不要で，白シャツにスラックス，スカートを合わせれば問題ありません。移動時間が長いと，シャツのシワが目立ってしまうことがあります。なるべく直前に着替えるなどしてください。面接直前にはトイレなどの鏡で全身をチェックし，服装や髪型を整えましょう。

通常は，ノックをし，「どうぞ」の声があったらドアを開け，「失礼します」と言って入室します。そして，受験番号と名前を述べた後，「よろしくお願いします」と言い，着席を促されたら席に着く，というのが一連の流れです。自分の名前や挨拶をやたらと大声で言う必要はなく，面接官にはっきり聞こえる声量で十分です。面接中は固くなりすぎず，自然な笑顔が出るくらいのほうが好印象です（ただし警察官採用試験の面接では，笑顔より引き締まった表情のほうが好ましいとされます）。いきなり本番に臨むのではなく，学校や予備校などの模擬面接を受ける機会があれば積極的に参加しましょう。

面接の評定方法

面接官は次のような項目を評価します。

→積極性…前向きな意欲，困難なことにもチャレンジする姿勢や行動力があるか。
→社会性…他人の考えや価値観を理解し，集団の中で信頼関係を築けるか。
→信頼感…公務に対する使命感を持てるか。物事に対して誠実に取り組めるか。
→経験学習力…自分や他人の経験から学び，適用していけるか。
→自己統制…情緒は安定しているか。環境の変化に柔軟に対応できるか。
→コミュニケーション力…表現力や話の説得力はあるか。

これ以外に，問題発見能力，企画力，決断力，リーダーシップ，バランス感覚，視野の広さ，独創性などもプラス項目として評価されます。

面接におけるその他の注意点

・面接官は，なるべく楽な気持ちで受験させようと思って，初めは回答しやすい身の回りのことを質問します。緊張しすぎないよう，楽な気持ちで応対するようにしましょう。
・もし質問が聞こえなかったり，意味がわからなかったりした場合は「もう一度質問をお願いします」と返してもさしつかえはありません。
・答える内容は，自分の考えを率直に述べるのが一番です。自分を良く見せようと嘘をつくと，面接官からつっこまれて答えに困ったり，嘘がばれて評価が下がることに。
・面接中は，ハキハキと元気よく答えましょう。早口にならないよう落ち着いて，恐れず，はっきり，正直に答えましょう。
・受け答えのテクニックにこだわって，判で押したような答え方しかできないようなことでは困ります。巷に出回っている面接対策本の回答例をそのまま真似したり，事前に準備した回答を暗記して面接会場で読み上げるような口調にならないように。面接試験とはいえ基本にあるのは会話のやり取りです。

質問例

【導入のための質問】

・昨夜はよく眠れましたか。

・家からここまでどうやって来ましたか。

・この試験のことはどうやって知りましたか。

【志望動機】

・なぜ公務員になりたいのですか。

・なぜ○○市（△△省）を志望するのですか。

・この試験を受けることについて誰かと相談しましたか。

・同僚や上司と仕事をしていく場合，どのような心構えが必要だと思いますか。

・併願状況について教えてください。

・どんな仕事をやってみたいですか。

・10年後，20年後の自分の姿は？

【性格について】

・あなたの長所・短所は何ですか。

・1分間で自己PRをしてください。

・友達からどんな性格だといわれますか。

・ストレス解消法について教えてください。

・最近関心をもった出来事は何ですか。

【学生生活について】

・学生時代に最も力を入れて取り組んだことは何ですか。

・どんな科目が好きですか。

・クラブ活動で苦労したことは何ですか。

・学生時代の経験をどのように仕事の中で活かしたいですか。

【交友について】

・人間関係で苦労したことは何ですか。

・トラブルにどのように対処しましたか。

・友人に相談をもちかけられるほうですか。もちかけられたときどうしますか。

【社会人経験者に対して】

・以前の職場で大変だったことは何ですか。

・転職したいと考えた理由は何ですか。

・どんな仕事にやりがいを感じましたか。

作文試験 について

作文試験のねらい

　作文試験は，教養試験，適性試験で十分に測ることができない面，たとえば文字による表現能力があるかどうか，どのような考え方や価値観を持っているか，物事の見かたが正しく，公務員にふさわしい人材であるかどうかを判断するために活用されます。一般的には，課題を正しく理解しているか，文字が読み易いか，誤字脱字が多くないか，文章の構成が練られており読みやすいか，といったことが主な評価基準となります。作文試験の結果は合否の判定のみにとどめられ，他の試験成績への加点や順位化は行われないのが一般的です。しかし，最終的に採用するかどうかを決める段階でもう一度読まれることもあるため，気を抜くことは許されません。

作文試験の対策

　作文試験は，字数はおおむね600 ～ 800字程度，与えられた課題について，60分ほどで論じなければなりません。

　一次試験で作文を課す試験も少なくないので，教養試験対策の合間を見て，作文の準備も少しずつ進めておく必要があります。出題には傾向があり，①行政課題に関するもの，②自分自身のこと，③自己PR・志望動機が主なテーマです。①の行政課題型の論文では，自治体が直面している課題についての見解を求めるものや，社会問題への理解や自分なりの意見を問う問題が出ます。②は，失敗や挫折を通して学んだことを，公務員としてどのように活かすか，などが問われます。③は，「公務員に求められる能力は何か。あなたはどのように貢献していけるか」などです。このほかに，グラフなどの資料を読み解く問題が出されることがあります。

　試験の準備には，実際に作文を書いてみることが一番です。最初のうちは時間内に書き終えることは難しいかもしれませんが，何度も練習するうちに慣れてきます。実際に書き始める前に，まず何を，どういう順で論じ，結論はどうするのかの構成をまとめることが大切です。作文の構成としては，「課題に対して

自分はどう思うか（序論）」→「課題についての自分の考えや立場，理由（本論）」
→「書いてきたことの要約（結論）」という流れにするとまとまりやすいでしょ
う。書き終えたら，先生や親・友人などに読んでもらい，客観的な意見をもら
うこともおすすめです。

作文試験の時間配分

　答案の作成時間にも気をつけましょう。60分の試験時間であれば，始めの10
分くらいは課題の意味を把握し，書く内容を整理して，筋書きを決定すること
に費やします。およそ40分で答案用紙に作文を書き，残りの5〜10分で完成
した作文を読み直しましょう。

作文の時間配分

10分：構成を練る
①課題の解釈（何が求められているかを考える）
②思いつく題材を書き出してみる
③自分がいいたいことは何かということをまとめる
④使用する題材を絞り，構成を決める
35分：実際に用紙に書く
5分：書き上がった作文を見直す

出題例

- ●道では，「北海道飲酒運転の根絶に関する条例」を制定し，飲酒運転の根
  絶に向けた様々な取り組みを行っています。飲酒運転根絶のためにはど
  のような取り組みが必要か，あなたの考えを述べなさい。（北海道・
  H30・60分・字数不明）
- ●あなたが周囲の人と一緒に協力して物事に取り組んだ経験の中で，目標
  を達成するために工夫したこと，またその経験からあなたが学んだこと
  を述べてください。（大阪府・H30・60分・字数不明）
- ●あなたが挫折しそうになったときの経験と，それをどう乗り越えたかに
  ついて述べなさい。（神奈川県・60分・600字程度）

［発刊時監修者］

小川文夫（おがわふみお）
　担当科目：政治・経済・日本史・世界史・地理

前田恵美（まえだえみ）
　担当科目：時事・社会・国語・文章理解

檜垣英人（ひがきひでと）
　担当科目：文学・芸術

郷原義史（ごうはらよしふみ）
　担当科目：数学・数的推理

太田誠（おおたまこと）
　担当科目：物理・化学・生物・地学

若山祐紀憲（わかやまゆきのり）
　担当科目：判断推理・資料解釈

［2025年度版監修者］

上村一則（かみむらかずのり）
　担当科目：受験ガイド・数学・物理・化学・生物・地学・数的推理（数的処理）・
　　　　　　判断推理（課題処理）・資料解釈

簑原睦（みのはらむつみ）
　担当科目：受験ガイド・政治・経済・時事・社会・日本史・世界史・地理・国語・
　　　　　　文学・芸術・文章理解

DTP組版：㈱森の印刷屋
本文デザイン・カバーデザイン・イラスト：サイクルデザイン

●本書の内容に関するお問合せについて

　本書の内容に誤りと思われるところがありましたら，まずは小社ブックスサイト（jitsumu.hondana.jp）中の本書ページ内にある正誤表・訂正表をご確認ください。正誤表・訂正表がない場合や訂正表に該当箇所が掲載されていない場合は，書名，発行年月日，お客様の名前・連絡先，該当箇所のページ番号と具体的な誤りの内容・理由等をご記入のうえ，郵便，FAX，メールにてお問合せください。

〒163-8671　東京都新宿区新宿 1-1-12　　実務教育出版　第二編集部問合せ窓口
FAX：03-5369-2237　　　　E-mail：jitsumu_2hen@jitsumu.co.jp

【ご注意】
※電話でのお問合せは，一切受け付けておりません。
※内容の正誤以外のお問合せ（詳しい解説・受験指導のご要望等）には対応できません。

高卒程度公務員　**完全攻略問題集**［2025年度版］

2024年 2 月 25 日　初版第 1 刷発行　　　　　　　　　　　〈検印省略〉

監　修　株式会社 麻生キャリアサポート
編　者　資格試験研究会
発行者　淺井　亨

発行所　株式会社　実務教育出版
　　　　〒163-8671　東京都新宿区新宿 1-1-12
　　　　☎編集 03-3355-1812　　販売 03-3355-1951
　　　　振替 00160-0-78270

印　刷　文化カラー印刷
製　本　東京美術紙工